普通高等院校电子商务专业精品系列教材

跨境电商操作实务
——基于速卖通平台（第2版）

编 著 宋 磊

参 编 王婉珍 陈 宇 陈 椿 林宝灯

内 容 简 介

本书立足于应用型本科高校跨境电子商务专业的教学特点，由浅入深地介绍了从事跨境电子商务的知识和速卖通平台操作运营技巧。其中包括跨境电子商务概述、全球速卖通平台、速卖通物流、速卖通营销、速卖通数据分析、速卖通跨境支付、速卖通客服和售后、速卖通无线业务。通过这八章内容较系统、全面地阐述了全球速卖通平台最重要的知识模块。

本书以实践操作作为主，内容形式丰富、模块多样化。在每章开篇设置有"学习目标"模块；在章节中使用大量的速卖通后台真实图例、最新案例作为实验指导模块；在每章最后均设置了"本章小结""关键术语""配套实训""课后习题"等模块。

本书不仅适合作为高等院校电子商务、国际经济与贸易、经济学、物流、工商管理、金融学、信息管理与信息系统等相关专业的教材，同时也可以作为新手入门速卖通平台，或者已经从事全球速卖通平台操作及相关创业人员的学习参考用书。

版权专有　侵权必究

图书在版编目（CIP）数据

跨境电商操作实务：基于速卖通平台 / 宋磊编著
. -- 2版. -- 北京：北京理工大学出版社，2021.4（2021.5重印）
　ISBN 978 - 7 - 5682 - 9645 - 8

Ⅰ．①跨… Ⅱ．①宋… Ⅲ．①电子商务 - 商业经营 -
高等学校 - 教材 Ⅳ．①F713.365

中国版本图书馆 CIP 数据核字（2021）第 049881 号

出版发行 / 北京理工大学出版社有限责任公司
社　　址 / 北京市海淀区中关村南大街5号
邮　　编 / 100081
电　　话 /（010）68914775（总编室）
　　　　　（010）82562903（教材售后服务热线）
　　　　　（010）68944723（其他图书服务热线）
网　　址 / http：//www.bitpress.com.cn
经　　销 / 全国各地新华书店
印　　刷 / 唐山富达印务有限公司
开　　本 / 787毫米×1092毫米　1/16
印　　张 / 15.75　　　　　　　　　　　　　责任编辑 / 时京京
字　　数 / 473千字　　　　　　　　　　　　文案编辑 / 时京京
版　　次 / 2021年4月第2版　2021年5月第2次印刷　责任校对 / 刘亚男
定　　价 / 48.00元　　　　　　　　　　　　　责任印制 / 李志强

图书出现印装质量问题，请拨打售后服务热线，本社负责调换

第2版前言

跨境电子商务发展日新月异,为了紧跟学科前沿发展的动态,满足高校培养应用型人才的需求,在北京理工大学出版社的组织下,福建江夏学院相关教师开展了对《跨境电子商务操作实务——基于速卖通平台》教材的修订工作。《跨境电子商务操作实务——基于速卖通平台》(第2版)继承了第1版教材的体例活泼、资源形式丰富、内容新颖、模块多样化、注重实践等特点,增加了新的知识点,替换了陈旧的平台规则、案例、图片等,并对重点知识增加了相应的课程视频,致力于打造优秀的慕课教材,提供更为全方位、立体化的教学资源,方便教师授课和学生学习。

《跨境电子商务操作实务——基于速卖通平台》(第1版)自2017年8月出版以来,在多所高校使用,受到了广大读者的欢迎和较高的评价。依托教材开发的《跨境电子商务操作实务》网络课程获得2018年福课联盟省级精品培育课程立项(省级五大金课之一);2020年5月,"疫情背景下混合式金课的建设——以《跨境电子商务操作实务》课程为例"获得福建江夏学院教育教学改革一般立项项目;2020年6月,该教材获得福建江夏学院"校级优秀教学成果"二等奖。

《跨境电子商务操作实务——基于速卖通平台》(第2版)是如下教学团队和项目的研究成果:2019年教育部产学合作协同育人项目(师资培训项目):"产学研用"模式下高校跨境电子商务专业群师资培训项目(项目编号:201901226019);2018年福建省级本科教学团队——电子商务创新创业实战实验教学型本科教学团队;福建江夏学院2017年校级教学团队项目(项目编号:17JXTD07)——《电子商务》系列课程教学团队。

《跨境电子商务操作实务——基于速卖通平台》(第2版)由福建江夏学院经济贸易学院宋磊副教授担任主编,负责全书的策划、统稿及修订工作。具体分工如下:第一章、第二章、第六章、第七章由宋磊副教授编写、修订,第三章、第四章、第五章由陈宇讲师编写、修订,第八章由林宝灯实验师编写、修订。

本书的编写得到了福建江夏学院王洪利教授、马莉婷教授、范一青副教授,福建领跑者商贸有限公司总经理叶良焱的大力支持;得到福建江夏学院——深圳市智学通达科技有限公司跨境电子商务产业实践教学与创新创业教育基地提供的实践机会和技术支持;同时参考了国内同行的许多著作和文献,引用了部分资料。在本书顺利完成编写并出版之际,一并向以上人士表示诚挚的谢意。

由于编者水平有限,书中难免存在不足之处,敬请专家、读者批评指正。

读者登录或者扫描二维码,即可直接查看与本书配套的慕课"跨境电子商务操作实务"的全部资源,方便授课教师开展翻转课堂教学和学生自学。

编　者
2021年1月

第1版前言

在"互联网+""大众创业、万众创新"和自贸区建设等国家层面的政策推动下，电子商务尤其是跨境电子商务得到了迅猛发展。作为国内跨境电子商务重要平台之一的速卖通，以"好货通，天下乐"的理念，推动中国制造走向全球，也促使跨境电子商务行业对速卖通的人才需求呈现出井喷的态势。

为满足社会对跨境电子商务的人才需求，高校在跨境电子商务领域人才培养上也是不遗余力，体现在教材的编写和使用上，一是跨境电子商务发展日新月异，教材要与时俱进，能够反映电子商务前沿发展的动态；二是满足高校培养应用型人才的需求，教材要注重操作性，培养学生的实践能力。为此，作为一线教师，我们深入深圳市华世联科技有限公司进行为期四个月的实践技能学习，在公司速卖通平台技术主管和同事们的支持下，结合本书多位编者的长期实践教学经验编写一本应用型教材。

本书按照应用型本科电子商务专业的人才培养需求，具有以下特点。一是突出系统性。本书系统地阐述了速卖通平台的重点知识，其中包括跨境电子商务概述、全球速卖通平台、速卖通物流、速卖通营销、速卖通数据分析、速卖通跨境支付、速卖通客服和售后、速卖通无线业务等内容。二是突出实用性。在章节中使用大量速卖通后台真实图例、最新案例作为实验指导模块。三是突出实践性。在每章均设置了"关键术语""配套实训"等模块，注重在实验指导模块和配套实训上面下功夫，引导学生学以致用。

本书由福建江夏学院宋磊副教授担任主编，负责全书的策划、通稿工作。具体编写分工如下：第二章、第六章、第八章由宋磊副教授编写，第一章由王婉珍副教授编写，第四章、第五章由陈宇讲师编写，第七章由陈椿工程师编写，第三章由林宝灯实验师编写。

本书的编写得到了福建江夏学院王洪利教授、范一青副教授，深圳市华世联公司林涛总经理的大力支持；得到福建江夏学院重点实践教学基地——深圳市华世联网络科技有限公司提供的实践机会和技术支持；同时参考了国内同行的许多著作和文献，引用了部分资料。在本书顺利完成编写并出版之际，一并向以上单位和人士表示诚挚的谢意。

由于编者水平有限，书中难免存在不足之处，敬请专家、读者批评指正。

编　者
2017 年 6 月

目 录

第一章 跨境电子商务概述 ……………………………………………………（ 1 ）
  第一节 跨境电子商务基础知识 ………………………………………（ 1 ）
    一、跨境电子商务的概念 ……………………………………………（ 1 ）
    二、跨境电子商务的特征 ……………………………………………（ 2 ）
    三、跨境电子商务的分类 ……………………………………………（ 3 ）
    四、跨境电子商务的优势 ……………………………………………（ 5 ）
    五、跨境电子商务的意义 ……………………………………………（ 6 ）
  第二节 跨境电子商务的流程和模式 …………………………………（ 7 ）
    一、跨境电子商务的流程 ……………………………………………（ 7 ）
    二、跨境电子商务的模式 ……………………………………………（ 7 ）
  第三节 跨境电子商务的发展 …………………………………………（ 12 ）
    一、跨境电子商务的三个发展阶段 …………………………………（ 12 ）
    二、现阶段跨境电子商务的发展特点 ………………………………（ 14 ）
    三、跨境电子商务的发展趋势 ………………………………………（ 17 ）
  第四节 跨境电子商务发展的政策扶持及对策建议 …………………（ 22 ）
    一、跨境电子商务政策解读 …………………………………………（ 22 ）
    二、跨境电子商务发展面临的问题 …………………………………（ 23 ）
    三、跨境电子商务的发展对策 ………………………………………（ 26 ）

第二章 全球速卖通平台 ………………………………………………………（ 30 ）
  第一节 全球速卖通平台介绍 …………………………………………（ 30 ）
    一、速卖通平台概况 …………………………………………………（ 30 ）
    二、速卖通平台发展 …………………………………………………（ 30 ）
    三、速卖通平台特色 …………………………………………………（ 31 ）
  第二节 速卖通平台的市场定位 ………………………………………（ 32 ）
    一、速卖通平台的建立 ………………………………………………（ 32 ）

二、速卖通平台的性质 ································· (33)
　　三、速卖通平台定位与使命 ···························· (34)
　第三节　全球速卖通平台规则 ······························· (36)
　　一、入驻规则 ··· (36)
　　二、发布规则 ··· (40)
　　三、平台基础规则 ····································· (43)
　第四节　全球速卖通基本操作 ······························· (48)
　　一、开通商铺 ··· (48)
　　二、管理产品 ··· (58)

第三章　速卖通物流 ······································· (95)
　第一节　跨境物流 ··· (95)
　　一、邮政物流 ··· (96)
　　二、商业快递 ··· (96)
　　三、专线物流 ··· (96)
　　四、AliExpress 无忧物流 ······························ (97)
　第二节　运费模板设置 ····································· (98)
　　一、认识新手运费模板 ································· (98)
　　二、自定义运费模板 ··································· (100)
　第三节　速卖通线上发货 ··································· (104)
　　一、初识速卖通线上发货 ······························· (104)
　　二、线上发货的优势 ··································· (104)
　　三、线上发货的操作流程 ······························· (105)
　第四节　海外仓集货物流 ··································· (108)
　　一、海外仓权限的申请 ································· (109)
　　二、海外仓产品运费模板的设置 ························· (111)
　　三、海外仓产品前台展示 ······························· (112)

第四章　速卖通营销 ······································· (116)
　第一节　日常营销 ··· (116)
　　一、店铺营销活动 ····································· (116)
　　二、联盟营销 ··· (139)
　　三、平台活动 ··· (144)
　第二节　速卖通直通车 ····································· (147)
　　一、直通车的规则 ····································· (147)
　　二、直通车的推广方式 ································· (149)
　第三节　速卖通大促 ······································· (154)
　　一、大促介绍 ··· (154)
　　二、大促中的卖家 ····································· (154)

三、大促计划的制订 ………………………………………………… (154)
　第四节　SNS 营销 ……………………………………………………… (155)
　　一、海外社交网站的分类 …………………………………………… (155)
　　二、基于社交网站的速卖通营销 …………………………………… (155)
　第五节　视觉营销 ……………………………………………………… (156)
　　一、视觉营销的定义及重要性 ……………………………………… (156)
　　二、视觉营销实施的原则 …………………………………………… (156)

第五章　速卖通数据分析 …………………………………………………… (160)
　第一节　数据分析概论 ………………………………………………… (160)
　　一、数据分析的作用 ………………………………………………… (160)
　　二、数据分析的内容 ………………………………………………… (161)
　第二节　生意参谋重点内容 …………………………………………… (161)
　　一、首页 ……………………………………………………………… (161)
　　二、流量模块 ………………………………………………………… (164)
　　三、品类模块 ………………………………………………………… (167)
　　四、物流数据模块 …………………………………………………… (169)
　　五、市场数据模块 …………………………………………………… (173)
　　六、帮助中心 ………………………………………………………… (180)

第六章　速卖通跨境支付 …………………………………………………… (184)
　第一节　买家支付方式的介绍 ………………………………………… (184)
　　一、QIWI 支付（QIWI Wallet） …………………………………… (185)
　　二、Western Union 和 T/T 银行汇款支付 ………………………… (185)
　　三、T/T（Telegraphic Transfer）电汇 …………………………… (185)
　　四、Yandex Money 支付 …………………………………………… (185)
　　五、WebMoney 支付 ………………………………………………… (186)
　　六、DOKU 支付 ……………………………………………………… (186)
　　七、TEF 支付 ………………………………………………………… (186)
　　八、Boleto 支付 ……………………………………………………… (186)
　　九、Mercadopago 支付 ……………………………………………… (187)
　　十、MoneyBookers 支付 …………………………………………… (187)
　　十一、借记卡、信用卡支付 ………………………………………… (187)
　第二节　速卖通中的收款账户设置与使用 …………………………… (189)
　　一、收款账户的类型 ………………………………………………… (189)
　　二、账户的设置 ……………………………………………………… (190)
　第三节　支付宝国际 …………………………………………………… (192)
　　一、如何申请支付宝国际账户 ……………………………………… (192)
　　二、支付宝国际账户的操作 ………………………………………… (194)

三、支付宝国际的相关知识 …………………………………………………（194）
　　四、支付宝国际对卖家的保护 ………………………………………………（196）
　第四节　速卖通跨境电子商务支付 ………………………………………………（198）
　　一、速卖通跨境电子商务支付风险的分析 …………………………………（198）
　　二、速卖通跨境电子商务支付问题及原因分析 ……………………………（198）
　　三、速卖通跨境电子商务支付方式的完善 …………………………………（200）

第七章　速卖通客服和售后 …………………………………………………………（202）
　第一节　沟通的技巧 ………………………………………………………………（202）
　　一、沟通的理念 ………………………………………………………………（202）
　　二、沟通的原则 ………………………………………………………………（203）
　　三、客服的工作职能 …………………………………………………………（205）
　　四、客服常用的沟通工具 ……………………………………………………（205）
　　五、询盘回复的沟通模板 ……………………………………………………（206）
　第二节　信用评价 …………………………………………………………………（209）
　　一、速卖通信用评价规则 ……………………………………………………（209）
　　二、出现中差评的原因 ………………………………………………………（211）
　　三、解决中差评 ………………………………………………………………（213）
　第四节　纠纷处理 …………………………………………………………………（215）
　　一、纠纷处理技巧 ……………………………………………………………（215）
　　二、纠纷裁决指引 ……………………………………………………………（216）

第八章　速卖通无线业务 ……………………………………………………………（224）
　第一节　无线端概述 ………………………………………………………………（224）
　　一、无线端介绍 ………………………………………………………………（225）
　　二、买家无线端展示 …………………………………………………………（227）
　　三、卖家无线数据后台和无线客户端 ………………………………………（227）
　第二节　无线端营销工具 …………………………………………………………（231）
　　一、手机专享价 ………………………………………………………………（231）
　　二、二维码 ……………………………………………………………………（232）
　第三节　无线端运营 ………………………………………………………………（234）
　　一、无线端流量获取技巧 ……………………………………………………（234）
　　二、无线端转化率的提升技巧 ………………………………………………（236）

参考文献 ……………………………………………………………………………（240）

第一章

跨境电子商务概述

> **学习目标**
>
> **知识目标：**
> (1) 掌握跨境电子商务的概念、特征及模式。
> (2) 熟悉跨境电子商务的流程。
> (3) 理解跨境电子商务的优势和发展意义。
> (4) 了解跨境电子商务的发展概况、发展趋势。
> (5) 了解跨境电子商务的政策支持、存在的问题与对策。
>
> **技能目标：**
> (1) 学会区分不同的跨境电子商务平台及其运用的领域。
> (2) 运用现有的跨境电子商务政策分析问题，为跨境电子商务企业决策提供依据。

跨境电子商务搭建起一个自由、开放、通用、普惠的全球贸易平台。在这个平台上，亿万消费者可以购买全球的商品，中小企业可以在全球售卖商品，真正实现了全球连接、全球联动。跨境电子商务也对国际贸易运作方式、贸易链环节产生了革命性、实质性的影响。可以预见，贸易的未来——跨境电子商务将连接世界。

第一节 跨境电子商务基础知识

随着电子商务进入白热化的竞争阶段，跨境电子商务这个名词，随着APEC峰会的召开，也传入了千家万户，这个市场已经从蓝海变成红海。

一、跨境电子商务的概念

跨境电子商务（Cross-Border E-commerce）脱胎于"小额外贸"，最初

跨境电子商务的概念与定义

是指以个人为主的买家借助互联网平台从境外购买产品,通过第三方支付方式付款,卖家通过快递完成货品的运送。跨境电子商务有狭义和广义两层含义。

从狭义上看,跨境电子商务特指跨境网络零售,基本等同于跨境零售,包括 B2C 和 C2C 两种模式。分属于不同关境的交易主体,通过电子商务平台达成交易,进行跨境支付结算,并采用快件、小包等行邮的方式通过跨境物流送达商品、完成交易,是一种国际贸易新业态。从本质上讲,它是以电子技术为手段,以商务为核心,把原来传统的销售、购物渠道转移到互联网上,打破国家与地区之间的壁垒,使整个商品销售达到全球化、网络化、无形化、个性化和一体化的状态。跨境网络零售是互联网发展到一定阶段所产生的新型贸易形态。

从海关的统计口径来看,狭义的跨境电子商务就是在网上进行小包的买卖,其基本上针对终端消费者(即通常所说的 B2C 或者 C2C)。但随着跨境电子商务的发展,一部分进行碎片化、小额批发买卖的小 B 类商家用户也成为消费群体(即 B2 小 B)。由于这类小 B 商家和 C 类个人消费者在现实中很难严格区分和界定,狭义的跨境电子商务中,也将这部分用户纳入跨境零售内容。

从广义上看,跨境电子商务基本等同于外贸电商,是指分属于不同关境的交易主体,通过电子商务手段将传统进出口贸易中的展示、洽谈和成交环节电子化,并通过跨境物流送达商品、完成交易的一种国际商业活动。

广义的跨境电子商务统计对象以跨境电子商务中商品交易部分为主(不含服务部分),它既包含跨境电子商务交易中的跨境零售(狭义部分),又包含跨境电子商务 B2B 部分。其中 B2B 部分不但包括通过跨境交易平台实现线上成交的部分,还包括通过互联网渠道进行交易洽谈、促成线下成交的部分,它与传统外贸的交易流程存在较大区别。

二、跨境电子商务的特征

跨境电子商务是基于网络发展起来的。网络空间相对于物理空间来说是一个新空间,是一个由网址和密码组成的虚拟但客观存在的世界。网络空间独特的价值标准和行为模式深刻地影响着跨境电子商务,使其以不同于传统的交易方式呈现出自己的特点。

(一)全球性(Global Forum)

网络是一个没有边界的媒介体,具有全球性和非中心化的特征。依附于网络而发生的跨境电子商务也因此具有了全球性和非中心化的特征。电子商务与传统的交易方式相比,一个重要特点就是,电子商务是一种无边界交易,丧失了传统交易所具有的地理因素,互联网用户不需要考虑跨越国界就可以把产品尤其是高附加值产品和服务提交到市场上。

网络的全球性特征带来的积极影响是信息的最大程度的共享;消极影响是:用户必须面临因文化、政治和法律的不同而产生的风险。任何人只要具备了一定的技术手段,在任何时候、任何地点都可以让信息进入网络,相互联系,进行交易。

(二)无形性(Intangible)

网络的发展使数字化产品和服务的传输盛行。而数字化传输是通过不同类型的媒介,例如数据、声音和图像在全球化网络环境中集中进行的,这些媒介在网络中是以计算机数据代码的形式出现的，因而是无形的。传统交易以实物交易为主，而在电子商务中，无形产品可以替代实物成为交易的对象。

电子商务是数字化传输活动的一种特殊形式，其无形性的特征使得税务机关很难控制和检查商品的交易活动，税务机关面对的交易记录都体现为数据代码的形式，使得税务核查员无法准确地计算销售所得和利润所得，从而给税收工作带来困难。

（三）匿名性（Anonymous）

由于跨境电子商务的非中心化和全球性的特性，很难识别电子商务用户的身份及其所处的地理位置。在线交易的消费者往往不显示自己的真实身份和自己的地理位置，而这丝毫不影响交易的进行，网络的匿名性也允许消费者这样做。

在虚拟社会里，隐匿身份的便利导致自由与责任的不对称，人们在这里可以享受最大的自由，却只承担最小的责任，甚至干脆逃避责任。

（四）即时性（Instantaneously）

对于网络而言，传输的速度和地理距离无关。传统交易模式中，信息交流方式如信函、电报、传真等，在信息的发送与接收之间存在着长短不同的时间差。而电子商务中的信息交流，无论实际空间距离远近，一方发送信息与另一方接收信息几乎是同时的，就如同生活中面对面交谈。某些数字化产品（如音像制品、软件等）的交易，还可以即时清结，订货、付款、交货都可以在瞬间完成。

电子商务交易的即时性提高了人们交往和交易的效率，免去了传统交易的中间环节，但也潜藏了法律危机。

（五）无纸化（Paperless）

电子商务主要采取无纸化操作的方式，这是以电子商务形式进行交易的主要特征。在电子商务中，电子计算机通信记录取代了一系列的纸面交易文件。由于电子信息以比特的形式存在和传送，整个信息发送和接收过程实现了无纸化。

无纸化带来的积极影响是使信息传递摆脱了纸张的限制，但由于传统法律的许多规范是以"有纸交易"为出发点的，无纸交易在一定程度上造成了法律的混乱。

（六）快速演进（Rapidly Evolving）

互联网是一个新生事物，现阶段尚处在幼年时期，网络设施和相应的软件协议的未来发展具有很大的不确定性。网络像新生儿一样，必将以前所未有的速度和无法预知的方式不断演进。基于互联网的电子商务活动也处在瞬息万变的过程中，在短短的几十年中，电子交易经历了从EDI到电子商务零售业兴起的过程，而数字化产品和服务更是花样出新，不断改变着人类的生活。

三、跨境电子商务的分类

基于不同的标准，跨境电子商务可以分为以下几类：

（一）按照交易主体分类

1. B2B 跨境电子商务

B2B 跨境电子商务是企业对企业的电子商务，是企业与企业之间通过互联网进行的商品、服务及信息的交换。中国跨境电子商务市场交易规模中，企业级市场始终处于主导地位，代表企业有阿里巴巴国际站、环球资源网、中国制造网等。

2. B2C 跨境电子商务

B2C 跨境电子商务是企业针对个人开展的电子商务活动，企业为个人提供在线商品购买、在线医疗咨询等服务。由于消费者可以直接从企业买到商品，减少了中间环节，通常价格较低，但是物流成本较高。中国 B2C 跨境电子商务的市场规模在不断扩大，代表企业有速卖通、亚马孙、兰亭集势、米兰网、大龙网等。

3. C2C 跨境电子商务

C2C 跨境电子商务是通过第三方交易平台实现个人对个人的电子交易活动，代表企业有 EBay 等。

（二）按照服务类型分类

1. 信息服务平台

信息服务平台主要为境内外会员商户提供网络营销服务，传递供应商或采购商等商家的商品或服务信息，促成双方完成交易。代表企业有阿里巴巴国际站、环球资源网、中国制造网等。

2. 在线交易平台

在线交易平台不仅提供企业、商品、服务等多方面信息，还可以通过平台线上完成搜索、咨询、对比、下单、支付、物流、评价等全购物型分类物链环节。在线交易平台模式正逐渐成为跨境电子商务的主流模式。代表企业有敦煌网、速卖通、米兰网、大龙网等。

3. 外贸综合服务平台

外贸综合服务平台可以为企业提供通关、物流、退税、保险、融资等一系列服务，帮助企业完成商品进口或者出口的通关和流通环节，还可以通过融资、退税等帮助企业进行资金周转。代表企业有阿里巴巴—达通。

（三）按照平台运营方式分类

1. 第三方开放平台

平台型电商通过线上搭建商城，并整合物流、支付、运营等服务资源，吸引商家入驻，为其提供跨境电子商务服务。同时，平台以收取商家佣金以及增值服务佣金作为主要盈利手段。代表企业有速卖通、敦煌网、环球资源网、阿里巴巴国际站等。

2. 自营型平台

自营型跨境电子商家在线上搭建平台，平台方整合供应商资源，通过较低的进价采购商品，然后以较高的售价出售商品。自营型平台主要通过赚取商品差价盈利。代表企业有兰亭集势、米兰网、大龙网等。

3. 外贸电商代运营服务商模式

在这种模式中，服务提供商不直接参与任何电子商务买卖过程，只为从事跨境外贸电商的中小企业提供不同的服务模块，如"市场研究模块""营销商务平台建设模块""海外营销解决方案模块"等。这些企业以电子商务服务商身份帮助外贸企业建设独立的电子商务网络平台，并提供全方位的电子商务解决方案，使其直接把商品销售给国外零售商或消费者。服务提供商能够提供一站式电子商务解决方案，并能帮助外贸企业建立定制的个性化电子商务平台。服务提供商主要靠赚取企业支付的服务费用盈利。代表企业有四海商舟、锐意企创等。

四、跨境电子商务的优势

（一）跨境电子商务与传统外贸相比的优势

随着国家的不断关注，跨境电子商务正在成为外贸产业中的一匹"黑马"，政策在不断地完善，市场也在不断地发展。与传统外贸相比，跨境电子商务具有以下特点：

1. 有效减少外贸商品流通环节，释放利润空间

传统外贸一般是由国内供应商将国内生产商或制造商的产品出口给海外的进口商或批发商，海外的进口商或批发商再将进口商品分销给海外的批发商、零售商，最后到达消费者手里。传统外贸模式下，商品从生产制造商到达消费者手中所经历的环节多、时间长。跨境电子商务有效地缩短了外贸价值链的长度，国内的生产制造商可以通过网商或者自己直接将商品通过跨境电子商务平台卖给海外的网商或消费者，从而减少了中间的渠道环节，降低了渠道成本，不仅给出口企业释放了利润空间，消费者也可以享受更多实惠，如图1-1所示。

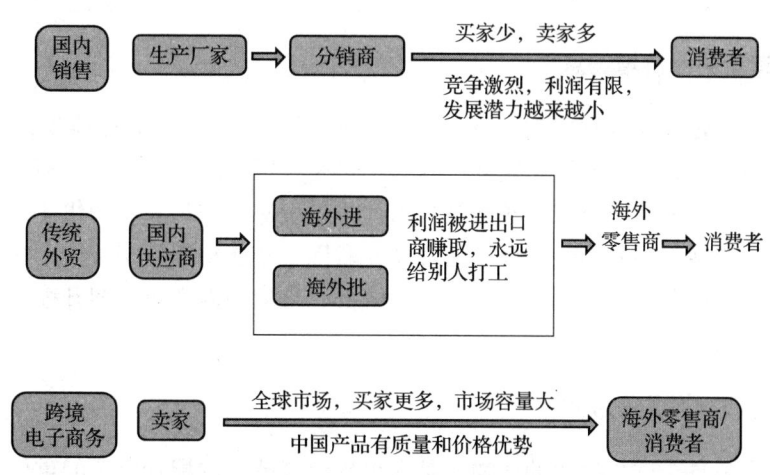

图1-1 传统外贸与跨境电子商务流通环节对比

2. 缩短交易时间，降低交易成本

跨境电子商务交易平台是实现外贸商业模式转变的重要力量。电商平台即时的信息沟通

不仅加强了买卖双方的互动交流，大大提高了磋商的效率，还加快了成交进程。便捷的网上支付操作，避开了传统方式下到银行办理结算的烦琐手续和较高的银行费用。通过一站式在线物流管理、多种物流解决方案选择，可实现快捷低成本送货上门。通过在平台上的网络营销、在线交易、在线支付、在线物流管理，可实现信息流、资金流、物流的三流合一管理，大大缩短了交易周期，降低了交易成本。

3. 全天候业务运作，提高客户满意度

世界各地存在的时差，为国际商务谈判带来诸多不便。对企业来讲，在传统条件下提供每周7天、每天24小时的客户服务往往让其感到力不从心。而利用电子商务可以做到全天候服务，任何客户都可在全球任何地方、任何时间从网上得到相关企业的各种商务信息。电子商务可实现全天候、不间断运作，可使全球范围内的客户随时得到所需的信息，为出口企业带来更多的订单，并且可以大大提高交易成功率和客户满意度。

（二）跨境电子商务与国内电商相比的优势

与国内电商相比，跨境电子商务具有卖家竞争小、市场空间大的优势。

1. 卖家竞争小

国内电商经过多年的发展，卖家数量越来越多，卖家电商能力也越来越成熟，无论新老卖家，从市场中获取流量变得越来越困难，付出的成本也越来越高。而跨境电子商务处于初级阶段，流量获取几乎免费，成交订单也更加容易。

2. 市场空间大

国内电商仅仅面向中国买家，交易额增速平缓。而跨境电子商务面向全球220多个国家和地区的买家，交易额每年都呈现爆发式增长。

五、跨境电子商务的意义

（一）打造新的经济增长点

跨境电子商务是互联网时代的产物，是"互联网+外贸"的具体体现，必将成为新的经济增长点。由于信息技术的快速发展，规模不再是外贸的决定性因素，多批次、小批量外贸订单需求正逐渐代替传统外贸大额交易，为促进外贸稳定增长和便利化注入了新的动力。

随着相关政策性红利的不断释放，在移动互联网、智能物流等相关技术快速提升的背景下，围绕跨境电子商务产业将诞生新的庞大经济链，带动国内产业转型升级，并催生出一系列新的经济增长点。

（二）提升我国对外开放水平

跨境电子商务是全球化时代的产物，是在世界市场范围内配置资源的重要载体，必将全方位提升我国对外开放水平。跨境电子商务平台将进一步破除全球大市场障碍，推动无国界商业流通。

对企业而言，跨境电子商务加快了各国企业的全球化运营进程，有助于树立全球化的品牌定位，形成更加虚拟数字化的销售网络，大大降低生产者与全球消费者的交易成本，使企业可以直接与全球供应商和消费者互动交易，特别是降低了广大中小企业"零距离"加入全球大市场的成本，使更多企业享受到全球化红利，有助于推动更加平等和普惠的全球贸易发展。

（三）提升国内消费者福利水平

跨境电子商务是消费时代的产物，满足了国内消费人群追求更高生活质量的需求，必将提升消费者福利水平。目前，我国人均国内生产总值已经达到中等偏上发达国家水平，国内消费者对更高质量、更安全、更多样化商品的需求日益旺盛，消费对经济增长的拉动作用日趋明显，我国的消费时代已经悄然来临。

跨境电子商务进口以扁平化的线上交易模式减少了多个中间环节，使得海外产品的价格下降。通过大量引入质量较好、品种丰富的海外产品，我国可以更好地培育国内市场，以消费升级引领产业转型升级，最终惠及国内消费者。同时，跨境电子商务使交易流程扁平化，海外产品提供商直接面对国内消费者，能够提供更多符合消费者偏好的商品。

第二节　跨境电子商务的流程和模式

一、跨境电子商务的流程

跨境电子商务出口的流程大体为：出口商/生产商将商品通过跨境电子商务企业（平台式/自营式）进行线上展示，在商品被选购、下单并完成支付后，跨境电子商务企业将商品交付给境内物流企业进行投递，经过出口国和进口国的海关通关商检后，最终由境外物流企业送达消费者或企业手中，从而完成整个跨境电子商务交易过程。在实际操作中，有的跨境电子商务企业直接与第三方综合服务平台合作，让其代办物流、通关、商检等一系列环节的手续。也有跨境电子商务企业通过设置海外仓等方法简化跨境电子商务部分环节的操作。

跨境电子商务的流程与模式

跨境电子商务进口的流程除方向与出口流程相反外，其他内容基本相同，如图1-2所示。

可见，跨境电子商务兼具一般电子商务和传统国际贸易的双重特性，其贸易流程比一般电子商务贸易流程要复杂得多，它涉及国际运输、进出口通关、国际支付与结算等多重环节，也比传统国际贸易更需考虑国际展示和运营的电子商务特性。跨境电子商务在国际贸易领域发挥着越来越重要的作用。

二、跨境电子商务的模式

跨境电子商务的运营模式主要包括企业对企业（B2B）、企业对消费者（B2C）和个人对消费者（C2C）三种。此外，还有线上对线下（O2O）模式、代运营模式、社区资讯模式等。其中，B2C、C2C都是面向最终消费者的，可统称为跨境网络零售。近两年，B2C和C2C跨境电子商务发展迅猛，很快成为热门行业。

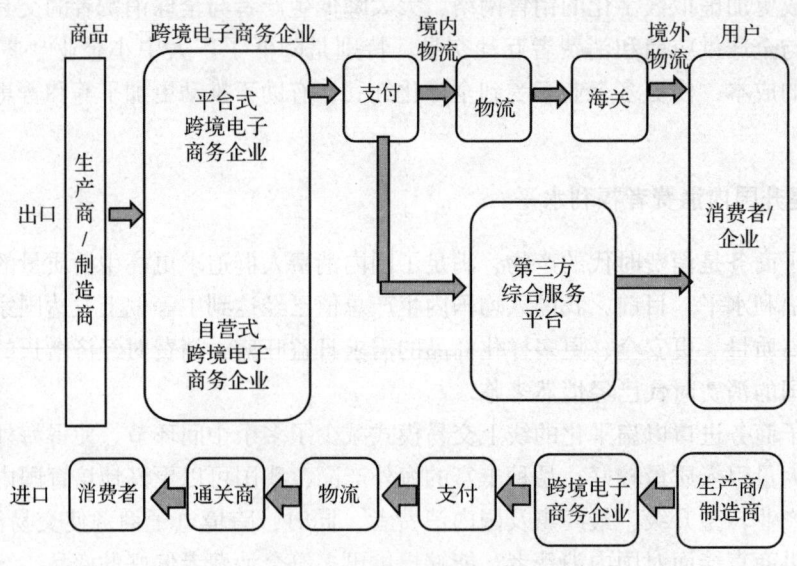

图1－2　跨境电子商务的流程

（一）跨境 B2B 模式

B2B 模式即 Business to Business，是指商家（泛指企业）对商家的电子商务，即企业与企业之间通过互联网进行产品、服务及信息的交换。通俗地说，是指进行电子商务交易的供需双方都是商家（企业），它们使用互联网技术或各种商务网络平台，完成商务交易的过程。具体过程包括发布供求信息、订货及确认订货、支付过程及票据的签发、传送和接收，确定配送方案并监控配送过程等。此类模式的代表网站有敦煌网、中国制造网、阿里巴巴国际站和环球资源网等。

跨境 B2B 模式又可分为以下三种模式：

1. 垂直模式

垂直模式即面向制造业或商业的垂直 B2B。垂直 B2B 可以分为两个方向，即上游和下游。生产商或商业零售商可以与上游的供应商之间形成供货关系，如戴尔电脑公司与上游的芯片和主板制造商就是通过这种方式进行合作的。生产商与下游的经销商可以形成销货关系，如思科公司与其分销商之间进行的交易。简单地说，这种模式下的 B2B 网站类似于在线商店这一类网站，其实就是企业网站，是企业直接在网上开设的虚拟商店。企业可以通过自己的网站大力宣传自己的产品，用更快捷、全面的手段让更多的客户了解自己的产品，促进交易。B2B 网络也可以是商家开设的，这些商家在自己的网站上宣传自己经营的商品，目的也是用更加直观、便利的方法促进和扩大交易。

2. 综合模式

综合模式即面向中间交易市场的 B2B。这种交易模式是水平 B2B，是将各个行业中相近的交易过程集中到一个场所，为采购方和供应方提供了一个交易机会，如阿里巴巴、TOXUE 外贸网、慧聪网、中国制造网、采道网、环球资源网等。这一类网站既不是拥有产品的企业,也不是经营商品的商家,它只提供一个平台将销售商和采购商汇集一起,采购商可以在该网站上查到销售商及其商品的有关信息。

3. 自建模式

自建模式即行业龙头企业自建 B2B 模式,是大型行业龙头企业基于自身的信息化建设程度搭建的以自身产品供应链为核心的行业化电子商务平台。行业龙头企业通过自身的电子商务平台串联起行业整条产业链。供应链上下游企业通过该平台实现资讯共享、沟通和交易。但此类电子商务平台过于封闭,缺少产业链的深度整合。

在 B2B 模式下,企业运用电子商务过程中,以发布广告和信息为主,成交和通关流程基本在线下完成,本质上仍属于传统贸易,已纳入海关一般贸易统计。该模式是电子商务中历史最长、发展最完善的商业模式。大多数 B2B 贸易订单的金额较大,进出口贸易的部分环节在线上完成,目前尚未实现完全的在线交易。虽然在线全流程的跨境贸易是未来的发展趋势,但今后几年,外贸 B2B 仍将以信息整合和信息化服务为主。

B2B 模式的优点在于,相关企业或公司可以紧密结合成一个网络,通过互联网快速反应,获得更全面的资讯、更多的选择、更好的服务或产品,从而促进所有相关联企业的业务发展,而且为企业提供便捷服务,无库存压力。缺点在于信息质量不高,网络交易认同度低,产品真实性无法保证,商家资质无法辨别。

随着跨境电子商务的发展,B2B 跨境电子商务体现出以下三个趋势:

第一,订单碎片化成为新常态。随着 B2B 用户需求越来越垂直化,处理碎片化的订单成为跨境电子商务所面临的常态。提供更多高附加值的增值服务,将是新模式跨境 B2B 电子商务的又一大特点。

第二,出口 B2C 模式有硬伤,阻碍其发展。虽然跨境 B2C 业务发展如火如荼,但由于跨境电子商务的整个产业链很长,B2C 模式试图将中间环节全部扁平化,直接连接工厂和消费者,就会对国外进口商和贸易商形成巨大冲击,且不向对方国家纳税,侵犯对方国家的经济利益。尽管国际上允许个人拥有海外采购的渠道,但控制注入的趋势已经出现,这对跨境B2C 模式产生了不可逾越的障碍,且不以企业和平台的意志为转移。

此外,从国家战略看,B2B 的前景也更加广阔,通过推动制造型企业上线,促进外贸综合服务企业和现代物流企业转型,从生产端和销售端共同发力,已经成为跨境电子商务发展的主要策略。

第三,商机对接仍是跨境 B2B 的核心,移动端重要性凸显。无论是国内品牌商找海外销售渠道,还是海外批发商和零售商找国内资源,商机对接仍是跨境 B2B 的核心,各跨境平台的主要精力集中在用新方法、新模式解决渠道缺失和沟通信任问题上。

(二) 跨境 B2C 模式

B2C 模式即 Business to Customer,是企业通过互联网为消费者提供一个新型购物环境——网上商店,消费者通过网络进行购物、支付等消费行为。在目前的跨境 B2C 模式下,我国企业直接面对国外消费者,以销售个人消费品为主,物流方面主要采用航空小包、邮寄、快递等方式,其报关主体是邮政或快递公司,目前大多未纳入海关登记。速卖通、DX、兰亭集势、米兰网、大龙网等都属于此类。

B2C 跨境电子商务模式主要有"保税进口+海外直邮"模式、"自营+招商"模式和"直营"模式。

1. "保税进口+海外直邮"模式

"保税进口+海外直邮"模式的典型平台主要有亚马孙、天猫和 1 号店等。

亚马孙是美国最大的电子商务公司，成立于 1995 年。亚马孙分为北美平台、欧洲平台和亚洲平台。亚马孙卖家类型分为专业卖家和个人卖家。在收费上，对专业卖家，每月收取 39.99 美元固定费用；对个人卖家，按照每笔 0.99 美元手续费收取。除此之外，亚马孙还会收取一定比例的交易费，根据所卖的产品不同收取的比例不同。亚马孙电子商务平台通过和上海自贸区的合作，在各地保税物流中心建立了各自的跨境物流仓，压缩了消费者从提交订单到接货的时间，提高了海外直发服务的便捷性。这也是目前最受青睐的模式。

天猫在宁波、上海、重庆、杭州、郑州、广州 6 个城市试点跨境电子商务贸易，与保税区、产业园签约跨境合作，全面铺设跨境网点，在保税区建立自己的物流中心。

2. "自营+招商"模式

"自营+招商"模式相当于最大程度地发挥企业内在优势，在内在优势缺乏或比较弱的方面，采用外来招商的方式加以弥补。"自营+招商"模式的典型平台主要是苏宁。

苏宁选择该模式，结合它的自身现状，在传统电子商务方面发挥其供应链和资金链的内在优势，同时通过全球招商来弥补国际商用资源上的不足。2014 年年初，苏宁成为国内电子商务企业中首家取得国际快递牌照的企业。此外，因为苏宁同时具有线上线下的资源，国外品牌商借助苏宁进军中国市场也会有更多的发挥空间。

3. "直营"模式

"直营"模式的典型案例是聚美优品。"直营"模式就是跨境电子商务企业直接参与到采购、物流、仓储等海外商品的买卖流程中，在物流监控和支付方面都有自己的一套体系。

在物流上，聚美"海外购"先发制人，整合全球供应链的优势，直接参与到采购、物流、仓储等海外商品的买卖流程中，或独辟"海淘"自营模式。2014 年，河南保税物流区为聚美优品建设了上万平方米的自理仓，开启了聚美的保税物流模式。该模式的开启大大压缩了消费者从下订单到接货的时间，加之海外直发服务的便捷性，让聚美海外购较常规"海淘商品"的购买周期，由 15 天压缩到 3 天，甚至更短，并保证物流信息全程可跟踪。

利用保税区建立可信赖的跨境电子商务平台，提升供应链管理效率，破解仓储物流难题，无疑是对目前传统海淘模式的一次革命，让商品流通不再有渠道和国家之分。

B2C 模式主要是保税自营加直接采购，优势在于平台直接参与货源组织、物流仓储等买卖流程，销售流转高，时效性好。缺点在于市场规模小、资金不足。目前，B2C 模式提供的服务种类繁多，而且比较完善，如一站式购物、完善的评价机制、良好的服务态度等，因此是网购的首选。

（三）跨境 C2C 模式

C2C 模式即 Customer to Customer，是个人与个人之间的电子商务，即一个消费者通过网络交易，把商品出售给另一个消费者的交易模式。C2C 模式下的购物流程为：搜索商品、联系卖家、购买商品和服务评价。C2C 模式的产生以 1998 年易趣成立为标志，是我国电子商务最早期的模式。目前采用 C2C 模式的主要有 EBay、易趣网、淘宝网、拍拍网等公司。

C2C 模式的优点是用户的群体广泛，卖家用户的门槛比较低。缺点是对卖家用户不易管理，商家竞争大，产品质量良莠不齐。现在有很多海外买手也就是代购入驻平台开店，使得资源得到最大化利用。C2C 的交易模式相对更自由，是现在最能满足消费者个人需求的模式。

跨境电子商务的三种主要模式比较，如表 1-1 所示。

表 1-1 跨境电子商务的三种主要模式

模式	参与主体	交易环节	交易特点	代表平台
B2B	企业与企业间交易	企业—国外批发商—国外零售商—国外消费者	大批量、小批次、订单集中	阿里巴巴国际站、中国制造网等
B2C	企业与消费者间交易	企业—国外零售商—国外消费者/企业—国外消费者	小批量、多批次、面向众多顾客、订单分散	亚马孙、兰亭集势、全球速卖通、敦煌网等
C2C	消费者与消费者间交易	消费者—外国消费者	小额商务交易	EBay、易趣网、淘宝网、拍拍网等

（四）跨境 O2O 模式

O2O 模式即 Online to Offline，是近年来兴起的一种电子商务模式，即将线下商务与互联网结合在一起，让互联网成为线下交易的前台。这个概念来源于美国，目前在我国已经形成一定的规模。

O2O 的概念非常广泛，只要产业链中既有涉及线上的部分，又有涉及线下的部分，就可以统称为 O2O。2013 年，O2O 在我国进入高速发展阶段，开始了本地化及移动设备的整合，于是 O2P 商业模式横空出世，成为 O2O 模式的本地化分支。O2P 商业模式类似于 O2O，又区别于 O2O，它和 O2O 模式的区别是在线下消费。消费者通过网站或者线下商家店中的移动端了解相关资讯后，到线下的商家去消费。消费者可在简单地了解之后再决定消费与否，或者在体验之后再支付。这类模式很适合大件商品的购买和休闲娱乐性消费。

O2O 模式可以实现线下服务在线上揽客，消费者可以在线上筛选服务，成交可以实现在线结算，推广效果可查，每笔交易可跟踪。

对于传统企业来说，O2O 模式的电子商务主要有以下三种运作方式。

第一种方式：自建官方商场 + 连锁店，消费者直接在门店的网络店铺下单购买，然后在线下体验服务。在这一过程中，品牌商提供在线客服并随时调货支持（在缺货情况下），加盟商收款发货。这种方式适合全国性连锁型企业。好处是可以线上线下店铺一一对应。缺点是投入大，需要很大的推广力度。

第二种方式：借助全国布局的第三方平台，实现加盟企业和分站系统的完美结合，并且借助第三方平台的巨大流量，迅速推广，带来客户。

第三种方式：建设网上商城，采用各种促销和预付款的形式，进行线上销售，线下服务。这种形式适合于本地化服务企业。

（五）代运营模式

这种模式分为两种类型：一种是技术型，目前典型的商家有么么嗖、Hai360、海猫季。这些是技术导向型平台，通过自行开发系统自动抓取海外主要电商网站的 SKU（货品属性），运用全自动翻译、语义解析等技术处理方式，提供海量中文 SKU，帮助用户下单，这也是最早做跨境电子商务平台的模式。还有一种是中文官网代运营，直接与海外电商签约合作，代运营其中文官网。代运营模式有着早期优势：易切入，成本低，SKU 丰富，方便搜索；而痛点在于：中长期缺乏核心竞争力，对库存价格实时更新等技术要求高。

（六）社区资讯

典型商家如小红书，通过内容引导消费，自然转化。优势在于：是天然海外品牌培育基地，可将流量带到福利社区，转化为交易；痛点在于：从长远来看，还是需要有强大的供应链能力。

第三节　跨境电子商务的发展

一、跨境电子商务的三个发展阶段

出口是拉动我国经济持续发展的"三驾马车"之一，在经济社会发展中占有重要地位，也是我国实施"走出去"战略、增强国际影响力的重要途径。随着以互联网为代表的新一轮信息技术革命的到来，我国的对外贸易产业也在积极进行互联网化转型升级，探索合适的跨境电子商务模式。

1999 年阿里巴巴的成立，标志着国内供应商通过互联网与海外买家实现了对接，成为我国出口贸易互联网化转型、探索跨境电子商务的第一步。在十几年的发展中，国内跨境电子商务经历了从信息服务到在线交易，再到全产业链服务三个主要阶段。

（一）跨境电子商务 1.0 阶段（1999—2003 年）

这一阶段从 1999 年阿里巴巴成立开始，一直持续到 2004 年敦煌网上线。这是我国跨境电子商务发展的起步和摸索阶段，主要是将企业信息和产品放到第三方互联网平台上进行展示，定位于 B2B 大宗贸易。买方通过阿里巴巴平台了解到卖方的产品信息，然后双方通过线下洽谈成交。因此，当时的大部分交易是在线下完成的。

由于互联网发展水平和其他因素的限制，跨境电子商务1.0时代的第三方互联网平台的功能主要是提供信息、展示服务，并不涉及具体交易环节。这时的跨境电子商务模式可以概括为线上展示、线下交易的外贸信息服务模式，本质上只是完成了整个跨境电子商务产业链的信息整合环节。

当然，这一模式在发展过程中也衍生出了其他一些信息增值服务，如竞价推广、咨询服务等内容。至于平台的盈利模式，主要是向需要展示信息的企业收取一定的服务费，本质上是一种广告创收模式。

跨境电子商务1.0阶段的最典型平台是1999年创立的阿里巴巴，它以网络信息服务为主，线下会议交易为辅，是服务于中小企业的国内最大的外贸信息黄页平台之一，致力于推动中小外贸企业真正走出国门，帮助它们获得更广阔的海外市场。

1970年成立于深圳的环球资源网，也是亚洲较早涉足跨境电子商务信息服务的互联网平台。此外，这一时期还出现了中国制造网、Kellysearch等诸多以供需信息交易为主的跨境电子商务平台。在跨境1.0阶段，虽然通过互联网解决了中国贸易信息面向世界买家的难题，但是依然无法完成在线交易，对于外贸电商产业链的整合，仅完成了信息流整合环节。

（二）跨境电子商务2.0阶段（2004—2012年）

以2004年敦煌网的上线为标志，国内跨境电子商务进入了新的发展阶段。区别于阿里巴巴中国供应商网上黄页的定位，各个跨境电子商务平台不再单纯提供信息展示、咨询服务，还逐步增加了线下交易、支付、物流等环节，真正实现了跨境贸易的在线交易。

2007年兰亭集势成立。它是整合国内供应链，以兰亭集势名义向国外销售产品的B2C平台。

2009年，速卖通平台在阿里巴巴ICBU成立，打响了跨境小额批发大举发展的信号枪。速卖通以B2C和C2C为主要跨境贸易模式。随着速卖通的发展，国内的跨境电子商务开始兴起，很多中小型卖家都开始加入这个队伍。

与起步阶段相比，跨境电子商务2.0阶段才真正体现出电子商务模式的巨大优势：通过互联网平台，不仅实现了买卖双方的信息对接，还使信息、服务、资源等得到进一步的优化整合，有效打通了跨境贸易价值链的各个环节。

这一阶段跨境电子商务的主流形态是B2B平台模式，即通过互联网平台，将外贸活动的买卖双方（中小企业商户）进行直接对接，以减少中间环节、缩短产业链，使国内供应商拥有更强的议价能力，获得更大的效益。

同时，第三方平台也在这一阶段实现了创收渠道的多元化：一方面，将前一阶段的"会员收费"模式改为收取交易佣金的形式；另一方面，平台网站还会通过一些增值服务获取收益，如在平台上进行企业的品牌推广，为跨境交易提供第三方支付和物流服务等。

（三）跨境电子商务3.0阶段（2013年至今）

国内电子商务经过十几年的深耕培育，已经逐渐走向成熟。同样，跨境电子商务也随着互联网发展的深化，以及电子商务整体业态的成熟完善，自2013年开始不断转型，迈入

3.0 的"大时代"。

2013 年之后,跨境电子商务的发展逐渐呈现出以下四个方面的特征:

第一,随着电商模式的发展普及,跨境电子商务的主要用户群体从势单力薄的草根创业者逐渐转变为大型工厂、外贸公司等具有很强生产、设计、管理能力的企业群体,这使得平台产品由网商、二手货源向更具竞争力的一手优质产品转变。

第二,这一阶段,电商模式由 C2C、B2C 模式转向 B2B、M2B 模式,国际市场被进一步拓宽,B 类买家形成规模,推动了平台上中大额交易订单的快速增加。

第三,更多大型互联网服务商加入,使跨境电子商务 3.0 服务全面优化升级,平台有了更成熟的运作流程和更强大的承载能力,外贸活动产业链全面转至线上。

第四,移动端用户数量飙升,个性化、多元化、长尾化需求增多,生产模式更加柔性化、定制化,对代运营需求较高,线上线下的配套服务体验不断优化升级。跨境电子商务的发展阶段,如图 1-3 所示。

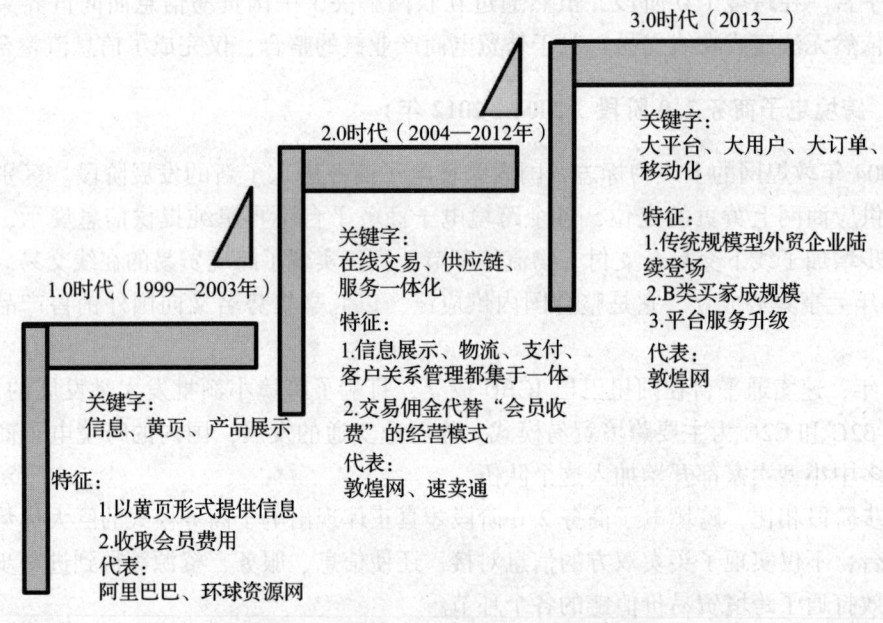

图 1-3 跨境电子商务的三个发展阶段

资料来源:2013—2014 年中国跨境电子商务产业研究报告. 雨果网

二、现阶段跨境电子商务的发展特点

(一)多业态融合,助推新模式快速成长

2018 年,中国跨境电子商务与多业态融合发展,形成新模式,加速外贸转型升级步伐。一是社交平台与跨境电子商务融合,形成短视频电商,成为跨境电子商务的新增长点。近年来,短视频社交已经成为一种"生活方式",正在改变品牌营销和流量引入规则。2018 年,社交平台纷纷进入跨境电子商务领域,融合了内容电商和社交电商的特性,深耕垂直细分领域,深挖对应标签的用户,形成短视频电商;同时,大力拓展海外市场,为短视频电商拓展

了更广阔的市场。二是传统跨境电子商务平台与线下实体融合,形成跨境O2O。2018年,跨境电子商务进口平台尝试在线下开设实体店,为消费者提供集体验、交流为一体的跨境实体零售服务。跨境电子商务作为外贸新业态之一,随着新模式的不断涌现,为中国传统外贸转型升级提供了新渠道、新思路。

(二)贸易规模迅速扩张

中国跨境电子商务交易及进出口贸易规模,如图1-4所示。中国跨境电子商务交易额占进出口总额比重变化情况,如图1-5所示。

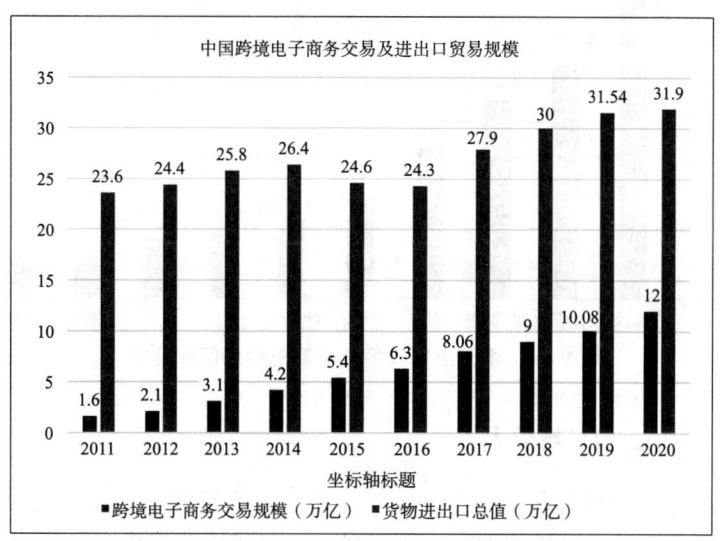

图1-4 中国跨境电子商务交易及进出口贸易规模

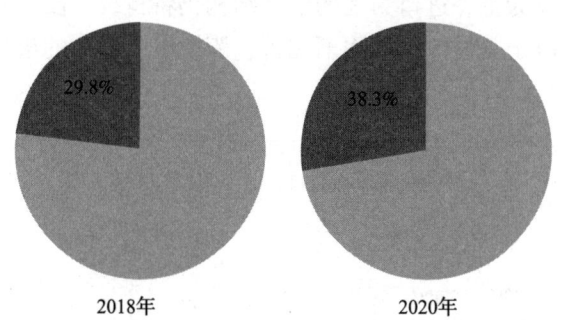

图1-5 中国跨境电子商务交易额占进出口总额比重变化情况

2018年,跨境电子商务交易额占中国进出口总额的29.8%。2020年,该占比上升到38.3%。

(三)从事跨境电子商务的门槛降低

中小企业建立直接面向国外买家的国际营销渠道,降低交易成本,缩短运营周期。据估算,目前每年在跨境电子商务平台上注册的新经营主体中,中小企业和个体商户已经占到90%以上。

(四)新兴市场成为亮点

中国电子商务研究中心监测数据显示,2018年,中国出口跨境电子商务的主要目的国有美国、法国、俄罗斯、英国、巴西、加拿大、德国、日本、韩国、印度，占72.5%；其他国家和地区占27.5%。从主要国家及地区分布来看，美国、法国等发达国家依然是中国出口电商主要的目的地。但是近年来，俄罗斯、巴西、印度等新兴市场蓬勃发展，吸引大量的中国电商企业及卖家纷纷布局。新兴市场有着广阔的电商发展前景，潜力巨大，是下一波市场蓝海所在，如图1-6所示。

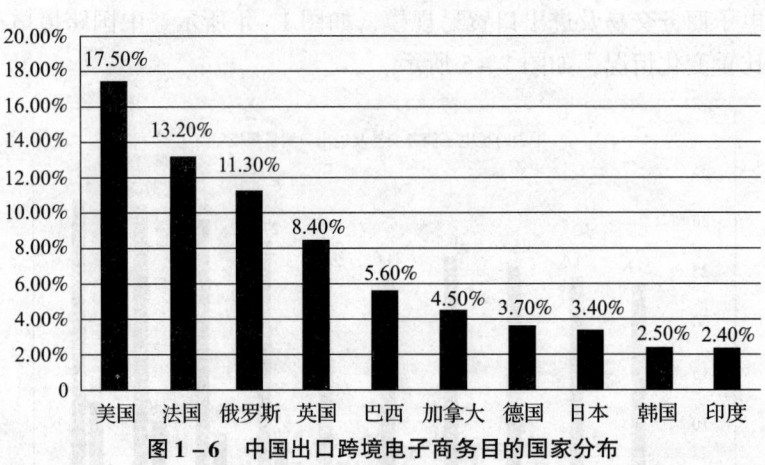

图1-6 中国出口跨境电子商务目的国家分布

（五）进口规模小，出口规模大

进口商品主要包括奶粉等食品和化妆品等奢侈品，规模较小；出口商品主要包括服装、饰品、小家电、数码产品等日用消费品，规模较大，每年增速很快。由于跨境电子商务仍处于发展的初期，这种出口为主、进口为辅的经济结构仍将持续一段时间。随着相关税收、通关政策的颁布，物流、电子支付体系的逐渐完善，跨境电子商务的进口将有很大的增长，如图1-7所示。

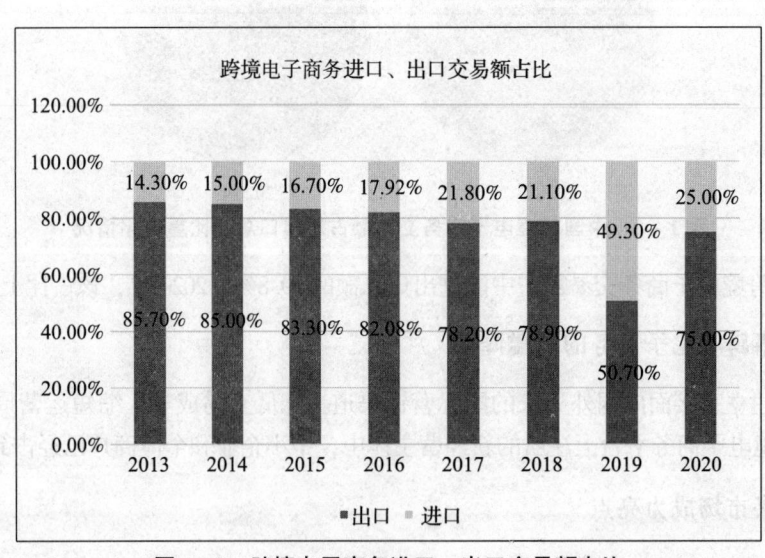

图1-7 跨境电子商务进口、出口交易额占比

（六）区域分布不断优化

我国东部地区跨境电子商务持续发展，中西部地区提速明显。2018 年，中国 42 个海关关境中，跨境电子商务零售出口清单量排名前五的是黄埔、杭州、广州、郑州、北京；跨境电子商务零售进口交易额排名前五的是广州、宁波、杭州、郑州、重庆，其中，地处中西部地区的郑州和重庆发展较快。郑州海关发布的数据显示，2018 年，郑州海关共监管跨境电子商务进出口清单 9 507.3 万票，进出口商品总值 120.4 亿元，同比分别增长 4.2% 和 5.7%；重庆保税港区 2018 年跨境电子商务交易额达 28.1 亿元，同比增长 109.2%；成交订单 1 655 万票，占重庆市同期成交总量的 72.3%。

（七）贸易范围不断扩大，丝路电商成为新亮点

2018 年，作为全球规模最大、成长最快的电子商务市场之一，中国的跨境电子商务零售进口持续增长，货源国范围不断扩大。随着"一带一路"建设的走深做实，丝路电商快速发展，成为中国外贸新亮点。2018 年，中国与柬埔寨、科威特、阿联酋、奥地利等国的跨境电子商务交易额同比增速均超过 100%。同时，中国"一带一路"沿线重要节点城市的跨境电子商务也快速发展。从 2018 年《亚马孙全球开店中国出口电商城市发展趋势报告》的评选结果看，21 世纪海上丝绸之路沿线的福州、泉州和广州入选中国 2018 年跨境电子商务出口发展的 20 强城市。同时，丝绸之路经济带沿线的西安和兰州进入中国 2018 年新增 22 个跨境电子商务综合试验区名单。中国重要节点城市跨境电子商务持续创新发展，将进一步带动中国与"一带一路"沿线国家跨境电子商务的发展。

（八）市场需求精耕细分，助力消费结构升级

跨境电子商务不断向中小城市和农村下沉，带动居民消费结构升级。大城市跨境电子商务市场逐渐饱和，中小城市和农村居民海外出游机会相对偏少，大量海外购物需求通过跨境电子商务渠道得到满足。2018 年，各平台加大了选品的跨度，增加了高性价比商品，进一步满足中小城市和农村的消费需求。一是从产地来看，增加了"一带一路"沿线国家的特色生活用品，如泰国的乳胶枕、青草膏、椰子油，印尼的燕窝，马来西亚的豆蔻油，澳大利亚的蜂巢，俄罗斯的蜜蜡等。二是从品牌来看，轻奢品牌和小众品牌逐渐增多，如日韩的美妆日用品、英国的时尚饰品、澳大利亚的保健品等。三是从品类来看，增加高频消费的生活用品，如网易考拉设置了海外商超，天猫国际设置了进口超市，推动跨境电子商务平台从以往的"百货商场"向"大型超市"转变。此外，针对大城市的高消费群体，一些平台还引入了跨境旅游服务。随着消费需求的不断细分，跨境电子商务对消费结构升级的带动作用将进一步增强。

三、跨境电子商务的发展趋势

（一）交易产品向多品类延伸，交易对象向多区域拓展

随着中国跨境电子商务的发展，跨境电子商务交易产品向多品类延伸，交易对象向多区域拓展。销售产品的品类经历了一个由简单到复杂的过程，从最初的线上音乐和视频等零物

流的数字化产品到服装服饰、3C电子、鞋帽箱包、家居园艺、珠宝首饰、汽车配件、食品药品等便捷运输产品,再到母婴玩具、灯光照明等物流要求更高的大型产品,如图1-8所示。随着多样化跨境物流解决方案的不断出现,商品品类将得到不断拓展,两者相辅相成。EBay数据显示,该平台上增速最快的三大品类依次为家居园艺、汽配和时尚,且71%的大卖家计划扩充现有产品品类,64%的大卖家计划延伸到其他产品线。不断拓展销售品类成为跨境电子商务企业业务扩张的重要手段。品类的不断拓展,不仅使得"中国产品"和全球消费者的日常生活联系更加紧密,也有助于跨境电子商务企业抓住最具消费力的全球跨境网购群体。

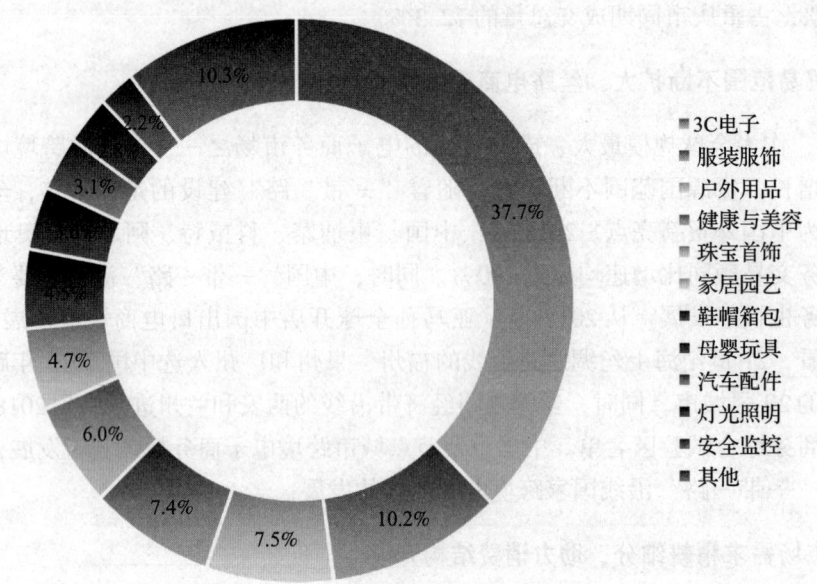

图1-8 跨境电子商务销售产品品类

从销售目标市场看,未来跨境电子商务的增长将主要来源于销售市场的多元化增长。以美国、英国、德国、澳大利亚为代表的成熟市场,由于跨境网购观念普及、消费习惯成熟、整体商业文明规范程度较高、物流配套设施完善等优势,在未来仍是跨境电子商务零售出口的主要目标市场,且将持续快速增长。与此同时,不断崛起的新兴市场正成为跨境电子商务零售出口的新动力。俄罗斯、巴西、印度等新兴市场由于本土产业结构不合理,尤其是消费品行业欠发达,积攒了大量的消费需求;而线下零售渠道成熟度较差,本土市场规模较小,使得消费需求难以满足;中国制造的产品物美价廉,在这些国家的市场上优势巨大。若当地跨境交易便利程度较高,移动互联网普及度较高,这些市场的跨境消费将一触即发。大批企业也在拓展东南亚市场。印度尼西亚是东南亚人口最多的国家,全球人口排名位居第四,具有巨大的消费潜力。目前,EBay、亚马孙、日本乐天等电子商务巨头都开始进入印度尼西亚市场。在拉丁美洲和非洲等地区,电子商务的渗透依然较低,有望在未来获得较大突破。

(二) B2C占比提升,B2B和B2C协同发展

跨境电子商务B2C这一业务模式逐渐受到企业重视,近两年出现了爆发式增长。究其原因,主要是它具有一些明显的优势:

1. 利润空间大

相较于传统跨境模式，B2C 模式可以跳过传统贸易的所有中间环节，打造从工厂到产品的最短路径，从而赚取高额利润。

2. 有利于树立品牌形象

有助于国内那些不再满足于做代工的工贸型企业和中国品牌利用跨境电子商务试水"走出去"，熟悉和适应海外市场，将中国制造、中国设计的产品带向全球，开辟新的战线。

3. 把握市场需求

直接面对终端消费者，有利于更好地把握市场需求，为客户提供个性化的定制服务。

4. 市场广阔

与传统产品和市场单一的大额贸易相比，小额的 B2C 贸易更为灵活，产品销售不受地域限制，可以面向全球 200 多个国家和地区，可以有效地降低单一市场竞争压力，市场空间巨大。

B2B 作为全球贸易的主流，将会和 B2C 协同发展。从 2015 年中国跨境电子商务的交易模式看，B2B 交易占比达到 88.5%，占据绝对优势。由于 B2B 交易量较大，订单较为稳定，且处于相对成熟阶段，所以在跨境电子商务交易中，B2B 在未来较长时间内仍将是主流。但随着跨境贸易主体越来越小，跨境交易订单趋于碎片化和小额化，未来 B2C 交易占比会出现一定的提升，如图 1-9 所示。

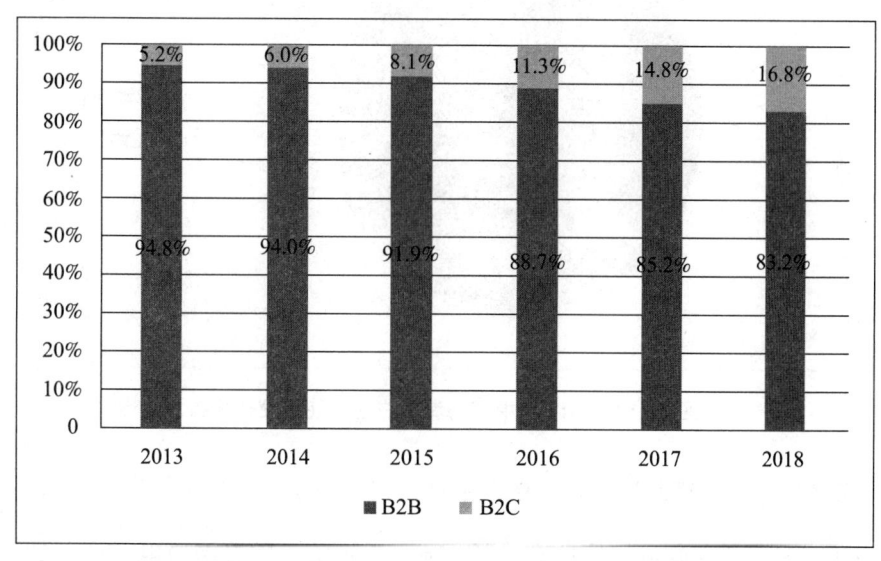

图 1-9 2013—2018 年中国跨境电子商务交易规模 B2C 与 B2B 结构

B2B 作为全球贸易的主流，未来仍然会是中国企业开拓海外市场的最主要模式；而 B2C 作为拉近与消费者距离的有效手段，对中国企业打响品牌也将具有非常重要的作用。B2B 和 B2C 作为两种既有区别又有联系的业务模式，互补远远大于竞争，两者都能成为开拓海外市场的利器。

（三）跨境电子商务平台将由信息服务型转为综合服务型

以收取会员费、竞价排名费等方式生存的信息服务型跨境电子商务平台已经面临发展瓶颈，而综合服务型平台通过提供一站式服务提高交易双方的满意度，并可收取一定的在线交易类佣金，其变现率也显著高于前者，这类平台有着广阔的发展前景。

（四）移动端将成为跨境电子商务发展的重要推动力

随着移动技术的不断发展，智能手机、平板电脑的迅速普及，未来跨境电子商务将以"移动端为王"，如图1-10所示。移动技术的进步使线上与线下商务之间的界限逐渐模糊，以互联、无缝、多屏为核心的"全渠道"购物方式将快速发展。从B2C方面看，移动购物使消费者能够随时、随地、随心地购物，极大地拉动了市场需求，增加了跨境零售出口电子商务企业的机会。从B2B方面看，全球贸易小额化、碎片化发展的趋势明显，移动技术可以让跨国交易无缝完成，卖方随时随地做生意，白天卖方可以在仓库或工厂用手机上传产品图片，实现立时销售，晚上卖方可以回复询盘，接收订单。以移动端作媒介，买卖双方的沟通变得非常便捷。

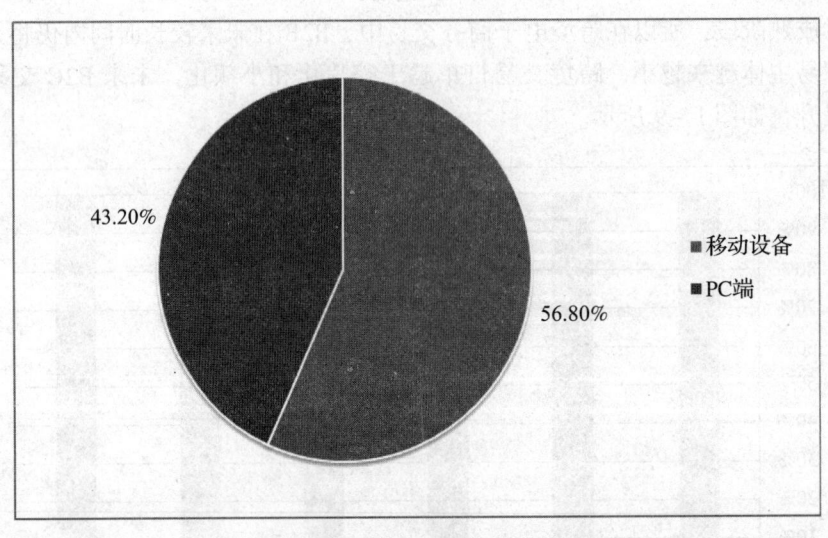

图1-10 2017年中国海淘用户主要使用设备分布

（五）跨境电子商务产业生态系统更为完善

跨境电子商务涵盖实物流、信息流、资金流、单证流，随着跨境电子商务的不断发展，软件公司、代运营公司、在线支付、物流公司等配套企业都开始围绕跨境电子商务企业进行集聚，服务内容涵盖网店装修、图片翻译描述、网站运营、营销、物流、退换货、金融服务、质检、保险等内容，整个行业生态体系越来越健全，分工越来越清晰，并逐渐呈现出生态化的特征，如图1-11所示。目前，我国跨境电子商务服务业已经初具规模，有力地推动了跨境电子商务行业的快速发展。

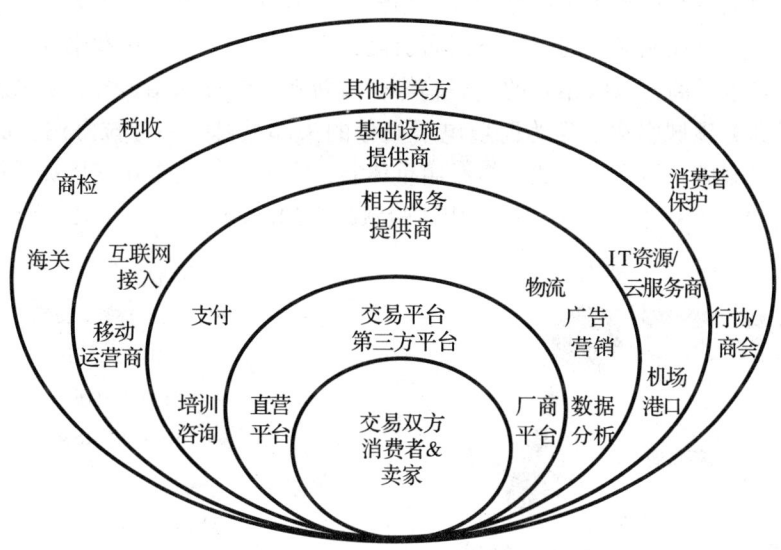

图1-11 基于交易平台的商业生态系统

(六) 消费和企业运营全球化趋势增强

跨境电子商务的发展使得消费全球化趋势明显,无国界的消费者互动、个性定制、柔性生产和数据共享将大行其道。消费者、企业通过电商平台彼此联系,相互了解,卖家通过全渠道汇聚碎片数据,通过数据挖掘准确识别和汇聚消费者需求,实现精准营销,买卖双方互动将使C2B、C2M的个性化定制更具现实基础,也促进了生产柔性化,推动市场化的供应链组织方式。

跨境电子商务的发展也推动了企业运营的全球化,据Analysys易观统计,阿里巴巴、腾讯、亚马孙、Facebook的海外收入近年来均呈现逐年递增之势。更注重全球市场的电商企业将在市场上获得独特地位,而跨境电子商务的发展也可以让企业迅速将业务流程全球化,资产更轻,灵敏度更高,决策更加精准。

(七) 中国跨境电子商务将进入规范发展阶段

2018年,中国各主管部门加大了对跨境电子商务领域违规行为的惩处力度,为合规监管拉开序幕。在商家方面,法院严厉查处跨境电子商务中盗用公民个人信息、拆分货物、刷单、进口走私等行为。在跨境支付方面,外汇监管日趋严格。2018年,国家外汇管理局针对第三方支付机构的超出核准范围办理跨境外汇支付业务且国际收支申报错误,未经备案程序为居民办理跨境外汇支付业务且未按规定提交异常风险报告等违规行为,开出了多个巨额罚单。随着《电子商务法》的正式实施,跨境电子商务相关配套法规政策加快制定并陆续出台,将引领中国跨境电子商务进入规范发展新阶段。

(八) 线下市场重要性凸显,新零售或将在跨境电子商务领域引爆

艾媒咨询分析师认为,对于跨境电子商务行业而言,线上线下结合是必然趋势。由于跨境电子商务用户关注重点聚焦于商品质量，相较从跨境电子商务平台上去了解相关信息，线下体验的背书作用更加明显，通过线下门店引流，再从线上平台转化和服务，将成为行业发展方向。而跨境电子商务双线结合的发展趋势，与新零售的理念相契合，未来新零售浪潮有望在跨境电子商务领域引爆。作为跨境电子商务的头部品牌——考拉海淘，加速布局线下店，开设线下旗舰店和线下工厂店，旗舰店重体验，全球工厂店重在连接优质供应商和消费者，在"新消费"背景下，解决了线上店体验感缺失的问题，如图 1-12 所示。

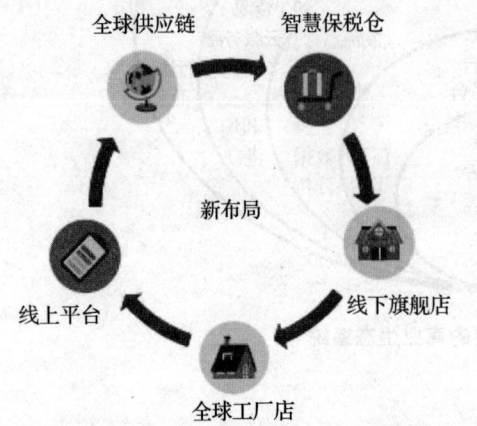

线下旗舰店
- 零售、体验、交流
- 智慧电子互动屏
- 线上线下打通
- 2019年布局15家线下店

全球工厂线下店
- 优质制造商品牌孵化器
- 连通优质制造商与消费者
- 2019年开设12家线下店，布局全国

图 1-12　线上线下结合模式

第四节　跨境电子商务发展的政策扶持及对策建议

一、跨境电子商务政策解读

近年来，国家非常重视对外贸易的发展，跨境电子商务因承载着中国传统外贸转型升级的使命，得到了国家的大力推动。2018 年《电子商务法》的出台，为中国跨境电子商务规范发展提供了基础性的法律依据，国务院及各部委颁布的规章文件进一步明确了跨境电子商务的具体监管办法；新增了 22 个跨境电子商务综合试验区，通过创新探索形成了不同类型的跨境电子商务试点模式和制度性经验。此外，2018 年中国加快推进电子商务领域的多双边国际合作，为电子商务国际规则体系建设贡献中国智慧。

（一）《电子商务法》的相关规定

2018 年 8 月，第十三届全国人民代表大会常务委员会第五次会议通过了《电子商务法》，其中第二章"电子商务经营者"和第五章"电子商务促进"明确提出关于跨境电子商务发展的相关要求和措施，核心内容包括四个方面：一是对跨境电子商务经营者提出了基本监管要求，即从事跨境电子商务的经营者应当遵守进出口监督管理的法律、行政法规和国家有关规定；二是建立健全监管制度体系，尤其是海关、税收、出入境检验检疫、支付结算等领域的管理制度要适应跨境电子商务特点；三是促进监管便利化，重点在于优化监管流程，实现信息共享、监管互认、执法互助，提高跨境电子商务服务和监管效率；四是推动跨境电子商务国际合作交流，参与电子商务国际规则的制定。

（二）国务院出台的相关政策

2018年，国务院出台了《关于扩大进口促进对外贸易平衡发展的意见》等3个跨境电子商务相关政策文件。这些文件主要聚焦于三个方面：一是强调跨境电子商务进口的重要作用。《关于扩大进口促进对外贸易平衡发展的意见》（国务院/国办发〔2018〕53号），强调了跨境电子商务进口在促进对外贸易平衡发展中的作用，其中明确提出要"创新进口贸易方式。加快出台跨境电子商务零售进口过渡期后监管具体方案，统筹调整跨境电子商务零售进口正面清单。加快复制推广跨境电子商务综合试验区成熟经验做法，研究扩大试点范围"。二是扩大跨境电子商务综合试验区的试点范围。《国务院关于同意在北京等22个城市设立跨境电子商务综合试验区的批复》（国函〔2018〕93号）的出台，肯定了前两批综合试验区关于跨境电子商务监管和发展的试点探索，将15个试点城市进一步扩大到了37个城市。三是突出跨境电子商务信息化监管的重要性。《国务院关于印发优化口岸营商环境促进跨境贸易便利化工作方案的通知》（国发〔2018〕37号）中，明确指出，要将"单一窗口"功能覆盖至海关特殊监管区域和跨境电子商务综合试验区等相关区域，对接全国版跨境电子商务线上综合服务平台，突出跨境电子商务信息化监管的重要性。

（三）国家部委出台的有关文件

2018年，国家部委出台了《关于完善跨境电子商务零售进口监管有关工作的通知》等6个跨境电子商务相关政策文件。一是继续完善跨境电子商务业务的基本监管制度和监管要求。如《关于完善跨境电子商务零售进口监管有关工作的通知》（商财发〔2018〕486号）明确了政府部门、跨境电子商务企业、跨境电子商务平台、境内服务商、消费者各负其责的原则和具体要求；《关于实时获取跨境电子商务平台企业支付相关原始数据有关事宜的公告》（海关总署公告2018年第165号）明确，参与跨境电子商务零售进口业务的跨境电子商务平台企业应当向海关开放支付相关原始数据，供海关验核。二是进一步优化跨境电子商务零售进口商品准入规定。财政部等13部委联合发布了《跨境电子商务零售进口商品清单（2018年版）》，增加了葡萄汽酒、麦芽酿造的啤酒、健身器材等63个消费者需求较大的税目商品；同时，也对前两批清单的商品税则税目进行了技术性调整和更新。三是调整了跨境电子商务进出口税收政策。出口方面，财政部、税务总局、商务部和海关总署联合发布的《关于跨境电子商务综合试验区零售出口货物税收政策的通知》（财税〔2018〕103号）明确，对综合试验区电子商务出口企业出口中未取得有效进货凭证的货物，同时符合条件的试行增值税、消费税免税政策。进口方面，《关于完善跨境电子商务零售进口税收政策的通知》（财关税〔2018〕49号）进一步提高跨境电子商务零售进口的限额，将单次交易限值由人民币2 000元提高至5 000元，年度交易限值由人民币20 000元提高至26 000元。此外，还推动完善跨境电子商务零售出口增值税"无票免税"政策，促进行业阳光化发展。

二、跨境电子商务发展面临的问题

虽然中国的跨境电子商务在政策和平台上都发展得极为迅猛，但是它也面临着一些问题。这些问题成为跨境电子商务发展征途中的痛点，阻碍和制约着跨境电子商务的发展。

(一) 物流配套比较差，运货速度慢、费用高

我们知道，电子商务之所以能够实现，一个主要的原因就是物流快递的支撑。货物的跨境运输需要物流来完成。但是目前的物流发展远远跟不上电子商务的发展。

首先，跨境电子商务不同于传统外贸，运输的货物数量少、体积小、通关麻烦。由于基础设施不完善，走海运的运输时间长，走空运的运费昂贵。电商企业为尽快收回资金、提高信誉，只能压缩利润空间选择空运。目前，比较常用的物流系统为中国邮政物流、EMS、ePacket、中国邮政挂号小包、中国邮政平常小包+新加坡邮政小包，商业快递主要是DHL。商业快递运货速度比较快，一般七天左右到达，但是费用高，以将双肩包运到欧洲为例，运费高达五六十美元，比商品本身价格还要高。中国邮政挂号小包等运输时间比较长，一般为一个月左右，运输距离远的可能达到两个月。运费问题成为跨境电子商务发展亟待解决的问题。

其次，我国还是一个以劳动力为主的国家，信息技术需要提高，不管是国内物流还是跨境物流都存在这个问题。我国的物流企业信息处理水平低，分拣、包装等流程都需要人工处理，这就导致了低效的物流操作和低水平客户服务。

(二) 交易信用及安全问题显著

电商是基于互联网的一种虚拟的商务模式，交易双方具有显著的信用不确定性。相关数据显示，国内约有1亿位在线消费者受到网络虚假信息的侵害，诈骗金额相当之高。随着时代的进步和科技的发展，互联网成为人们生活中不可缺少的一部分，与此同时，一部分诈骗集团利用网络安全的不健全来盗取他人的财产。因此，大约有80%的消费者出于对信用及安全问题的担忧而不选择网购。国内电商在为交易问题头痛时，跨境电子商务却因国内供应商出售假冒伪劣产品及产品质量问题，前进的脚步受到阻碍。不仅有因侵犯知识产权而被海关扣留的仿冒产品，更有国内知名外贸电商网站信用欺诈事件。这一切使得跨境电子商务的信用及安全问题非常突出。

(三) 网上跨境支付问题

随着国内支付体系的不断完善，支付市场的竞争愈发激烈。对于面向国际市场的跨境电子商务来说，支付市场越来越受到第三方网上支付机构的重视。由于跨境支付系统提供的是国际贸易，相对于国内第三方支付系统来说更加复杂，存在的问题也更多。

一是缺乏完善的跨境支付系统，且相关配套的外汇监管、税收等制度不完善。虽然国际上电商发达国家有成熟的支付系统，但缺乏全球通用型、接受度高的支付系统，这限制了跨境电子商务的销售区域，给回笼资金增加了难度。二是提现手续费比较高，货款结算周期长。以速卖通为例，每笔提现的手续费为15美元，货款收回时间一般会超过1个月，对于小卖家而言，费用较高。如不提现，则会占用资金。

(四)《电子商务法》相关配套还需完善，监管落地仍有困难

《电子商务法》于2019年1月1日正式实施。《电子商务法》针对跨境电子商务，明确要求国家和相关管理部门应打造便利化的综合服务，提高监管效率；强调国家层面要积极推动国际交流合作，营造良好的国际环境。同时，《电子商务法》作为上位法，主要目的在于明确法律原则，对具体操作层面的内容规定得较少，实施中亟需配套法规政策标准。截至2018年年底，我国尚未出台《电子商务法》的相关实施细则和司法解释。市场监督管理总局于2018年12月3日发布了《关于做好电子商务经营者登记工作的意见》（国市监注〔2018〕236号），但其内容多为原则性的指导意见，也未对操作层面做出具体规定。各地制定实施细则的具体规定不同，可能给企业经营带来不确定因素。《电子商务法》正式实施后，将给各地方主管部门的监管工作带来挑战。

（五）跨境电子商务人才匮乏

跨境电子商务的发展核心还是跨境电子商务人才，中国跨境电子商务在快速发展的同时，面临的最大问题就是跨境电子商务人才匮乏。我们不得不承认，电商群体普遍存在学历低、素质低的问题。跨境电子商务人才缺失主要有以下原因：

1. 语种限制

目前做跨境电子商务的人才主要来自外贸企业，英语专业居多，一些小语种电子商务人才缺乏。事实上，像巴西、印度、俄罗斯、阿拉伯、蒙古国等国家，跨境电子商务具有很大的发展潜力，也是跨境电子商务关注的重点。

2. 能力要求高

从事跨境电子商务的人才，除了要冲破语种的限制外，还要了解国外的市场、电商运营、外贸知识、各大平台的交易规则和交易特征等，甚至要熟悉目的国的法律法规和风土人情。

3. 专业培训机构起步晚，不能满足市场需求

专门培养跨境电子商务人才的院校和专业不多，培养体制不成熟，导致人才输出滞后于企业所需。

基于这几方面原因，符合跨境电子商务要求的人才很少，跨境电子商务人才缺乏已经成为业内常态。

（六）"一带一路"沿线发展差异大

随着"一带一路"建设的深入推进，中国跨境电子商务开拓新兴市场的步伐不断加快。"一带一路"沿线已经成为中国跨境电子商务发展的新蓝海，同时，各国经济发展、人文环境、法律体系以及交通运输状况差异较大，对开拓新市场提出了新挑战。"一带一路"沿线65个国家中，12个是发达国家，占"一带一路"国家总数的18.46%；53个为发展中国家，占比达到81.54%，各国经济发展阶段不尽相同。同时，"一带一路"国家涉及多个民族、多个种族、多个宗教。中国跨境电子商务企业在沿线国家拓展市场过程中需要对当地的法律法规（财税、金融、产业等方面）、风土人情、物流条件等进行深度考察。这增加了进入市场的难度，尤其是对中小跨境电子商务企业而言，深耕沿线国家，对其自身实力提出了新挑战。2018年，"一带一路"倡议拓展到欧盟成员国，如奥地利、希腊、马耳他、葡萄牙等，且正式延伸至拉丁美洲国家，如智利、乌拉圭、委内瑞拉、玻利维亚、厄瓜多尔等。此外，还增加了37个非洲国家，以及9个太平洋岛国。随着中国"一带一路"倡议的不断延伸，沿线国家之间的多样性和差异性将进一步扩大，开拓新兴市场的难度也将进一步增加。

三、跨境电子商务的发展对策

跨境电子商务作为一种电子化的新型跨境贸易模式，有着十足的活力和无法比拟的优势，但它和每一个新生事物一样，存在一定的问题和瓶颈。解决这些问题，是更好地发展跨境电子商务的基本要求。

（一）建立本地化物流运营，降低运费成本

解决运输时间长和运费高的问题，可以尝试设立海外仓库或在边境设立边境仓。在"一带一路"沿线国家和地区建设海外仓库来存储商品，可以大大减小清关压力，降低时间成本和运费，退货也更加方便。国家还可以联合阿里巴巴等大型企业，共同出资建造海外仓库，解决小型的跨境电子商务企业因为缺乏资金无法自主建仓库的问题，实现共同发展。政府要大力推广和支持边境仓的设立，例如针对对俄贸易，可以在绥芬河、哈尔滨等地设立边境仓。一旦买家下单可当天发货，提高了配送的效率，也提升了买家的购物体验。目前，我国高铁的铺设覆盖面在逐渐增加，随着国家"一带一路"倡议的提出和亚洲投资发展银行的成立，我国的高铁会逐步铺向欧洲国家。通过内陆丝绸之路运输，与海运相比，缩短了三分之二的路程，会大大缩短货物到达欧洲市场的时间，铁路运输的运费相比空运而言也会大大降低。此外，物流公司还应该通过现代物流技术来处理物流信息，使传统物流向现代物流转变。

（二）完善信用体系

由于跨境电子商务面对的是国际市场，它所带来的影响更为巨大，所以信用体系应该更加完善。因为跨境电子商务在国际上缺乏统一的信用标准且各国法律不同，所以政府部门对于跨境电子商务网站上的商家和商品应该按照国际相关标准来制定信用及质量标准，并且加大监督力度。而各大电商网站和制造商应该提高检测幅度，同时培养企业的信用意识，使国内企业信用透明，并与政府配合，共同建立一套规范、完善的认证信用体系。

（三）使用成熟的第三方跨境支付结算系统

首先，对于第三方跨境网上支付要有一部制度，建立统一的规范标准，同时应该建立一个专门的机构对它进行监督管理，使其能够健康稳定地发展。其次，必须要解决安全收款的问题。目前，比较成熟和运用比较多的第三方跨境结算系统有PAYPLY、国际支付宝等。除此之外，可以考虑跨境人民币结算。使用人民币结算便于卖家进行成本核算，避免汇率变动带来的风险。最后，完善相应的外汇管理和税收管理制度，从而更好地加强网上跨境支付交易的外汇管理工作。第三方支付平台应该加大注册用户信息的完善，提供境内境外交易双方较为准确的相关信息，最终要能够让外汇监管部门对网上跨境外汇收支情况及资金的流向有一个较为准确的统计。

（四）建立相关的法律法规

面对国家缺乏完善的法律法规这一问题，国家要抓紧完善《电子商务法》具体操作层面的内容规定。我们知道，跨境交易不只是国际交易，还牵涉到国际交流。为了树立自己国家的形象，保障买卖双方的利益，我国更应该建立有效、明确的规章制度。一是要规范买卖双方的交易纠纷处理问题，以具体法律保障市场主体的权益。二是加强对电商企业的监督，规范企业的行为，以法律强制保障电商市场产品的质量。三是要保障电商市场的有序性，严厉打击恶意、刻意破坏市场环境的行为。

同时，我们还应该注意到，跨境电子商务使交易的环境更为复杂、出现问题会更多，而且还涉及国家与国家的问题，涉及国际犯罪的问题，所以在这一点上，我们要加强与国外安保组织之间的合作交流，共同维护公共网络交易环境的纯洁。

此外，对于电子商务内部，要对相关人员的工作职责作出明确的规定，并且能够对相关人员的错误操作进行有效的制止，这样才能使电子商务在内外两个方面都具有相应的制度保障。

（五）加快培养跨境电子商务人才

对于所有的行业和产业链条来说，最核心的就是人才。近年来，跨境电子商务产业的迅猛发展，对经营人员提出了较高的要求，加快培养跨境电子商务专门人才迫在眉睫。人才培养的途径主要有以下几种：一是高校培养，国内的一些高校包括职业院校开设相关的专业和课程；二是专业的跨境电子商务培训机构培训，比如阿里巴巴旗下有全球速卖通鑫起点培训；三是跨境电子商务企业自己培养。三种人才培养途径各有利弊，如高校培养速度慢，也可能与实践相脱节；专门的培训机构可能招收不到培训的对象，而且收费会比较高；企业自身培养同样要付出大量的时间和费用，但比较直接和具体。分析其利弊，可以采取校企合作的方式培养学生，企业走进校园，明确需要什么类型和技能的学生；学生走进企业，进行实地操作和演练。通过这种方式，可以为我国跨境电子商务发展培养和储备人才。

本 章 小 结

跨境电子商务是近年来新兴的国际贸易模式，具有发展迅速、利润较高、准入门槛低的特点。跨境电子商务不仅冲破了国家间的障碍，使国际贸易走向无国界贸易，也正在引领世界经济贸易的巨大变革。

跨境电子商务具有广义和狭义两层含义，具有全球性、无形性、匿名性、即时性、无纸化和快速演进等特征，与传统外贸、国内电商相比又有自身的优势。发展跨境电子商务有利于打造新的经济增长点、提升我国对外开放水平、提升国内消费者福利水平。跨境电子商务的主要运营模式包括 B2B、B2C 和 C2C 三种，除此之外，还有 M2C、O2O、C2B、B2M 等模式。我国跨境电子商务的发展经过了跨境 1.0、跨境 2.0 和跨境 3.0 三个阶段。现阶段跨境电子商务的发展中，新的经营主体大量涌现，贸易规模迅速扩张，从事跨境电子商务的门槛降低，新兴市场成为亮点，进口规模小，出口规模大，并且产品品类和销售市场更加多元化，B2C 占比提升，B2B 和 B2C 协同发展，跨境电子商务平台将由信息服务型转为综合服务型，移动端将成为跨境电子商务发展的重要推动力，跨境电子商务产业生态系统更为完善，消费和企业运营全球化趋势增强，跨境电子商务新的贸易规则和秩序或将出现。近年来，为了促进跨境电子商务的发展，国家出台了一系列的扶持政策，而解决好当前跨境电子商务发展中所面临的物流配套比较差、运货速度慢、费用高、交易信用及安全性低、网上跨境支付不便、缺乏完善的法律法规以及跨境电子商务人才匮乏等问题，是更好地发展跨境电子商务的基本要求。

关键术语

跨境电子商务　跨境 B2B 模式　跨境 B2C 模式　跨境 C2C 模式　跨境 O2O 模式

配套实训

1. 利用网络搜索跨境电子商务主要平台的信息。
2. 找几个传统外贸电商向跨境电子商务转型的例子，分析做好跨境电子商务的要素。
3. 登录速卖通网站，了解速卖通的业务流程。
4. 了解我国跨境电子商务的发展状况及相关政策，并了解本地区跨境电子商务发展环境、政策导向等信息。

课后习题

一、选择题

1. 在 B2C 跨境电子商务主要的几种模式中，核心领域内继续挖掘新亮点，是（　　）。
   A. 综合型 B2C					B. 垂直型 B2C
   C. 第三方交易平台型 B2C 网站		D. 传统零售商网络销售型 B2C

2. 在整个跨境电子商务中的比重最大，占整个电子商务超八成；虽只占跨境电子商务总量的 15% 左右，却是增长最为迅速的部分，是（　　）。
   A. B2B　B2C					B. B2C　B2B
   C. B2B　C2C					D. B2C　C2C

3. 跨境电子商务呈现（　　）的发展趋势。
   A. 线下市场重要性凸显			B. 产品品类和销售市场更加多元化
   C. B2C 占比提升，B2B 和 B2C 协同发展	D. 以上都对

4. 在跨境电子商务模式中，C2C 是指（　　）。
   A. 消费者—消费者电子商务		B. 企业—企业电子商务
   C. 企业—消费者电子商务		D. 企业内部电子商务

5. 以下哪些模式不属于跨境电子商务十大模式？（　　）
   A. "自营 + 招商"模式			B. "自营而非纯平台"模式
   C. "自营跨境 B2B 平台"模式		D. "海外商品闪购 + 直购保税"模式

二、填空题

1. 跨境零售包括_____和_____两种模式。

2. 跨境电子商务具有_____、_____、_____、_____、_____等特征。

3. 按照服务类型，跨境电子商务又可分为_____、_____和_____三种模式。

4. 跨境电子商务B2C具有_____、_____、_____等趋势。

5. 跨境电子商务人才培养的途径主要有_____、_____、_____。

三、简答题

1. 当前跨境电子商务存在的问题有哪些？

2. 未来跨境电子商务发展的趋势是什么？

参考答案

第二章

全球速卖通平台

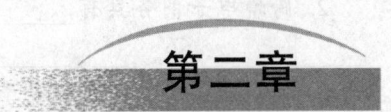

学习目标

知识目标:
(1) 了解全球速卖通平台概况、发展及特色。
(2) 熟悉全球速卖通平台规则。
(3) 掌握全球速卖通平台的基本操作。

技能目标:
(1) 熟练掌握全球速卖通平台的店铺开通、账号注册及认证过程。
(2) 熟练掌握全球速卖通平台选品和发布产品的过程。
(3) 熟练掌握全球速卖通平台产品管理、模块管理及交易管理的过程。

第一节 全球速卖通平台介绍

一、速卖通平台概况

全球速卖通(www.aliExpress.com)是阿里巴巴集团旗下面向全球市场的跨境电子商务平台,融合了商品展示、客户下单、在线支付、跨境物流等多种功能,帮助零售商和网店实现小批量、多批次快速销售,拓展其利润空间。速卖通平台主页,如图2-1所示。

全球速卖通
平台介绍

二、速卖通平台发展

2009年9月速卖通成立,速卖通平台于2010年4月正式发布,对外开放免费注册。速卖

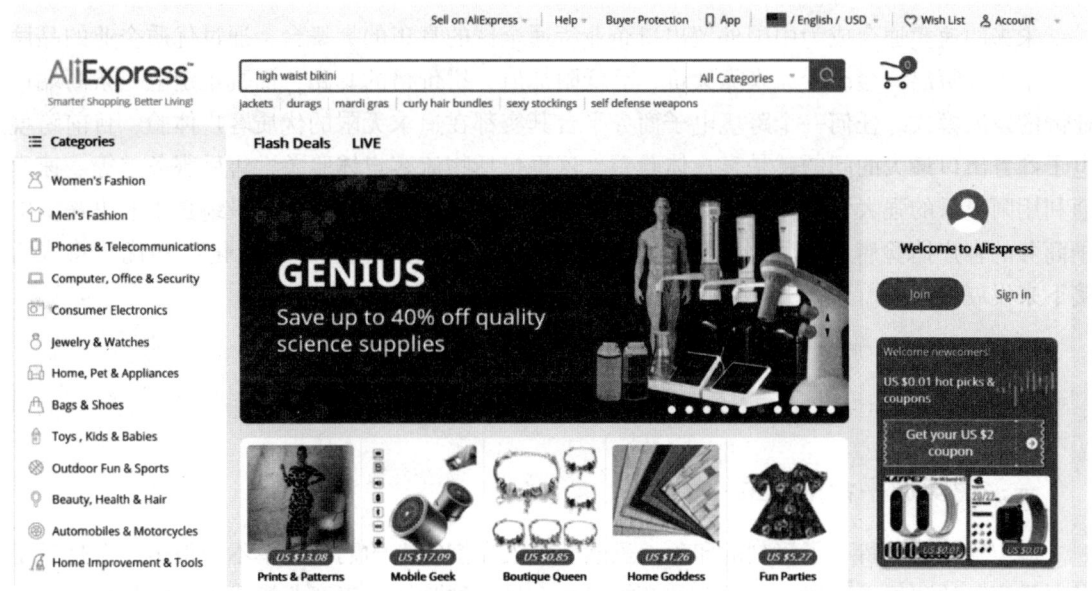

图 2-1 速卖通平台

通成立以来,一直在海外主流网站、电视、报纸等媒体投放巨额广告,利用 SNS、电子邮件等方式扩大其在海外的影响,精确锁定海外买家,导入海量访问流量。2014 年,速卖通首次开启"双十一",打造全球的购物狂欢节,通过买断全球流量、发放千万美元优惠券等方式促进销量。2016 年"双十一"当天,速卖通平台共产生 3 578 万笔订单,较 2015 年同日增长 68%;全天交易共覆盖 230 个国家和地区;无线订单成交占比 58%,创下历史最高纪录。

时至今日,速卖通平台的交易额增长迅速,每天有来自 230 多个国家和地区的订单,数以百万计的海外消费者在速卖通上采购商品。速卖通平台已经培育了大量优秀卖家,目前的速卖通平台正高速向前发展。

三、速卖通平台特色

在全球贸易新形势下,买家的采购方式正在发生剧烈变化,小批量、多批次正在形成一种新的潮流。在这种大形势下,速卖通应运而生,帮助更多的个人消费者直接上网采购,直接在线支付货款,通过跨境物流拿到商品,让买家和卖家真正实现了双赢。

与传统外贸相比,速卖通平台最大的优势在于,通过减少外贸环节中的进口商渠道,将以往传统外贸中进口商所获取的巨额利润返还到国内工厂及贸易商,同时降低了海外零售商的采购成本,从而达到让消费者获利的目的。一般哪些产品适合全球速卖通销售?商家选择在线小额批发业务,首先就要有适合通过网络销售的商品。适合网上销售的商品往往符合下面4个条件:体积较小,主要是方便以快递方式运输,降低国际物流成本;价格较合理,在线交易价格若高于产品在当地的市场价,就无法吸引买家在线下单;附加值较高,价值低过运费的单件商品是不适合单件销售的,可以打包出售,降低物流成本占比;具有独特性,在线交易业绩佳的商品需要独具特色,才能不断刺激买家购买。综上所述,目前适合在全球速卖通销售的商品主要包括首饰、服饰、化妆品、工艺品、数码产品、电脑硬件、手机及配件、体育与旅游用品等。

未来的速卖通会成为中国外贸出口企业货通全球的真正的大舞台，通过优质企业的品牌化，中国外贸出口会改变原来靠廉价、靠低附加值、拼价格的套路，而真正走上一条高端产业链的发展模式。任何一个跨境电子商务平台其实都在追求无限的优质客户体验，目前跨境电子商务出口最大的问题就是客户体验差，这里包括物流客户体验差、售后服务差等。速卖通利用阿里系的强大资源优势，会在海外仓、本土客户服务方面发力，最终真正解决跨境电子商务的客户体验痛点。因此，发挥速卖通平台"品牌化 + 企业 + 本土化"的优势将成为接下来发展的重点。

第二节 速卖通平台的市场定位

一、速卖通平台的建立

淘宝给外国人留下了深刻的印象。虽然外国人在淘宝上的购物订单不是很多，但是对于做电子商务的阿里巴巴来说却是一种商机启示，是一种跨境零售商业模式创新的契机。淘宝网的建成已经给阿里巴巴提供了跨境零售平台的搭建模板，只需将中文版的淘宝变成外文版的淘宝，将国内支付宝变成国际支付宝即可。外文淘宝网站加国际支付宝，拼合成"国际版淘宝"。

顺应市场发展的需要，阿里巴巴在 2009 年 9 月 9 日推出了速卖通，但当时只是试运营，其间仅限于帮助中国中小企业接触终端批发零售商，也就是商家对商家、商家对消费者的混合模式（即 B2B、B2C）。这时的速卖通要求入驻的供应商交纳 19 800 元年费，平台不对供应商以外的卖家开放。试运营期间，阿里巴巴还邀请了一些外国买家参与其中，测试速卖通的运营状况。试运营期间的速卖通还只是阿里巴巴国际站（Alibaba.com）的一个子频道，并没有完全从阿里巴巴国际站中脱离出来，买家入口的网址是 wholesale.alibaba.com，卖家入口的网址为 seller.alibaba.com（这两个网站现今仍然存在，但已不是速卖通）。

试运营期间的速卖通本质上是一个国内供应商对国外采购商的小型批发平台，还不是真正意义上的"国际版淘宝"。卖家主要是由阿里巴巴国际站、敦煌网转移过来的，还有一部分卖家来自淘宝；而买家主要是来源于阿里巴巴国际站的批发商。阿里巴巴这样做的目的是寻求一种过渡方式，也就是借助自己在阿里巴巴国际站上获得的卖家与买家资源来开发国内零售商对国外消费者的商务模式。所以试运营期间的速卖通是正式版速卖通与阿里巴巴国际站之间的桥梁。阿里巴巴这种做法是非常明智的，要想让一项新事物被人们广泛且快速地接受，必须将它嵌入人们已熟知的旧事物中。

阿里巴巴的目的是建立一个"国际版的淘宝"，所以它不会在一个批发类型的速卖通平台上停留很长时间，经过短暂的试运营，阿里巴巴积极推出正式版速卖通。要想推出淘宝模式的速卖通，从阿里巴巴国际站中脱离出来是必需的，因此阿里巴巴集团在 2009 年年底为小订单在线批发平台的"全球速卖通"开设了独立域名：AliExpress.com。这个英文域名充分考虑了外国人的用词习惯，Express 在英文中的意义为速递，这切合外国人对快捷购物的追求，而且在国外已有一个知名的购物网站 express.com，阿里巴巴在 Express 前添加自己的拼音名称 Ali 构成 AliExpress，这种命名方式切合了国际主流文化的特征，同时做到了本土化和国际化，对速卖通打入国际市场十分有利。为了吸引更多的卖家入驻，阿里巴巴取消了1.98 万元的会员门槛收费，实行免费注册，2010 年 1 月 1 日启动引进卖家活动。

打造"国际版淘宝"意味着国外批发商的利润将会被切掉，国外的供应商会受到中国产品的冲击，国外电商的市场将会被挤占，而国外的消费者将会大大受益，所以阿里巴巴在推出速卖通的过程中必定会遭受对手的打击，而受到国外消费者的青睐。2010 年 4 月 16 日至 17 日，"全球速卖通"位于杭州和美国的服务器遭到黑客攻击，不过阿里巴巴对外宣布服务器中的客户资料没有受到损失与外泄。这场攻击实际上是国外的对手企图扼杀速卖通，可见速卖通对国外对手的冲击是巨大的，不然他们也不会采取这种行动。尽管速卖通的推出遭遇重重阻碍，但阿里巴巴还是宣布，2010 年 5 月 5 日速卖通正式运营。

速卖通成立初期，商家可以免费入驻，一开始平台人气低，为了尽快丰富产品、提高知名度，平台对于卖家的资质要求很低，为更多的商家入驻创造条件、提供便利。同时，鼓励商家上新产品，并以此为契机大力推广速卖通平台。在这个阶段入驻速卖通对一些中小型企业来说也是比较有利的。

从 2010 年上线至 2014 年，速卖通每年成交额保持 300% 到 500% 的增长，在线商品数量已达到亿级，订单成功覆盖全球 220 多个国家和地区，平台卖家 20 多万，注册的速卖通账号包含未开店的，已接近 200 万。而速卖通的脚步绝不止于此，速卖通平台通过不断适应市场的变化，创新平台发展，调整平台的战略，不断抢占市场份额。2015 年 4 月，速卖通上线五周年，启动全新 Logo，将"购物车"全面升级为"smart shopping, better living"，为全球消费者提供产品更丰富、性价比高、兼具品质的一站式购物平台。截至 2015 年，速卖通上来自全球的买家人数达到了 3 400 万，而且在 2016 年，这个数字翻倍地增长，活跃买家数量达到了 1 亿。但是 2016 年，速卖通更改政策，从 C2C 转型至 B2C，开始对类目商品进行收费，商家入驻也需要更多资质、条件，并且在产品质量等方面加强管理，严打侵权行为，把不交钱的、考核资质不通过的商家都清退出速卖通，这大大增加了入驻的难度，一些中小型企业和个人的企业达不到要求，最后只能被清退。2019 年，速卖通对组织架构进行调整，按国家分类并分别建立运营团队，更加有针对性地扶持区域市场卖家，注重头部卖家的种子选手，更是给品牌卖家带去利好消息。

虽然速卖通从建立到现在时间不是很长，但是它的发展很迅速，从最开始的免费到现在的收费，从低要求到严要求，从最开始的大众化到现在的品牌化，方方面面都发生了改变。速卖通从建立到不断完善平台与卖家、平台与消费者、消费者与卖家之间的关系，为消费者带去更好的服务和商品，通过不断转型创新发展模式，保持平台生命力。

二、速卖通平台的性质

全球速卖通是阿里巴巴集团旗下的，融合订单、支付宝、物流于一体的 B2C 出口跨境电子商务平台，活跃买家遍布全球 220 多个国家和地区，是中国最大的跨境电子商务平台。速卖通的买家以个人消费者为主，约占平台买家总数的 80%，还有 20% 为海外批发商和零售商。

速卖通主要是为国内的零售卖家提供一个商品信息发布平台，速卖通的买家大多数是国外的个人消费者，也有一部分国外的批发商与零售商从速卖通进货。作为个人买家，消费的无非是与生活息息相关的一些产品，涉及的产品有用于解决吃的食品，用于解决穿的服装与鞋子，用于点缀个人与美化生活的装饰品与化妆品，用于携带物品的箱包以及计算机、通信产品、家用电器、小工具、交通工具配件、玩具、运动器材等。速卖通也销售一些工业产品与原料，但作为一个零售性质的电商平台，销售这类产品的数量不会太高，在整个平台的交易额占比较小，所以销售工业产品与原料的卖家尽量不要选择速卖通平台。事实上，速卖通平台包含 3C、饰品、服装、家居等共 30 个一级行业类目，且不乏优势行业，如上面所提到的服装服饰、通信产品、家居、美容健康、鞋包等都具有很强的市场竞争力。

三、速卖通平台定位与使命

速卖通（AliExpress）是阿里巴巴帮助中小企业接触终端批发零售商，小批量、多批次快速销售，拓展利润空间而全力打造的融合订单、支付、物流于一体的外贸在线交易平台。全球速卖通的核心优势是：在全球贸易新形势下，全球买家采购方式正在发生剧烈变化，小批量、多批次正在形成一股新的采购潮流，更多的终端批发零售商直接上网采购。直接向终端批发零售商供货，通过更短的流通零售渠道，直接在线零售、收款，拓展了小批量、多批次产品利润空间，为批发零售商带来更多收益。

速卖通平台秉承阿里巴巴"让天下没有做不成的生意"的理念，立足于打造融合订单、支付、物流于一体的国际小额批发在线交易平台。无论您是否具有外贸经验，速卖通都将帮您实现三分钟商品上架，三个小时处理买卖信息、获得订单，三天通过快递将商品发往全球。在买家收货、确认付款之后，立刻拿到属于您的高额利润！

速卖通平台的核心优势，如图 2-2 所示。

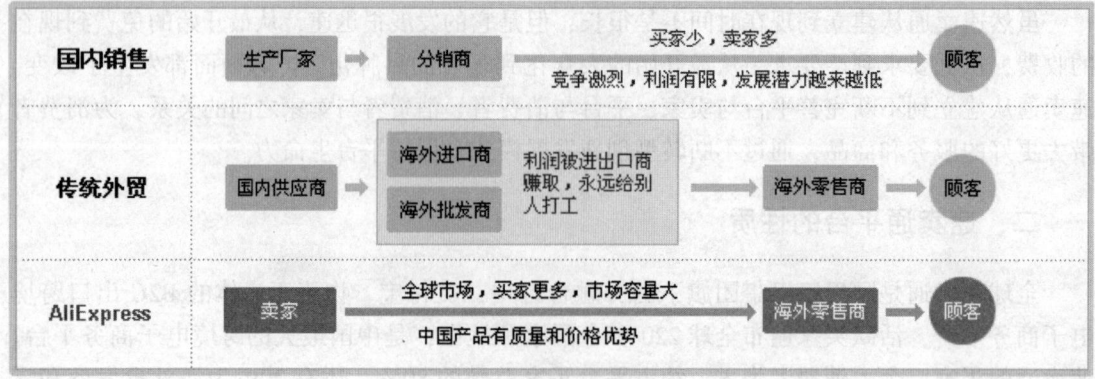

图 2-2 速卖通平台的核心优势

(一) 小订单，大市场

全球贸易新形势下，买家采购方式正在发生剧烈变化，小批量、多批次正在形成一股新的采购潮流，更多的终端批发零售商直接上网采购。

(二) 短周期，高利润

直接向终端零售商和网店供货，以更短的流通渠道，直接在线收款，拓展了产品利润空间，获得更多收益。

(三) 低成本，高安全

买卖双方在线沟通，下单支付一步到位，国际快递发送货物，缩短交易周期；网站诚信安全体系为交易过程保驾护航，避免受骗。

(四) 入驻门槛低，交易活跃

平台能满足众多小商家迅速做出口业务的愿望。首先，平台对卖家没有企业组织形式与资金的限制，入驻门槛低。发布10个产品后，卖家就可以在平台上建立自己的店铺，然后可以直接面向全球220多个国家和地区的消费者或小型商家，进行沟通、交流、发布、推广商品。订单反应迅速，交易活跃，这极大地满足了小供货商迅速做出口业务的愿望，也刺激了双方交易的活跃性。

(五) 无关税支出

由于速卖通业务的单笔订单成交金额少，送出去的包裹价值普遍较低，没有达到进口国海关的关税最低起征点，因而无关税支出，这大大降低了消费者的购买成本。速卖通平台上的商品具有较强的价格竞争优势。

(六) 交易流程简便

速卖通的一大优点就是做出口省力，交易程序非常简便。出口商无需成立企业，也无需向外经贸委和外汇管理局等机构备案。无需出口报检，出口报关、进口报关全由速卖通物流方简单操作完成。买卖双方的订单生成、发货、收货、支付，全在线上完成。双方的操作模式犹如国内的淘宝，非常简便。卖家通过第三方物流迅速发货，买家通过银行卡进行交易支付。双方不需要T/T、信用证、贸易术语等外贸专业知识，进出口业务的门槛降低了。

(七) 商品可选品种多，价格低廉

得益于中国制造业的聚集优势，中国目前是全球众多国家销售商品的货源国。国外消费者利用网络和速卖通平台，越过自己国家的零售、批发商，直接向货源的供应基地——中国的供货商购买产品，面对的商品可选品种多，价格低廉。因此，全球速卖通业务跟传统国际贸易业务相比，具有无比强大的市场竞争优势。

第三节 全球速卖通平台规则

一、入驻规则

（一）招商规则

2017年1月1日起，平台关闭由个人账户转为企业账户的申请入口，所有新账户必须以企业身份进行卖家账号注册及认证。一家企业在一个经营大类下可经营店铺数量限6家。具体要求：

①所有商家准入该经营大类账号需要完成企业认证。

②应为合法登记注册过的公司或企业（不包括个体工商户）。

③需要提供四证（营业执照、组织机构代码证、税务登记证、银行开户证书），或多证合一后有统一社会信用代码的营业执照及银行开户证。

④申请不同店铺类型，对于品牌的资质要求会有所不同，具体内容请登录速卖通商家入驻要求进行了解。

⑤商品需符合法律及行业标准的质量要求。速卖通招商要求简要，如表2-1所示。

速卖通平台规则1

速卖通平台规则2

表2-1 速卖通招商要求简要

		具体说明
基本要求	企业认证	账号需完成速卖通企业认证，现在个体工商户也可以入驻申请。 北京时间2017年1月1日起，平台将关闭由个人账户转为企业账户的申请入口，所有新账户必须以企业身份注册认证
	商标资质	2017年，全行业开始启动商标化（部分类目除外，后续若有新增，以卖家后台产品发布端为准）。 2017年1月3日开始，新发产品"品牌属性"必须选择商标。 2017年3月1日开始，平台将分批次执行在线产品"品牌属性"必须选择商标的编辑功能。分批次的类目和时间，关注平台后续公告
	经营范围	每个速卖通账号只准选取一个经营范围，并可在该经营范围下经营一个或多个经营大类。同时，部分经营范围会更细化，详见《速卖通2019年度各类目技术服务费年费一览表》
开店入驻限制	店铺内在线商品数量限制	一个店铺内在线商品数量上限为3 000个。 特殊类目（Special Category）下，每个类目商品数量有上限（具体以卖家后台产品发布端为准）

续表

		具体说明
开店 入驻限制	品牌入驻限制	1. 与速卖通已有的品牌、频道、业务、类目等相同或近似。 2. 包含行业名称、通用名称或行业热搜词的品牌。 3. 包含知名人士、地名的品牌。 4. 与知名品牌相同或近似的品牌。 5. 纯图形商标。 6. 处于品牌封闭管理规则的行业，但不属于行业邀约品牌且未通过品牌审核的
	终止品牌在速卖通经营的规则	1. 该品牌商品是由不具备生产资质的生产商生产的，不符合国家、地方、行业、企业强制性标准。 2. 该品牌经判定对他人商标、商品名称、包装和装潢、企业名称、产品质量标志等构成仿冒或容易造成消费者混淆、误认的。 3. 该品牌经营期间严重影响消费者体验的，包括但不限于品牌经营者存在严重售假、产生严重售后投诉，平台保留清退该品牌及品牌经营权限的权利
	同一企业主体经营大类开店数量限制	1. 产品重合度：店铺间经营的商品不可重复铺货（国家分站除外）。 2. 一个企业在一个经营大类下只允许开3家店铺
	账号重新入驻速卖通限制	1. 由于售假、资质造假等被速卖通清退的，永久限制入驻。 2. 在经营期间由于"服务指标"考核不达标被清退或中途退出经营大类，在同一年度内将无法再次申请加入该经营大类
经营大类 招商要求	技术服务年费	技术服务年费按照经营大类收取，入驻不同经营大类需分别缴纳技术服务年费。 详见《速卖通2019年度各类目技术服务费年费一览表》
	经营大类招商要求	详见《速卖通2017年度各经营大类资质要求》
经营过程 考核	类目服务指标考核	1. 考核周期：从原来1个月考核1次调整为3个月考核1次。 2. 考核时间：4月2日、7月2日、10月2日、1月2日。 3. 考核指标：考核过去90天的货不对板纠纷提起率及过去90天的DSR商品描述平均分。 4. 考核标准：请卖家查看《速卖通2019年度各类目技术服务年费一览表》。 5. 考核方式及处罚：在考核日，以上2个考核指标任何一个不达标，则关闭对应类目的经营权限并下架对应商品；该考核不达标的类目经营权限到下一个考核期结束方可恢复

续表

		具体说明
经营过程考核	商品服务指标考核	1. 考核时间：北京时间每月10日及25日。 2. 考核标准：参照每个商品在对应类目过去90天消费者评价、售后维权表现（重要参考指标：商品90天货不对板纠纷率），对类目上底部严重影响消费者体验的商品实行退回（不可上架）。 *卖家可通过店铺—商品服务分项查看当前每个商品的数据表现，同时可查看商品评分、商品90天货不对板纠纷率进行监控。 3. 考核方式： 1) 北京时间每月8号及23号，平台通过站内信对将被退回的商品进行通知。 2) 北京时间每月10号及25号，可在产品管理—审核不通过—商品考核不通过列表查看退回商品
清退	违规违约	年费不退还
年费激励政策/佣金	100%返还	平台针对经营到自然年年底、拥有良好的服务质量及不断壮大经营规模的优质店铺，将在年底有条件地对这部分商家进行奖励。奖励方式参照年销售额指标，奖励的比例为年费的50%和100%两档。具体标准为：协议期间达到《速卖通2018年度各类目技术服务费年费一览表》中技术服务费年费金额及各档返还比例对应的年销售额。年费返还按照2018年内实际经营期间进行计算，具体金额以速卖通统计为准
	50%返还	

（二）商标与品牌准入

未来的速卖通将被打造成为拥有高品质商品的渠道平台，吸引优质商家入驻，帮助包括中国在内的全球中小型企业开拓全球市场。全面提升速卖通平台品牌化、标准化水平，在未来将中国品牌推向全球。

商标注册完成后，卖家可根据不同类型注册申请官方店、专卖店、专营店，具体内容如表2-2所示，一旦升级为品牌官方店，即有机会享受买家品牌搜索提示和品牌专达区权益。

表2-2 不同类型店铺的注册标准

店铺类型	官方店	专卖店	专营店
店铺类型介绍	商家以自有品牌或由权利人独占性授权（仅商标为R标且非中文商标）入驻速卖通开设的店铺	商家以自有品牌（商标为R或TM状态且非中文商标），或者持他人品牌授权文件在速卖通开设的店铺	经营1个以上他人品牌或自有品牌（商标为R或TM状态）的店铺

续表

店铺类型	官方店	专卖店	专营店
开店企业资质	需要企业资质，卖家提供如下资料： 1. 企业营业执照复印件； 2. 企业税务登记证复印件（国税、地税均可）； 3. 组织机构代码证复印件； 4. 银行开户许可证复印件； 5. 法人代表身份证正反面复印件	同官方店	同官方店
需提供材料	1. 商标权人直接开设官方店，需要提供国家商标总局颁发的商标注册证（仅R标）； 2. 经营多个自有品牌商品且品牌归属同一个实际控制人，需提供多个品牌国家商标总局颁发的商标注册证（仅R标）； 3. 由权利人授权开设官方店，需提供国家商标总局颁发的商标注册证（仅R标）与商标权人出具的独占授权书（如果商标权人为境内自然人，则需同时提供其亲笔签名的身份证复印件；如果商标权人为境外自然人，提供其亲笔签名的护照/驾驶证复印件也可以）； 4. 卖场型官方店，需提供国家商标总局颁发的35类商标注册证（仅R证）与商标权人出具的独占授权书（仅限速卖通邀请）	1. 商标权人直接开品牌店，需提供由国家商标总局颁发的商标注册证（R标）或商标注册申请受理通知书（TM标）； 2. 持他人品牌开设品牌店，需提供商标权人出具的品牌授权书（若商标权人为自然人，则需同时提供其亲笔签名的身份证复印件；如果商标权人为境外自然人，提供其亲笔签名的护照/驾驶证复印件即可）	需提供国家商标总局颁发的商标注册证（R标）或商标注册申请受理通知书复印证（TM标），或以商标持有人为源头的完整授权或合法进货凭证（各类目对授权级别要求，具体见品牌招商准入资料提交）
单店铺允许的品牌数	仅1个	仅1个	可多个
平台允许的店铺数	同品牌（商标）仅1个	同品牌（商标）可多个	同品牌（商标）可多个
店铺名称	品牌名 + official store（默认店铺名称）或品牌名 + 自定义内容 + official store	品牌名 + 自定义内容 + store	自定义内容 + store

未来速卖通平台营销活动及类目准入，仅限拥有品牌的企业卖家才可报名。同时，会为在中国甚至诸多买家国拥有品牌商标的卖家商品设立专场，进行营销推广活动。

二、发布规则

（一）知识产权规则

全球速卖通平台严禁用户发布、销售涉嫌侵犯第三方知识产权的商品。若卖家这样做，则有可能被知识产权所有人或者买家投诉，速卖通平台也会随机对商品（包含下架商品）信息、产品组名进行抽查，若涉嫌侵权，则信息会被退回或删除，且平台将根据侵权类型执行处罚。

2017年4月12日起，速卖通全面执行以下新规，针对侵权行为将不再区分是否投诉或是否被平台抽查，严重侵权违规行为也将不再以分数累计，并对三次违规成立者关闭账号（侵权情节特别严重者，直接关闭账号）。

知识产权，指权利人对其所创作的智力劳动成果所享有的专有权利。未经知识产权所有人的许可，使用其依法享有的知识产权，即为知识产权侵权。知识产权的类型如图2-3所示。

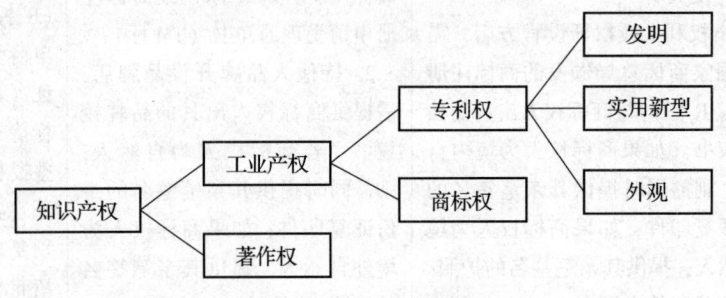

图2-3 知识产权类型

若卖家发布、销售涉嫌侵犯第三方知识产权的商品，则有可能被知识产权所有人或者买家投诉，平台也会随机对商品（包含下架商品）信息、产品组名进行抽查，若涉嫌侵权，则信息会被退回或删除。投诉成立或者信息被退回、删除，卖家会被扣一定的分数，一旦分数累计到相应标准，平台会执行处罚措施。具体处罚规则如表2-3所示。

表2-3 处罚规则

侵权类型	定义	处罚规则
商标侵权	严重违规：未经注册商标权人许可，在同一种商品上使用与其注册商标相同或相似的商标	对三次违规者，关闭账号
	一般违规：其他未经授权人许可使用他人商标的情况	1. 首次违规扣0分。 2. 其后每次重复违规扣6分。 3. 扣分累计达48分者，关闭账号

续表

侵权类型	定义	处罚规则
著作权侵权	未经权利人授权，擅自使用受版权保护的作品材料，如文本、照片、视频、音乐和软件，构成著作权侵权。 实物层面侵权： 1）实体产品或其包装被盗版； 2）实体产品或其包装非盗版，但包括未经授权的受版权保护的内容或图像。 信息层面信息： 1）图片未经授权被使用在详情页上； 2）文字未经授权被使用在详情页上	1. 首次违规扣0分。 2. 其后每次违规扣6分。 3. 累计达48分者关闭账号
专利侵权	外观专利、实用新型专利、发明专利侵权情况（一般违规或严重违规的判定视个案而定）	1. 首次违规扣0分。 2. 其后每次重复违规扣6分。 3. 累计达48分者关闭账号 （严重违规情况、三次违规者关闭账号）

备注：

①速卖通会按照侵权商品投诉被受理时的状态，根据相关规定对相关卖家实施适当处罚。

②同一天内所有一般违规及著作权侵权投诉，包括所有投诉成立（商标权或专利权：被投诉方被同一知识产权人投诉，在规定期限内未发起反通知，或虽发起反通知，但反通知不成立；著作权：被投诉方被同一著作权人投诉，在规定期限内未发起反通知，或虽发起反通知，但反通知不成立）及速卖通平台抽样检查，扣分累计不超过6分。

③同三天内所有严重违规，包括所有投诉成立（即被投诉方被同一知识产权人投诉，在规定期限内未发起反通知；或虽发起反通知，但反通知不成立）及速卖通平台抽样检查，只会作一次违规计算；三次严重违规者关闭账号，严重违规次数记录累计不区分侵权类型。

④速卖通有权对卖家商品违规及侵权行为及卖家店铺进行处罚，包括但不限于退回或删除商品/信息；限制商品发布；暂时冻结账户；关闭账号。对于关闭账号的用户，速卖通有权采取措施防止该用户再次在速卖通上进行登记。

⑤每项违规行为被处罚，自处罚之日起，有效期为365天。

⑥当用户侵权情节特别显著或极端时，速卖通有权对用户单方面采取解除速卖通商户服务协议及免费会员资格协议，直接关闭用户账号及速卖通酌情判断与其相关联的所有账号，及/或采取其他为保护消费者或权利人的合法权益或平台正常的经营秩序，由速卖通酌情判断认为适当的措施。该等情况下，速卖通除有权直接关闭账号外，还有权冻结用户关联国际支付宝账户资金及速卖通账户资金，其中依据包括：为确保消费者或权利人在行使投诉、举报、诉讼等救济权利时，其合法权益得以保障。

⑦速卖通保留以上处理措施的最终解释权及决定权，也会保留与之相关的一切权利。

⑧本规则如中文与非中文版本存在不一致、歧义或冲突，应以中文版为准。

(二)禁限售规则

全球速卖通禁止发布违禁、限售和不适宜速递的商品信息,具体的商品目录如下:

禁售产品:因涉嫌违法、违背社会道德或平台发展原则而禁止发布和交易的产品。

限售产品:取得商品销售的前置审批、凭证经营或授权经营等许可证明,否则不允许发布的产品。

具体的禁售、限售产品列表,参见《全球速卖通禁限售商品目录》,网址如下:

https://sell.aliexpress.com/post001.htm?spm=5261.8158057.0.0.mlY7HM

需要重视的是以下这些禁售、限售产品:毒品、枪支、军警用品、各类药品、超长刀具、汽车安全气囊、音像制品、钱币、香烟、邮票、间谍用品、酒类、赌博用品、机票及航空制服、卫星接收设备、医学美容仪器、管制刀具等。除了禁售产品外,我们还需要了解限售产品,例如电子烟等。有的限售产品无论是否涉及品牌,都需要经过前置审批才能发布。一旦违规发布,店铺会面临处罚。禁限售积分处罚和店铺处罚,如表2-4所示。

表2-4 禁限售积分处罚和店铺处罚

处罚依据	行为类型	积分处罚	其他处罚
《禁限售规则》	发布禁限售商品	严重违规:48分/次(关闭账号)	1. 退回/删除违规信息。 2. 若核查到订单中涉及禁限售商品,速卖通将关闭订单;如买家已付款,无论物流状况均全额退款给买家,卖家承担全部责任
		一般违规:0.5~6分/次(1天内累计不超过12分)	

禁限售违规和知识产权一般侵权将累计积分,积分累计到一定分值,将执行账号处罚。禁限售违规和知识产权侵权积分处罚,如表2-5所示。

表2-5 禁限售违规和知识产权侵权积分处罚

积分类型	扣分节点	处罚
知识产权禁限售违规	2分	严重警告
	6分	限制商品操作3天
	12分	冻结账号7天

续表

积分类型	扣分节点	处罚
知识产权禁限售违规	24 分	冻结账号 14 天
	36 分	冻结账号 30 天
	48 分	关闭账号

备注：

①一般违规：一天内（自首次违规处罚时间起 24 小时内）累计扣分不超过 12 分。

②严重违规，每次扣 48 分，关闭账号。

③全部在线商品及下架商品均在"平台抽样检查"范围之内，如有违规行为，会按照相关规定处罚。

④以上商品列举并没有尽录全部不适宜在全球速卖通平台交易的商品，全球速卖通亦将不时地予以调整。

⑤针对恶意规避等情节特别严重行为（包括但不限于采用对商品信息隐藏、遮挡、模糊处理等隐匿的手段规避平台管理，经平台合理判断账号使用人本人或其控制的其他账号已因严重违规事件被处罚，账号使用人本人或其控制的其他账号被国内外监管部门立案调查，或虽未立案但平台有理由认为有重大嫌疑等严重影响平台管理秩序或造成一定负面影响的情况），平台保留直接扣除 48 分、关闭账号的权利。

三、平台基础规则

（一）交易规则

1. 成交不卖与虚假发货

成交不卖，指买家付款后，卖家逾期未按订单发货，或因卖家的原因导致取消订单的行为。成交不卖包括如下两种类型：买家付款后，卖家延迟发货导致订单关闭；买家在发货前申请取消订单，同时选择是卖家原因造成的。成交不卖后产品会被下架，在一定时间内店铺成交不卖的次数或比例累计到一定数量后，将给予整个店铺不同程度的搜索排名靠后处理；情节严重的，将对店铺进行屏蔽；情节特别严重的，将冻结账户或直接关闭账户。

因此，要做到以下两方面，以避免上述情况的发生：

（1）价格设置方面

当把产品从单件销售改为打包销售的时候，要记得把价格改过来，如图 2-4 所示。

图 2-4 价格设置调整

（2）运费设置方面

将产品设置为免运费的时候，很多卖家会忘记把运费成本考虑进价格成本。新手卖家很容易犯这个错误。设置好价格之后，要及时检查，还要及时关注自己的订单状态，在发货超时之前要填写好运单号。有些卖家想避开"成交不卖"的规则，填写无效的运单号，或者虽然运单号有效，但与订单交易明显无关，这就构成了虚假发货。如果遇到转单号或运单号填写错误的情况，则应在运单号修改时间范围内及时更新。低价值货物无法单个发货，建议设置成打包销售。一般虚假发货的处罚是冻结账户7天，若店铺虚假发货订单累计达到3笔，就属于严重违规，予以冻结账户30天的处罚；笔数较多或具有其他严重情节的，直接关闭账户。

2. 货不对板与违背承诺

货不对板是指买家收到的商品与达成交易时卖家对商品的描述或承诺在类别、参数、材质、规格等方面不相符。严重货不对板行为包括但不限于以下情况：

①寄送空包裹给买家。

②订单产品为电子存储类设备，产品容量与产品描述或承诺严重不符。

③订单产品为电脑类产品硬件，产品配置与产品描述或承诺严重不符。

④订单产品和寄送产品非同类商品且价值相差巨大。

⑤订单产品和寄送产品严重不符的其他情形。

速卖通平台将根据卖家以上违规行为情节严重程度进行"直接扣48分，关闭账号"的判定。

违背承诺，指卖家未按照承诺向买家提供服务，损害买家正当权益的行为，包括违背交易及售后相关服务承诺、物流相关承诺，违背平台既定规则或要求，以及违背其自行做出的其他承诺等。这些行为对买家购物体验造成严重影响。一旦买家提起此类投诉，则根据情节轻重，对卖家给予警告、7天冻结账户及永久关店的处罚。

3. 不正当竞争与不法获利

不正当竞争指用户发生以下几种行为：

（1）不当使用他人权利的行为

①卖家在所发布的商品信息或所使用的店铺名、域名中不当使用他人的商标权、著作权等权利。

②卖家所发布的商品信息或所使用的其他信息造成消费者误认、混淆。

③卖家利用海外会员账户对其他卖家进行恶意下单、恶意评价、恶意投诉，从而影响其他卖家声誉与正常经营的行为。

不正当竞争，根据违规情节分为不正当竞争一般违规和不正当竞争特别违规，分别处以每次3分、每次12分或每次48分的扣分处罚。

（2）不法获利

不法获利是指卖家违反速卖通规则，侵犯他人财产权或其他合法权益的行为，包括但不限于以下情况：

①卖家在交易中诱导买家违背速卖通正常交易流程操作，获得不正当利益。

②卖家通过发布或提供虚假的或与承诺严重不符的商品、服务或物流信息骗取交易款项。

③利用不正当手段或违规手段骗取包括但不限于平台售后宝赔付、平台优惠券、配给券、促销码、平台减免、保证金、平台赔付基金、佣金、赏金激励等款项的。

④卖家违反速卖通规则，被关闭账户后仍注册，或直接或间接控制、使用其他账户。

⑤卖家违反速卖通规则，通过其他方式非法获利的。

一旦店铺被发现存在不法获利行为，则平台一律给予关店的严厉处罚。除处罚外，如果卖家非法获利给平台造成损害，平台有权向卖家追偿，同时保留法律允许的其他救济措施，包括向公安、检察机关举报等。

4. 信用与销量炒作

信用与销量炒作是指通过不正当方式提高账户信用积分或商品销量，妨碍买家高效购物权益的行为。对于被平台认定为构成信用及销量炒作行为的卖家，平台将删除其违规信用积分及销售记录并且给予搜索排序靠后处罚；对信用及销量炒作行为涉及的订单进行退款操作，并根据卖家违规的严重程度，分别给予冻结账户 7 天、冻结账户 14 天（最严重的冻结账户 180 天）、清退的处罚；对于第二次被平台认定为构成信用及销量炒作行为的卖家，不论行为的严重程度如何，平台一律做清退处理。

（二）纠纷规则

卖家发货并填写发货通知后，买家如果没有收到货物或者对收到的货物不满意，可以在卖家全部发货 10 天后申请退款（若卖家设置的限时达时间小于 10 天，或者是俄罗斯精品馆订单、本地仓服务订单，则买家可以在卖家全部发货后立即申请退款）。买家提交退款申请时，纠纷即生成。

当买家提交或修改纠纷后，卖家必须在 5 天内"接受"或"拒绝"买家的退款申请，否则订单将根据买家提出的退款金额执行。如果买卖双方协商达成一致，则按照双方达成的退款协议进行操作。如果无法达成一致，则提交至速卖通进行裁决。

买家提交纠纷后，双方有 7 天的协商期，纠纷小二会在 7 天内（包含第 7 天）介入处理。若买家提起的退款申请原因是"未收到货—货物在途"，则系统会在限时达到达后自动提交速卖通进行裁决。为提高买家体验和对全球速卖通平台及平台卖家的信心，全球速卖通鼓励卖家积极与买家协商；协商不一致的情况下，纠纷小二主动介入，给出解决方案（纠纷小二介入后，买家和卖家还是可以协商的）。如买卖双方达成退款协议且买卖双方同意退货的，买家应在达成退款协议后 10 天内完成退货发货并填写发货通知，全球速卖通将按以下情形处理：

①买家未在 10 天内填写发货通知，则结束退款流程且交易完成。

②买家在 10 天内填写发货通知且卖家 30 天内确认收货，速卖通根据退款协议执行。

③买家在 10 天内填写发货通知，30 天内卖家未确认收货且卖家未提出纠纷的，速卖通根据退款协议执行。

④在买家退货并填写退货信息后的 30 天内，若卖家未收到退货或收到的货物货不对板，卖家也可以提交到速卖通进行纠纷裁决。

(三) 店铺经营与违规

卖家会员将其账户与通过实名认证的支付宝账户绑定后，在速卖通平台进行认证，提供真实有效的姓名、地址及营业执照等信息，方可在速卖通经营。卖家会员账户通过企业实名认证和收款账户设置，完成经营大类准入缴费，并通过类目商标资质申请方可发布对应商品，发布商品后，自动开通店铺。

1. 开店入驻限制

（1）店铺商品数量

一个店铺内在线商品数量上限为 3 000 个，特殊类目（Special Category）下每个类目商品数量有上限（具体以卖家后台产品发布端为准）。后续平台将根据业务情况适时调整，具体以平台通知为准。

（2）品牌入驻限制

①与速卖通已有的品牌、频道、业务、类目等相同或近似。

②包含行业名称、通用名称或行业热搜词的品牌。

③包含知名人士、地名的品牌。

④与知名品牌相同或近似的品牌。

⑤纯图形商标。

⑥在执行品牌封闭管理规则的行业，不属于行业邀约的品牌及未通过品牌审核的品牌。

（3）终止品牌在速卖通经营的规则

①该品牌商品由不具备生产资质的生产商生产的，不符合国家、地方、行业、企业强制性标准。

②该品牌经判定对他人商标、商品名称、包装和装潢、企业名称、产品质量标志等构成仿冒或容易造成消费者混淆、误认的。

③该品牌经营期间严重影响消费者体验的，包括但不限于品牌经营者存在严重售假、产生严重售后投诉，平台保留清退该品牌及品牌经营权限的权利。

（4）同一企业主体经营大类开店数量限制

①由于售假、资质造假等被速卖通清退的，永久限制入驻。

②在经营期间由于"服务指标"考核不达标被清退或中途退出经营大类的，在同一年度内将无法再次申请加入该经营大类。

（5）同一企业主体开多家速卖通店铺限制

①不同店铺经营的商品不可重复铺货（国家分站除外），若核查到重复铺货严重，平台有权对店铺进行相关处置，甚至关闭经营权限。

②一个企业在一个经营大类下只允许开 3 家店铺（特殊情况除外）。

2. 实时划扣交易佣金

商家在速卖通经营，需要按照其订单销售额的一定百分比交纳佣金。速卖通各类目交易佣金标准不同，部分类目为订单金额的 8%，另一部分类目为订单金额的 5%。店铺违规方面：平台根据违规性质将违规行为归类分为知识产权禁限售违规、交易违规及其他、商品信息质量违规三套积分制。三套积分制分别扣分、分别累计、分别执行处罚。

知识产权禁限售违规：发布知识产权禁限售商品的违规行为。交易违规及其他：交易违规行为及平台杜绝的其他违规行为。商品信息质量违规：搜索作弊等商品发布违规行为。积分清零逻辑：三套积分制的每个违规行为的分数按行为年累计。行为年是指每项扣分都会被记365天，比如，2013年2月1日12点被扣了6分，这个6分要到2014年2月1日12点才被清零。在被违规处理扣分后，对已经开通申诉入口的违规类型，可在扣分之时起总计7个工作日内通过线上违规申诉入口提交违规申诉。

（四）放款规则

为确保速卖通平台交易安全，保障买卖双方合法权益，对于通过速卖通平台进行交易产生的货款，速卖通及其关联公司按照相关协议及规则，有权根据买家指令、风险因素及其他实际情况决定相应放款时间及放款规则。具体放款规则如表2-6所示，提前放款保证金释放时间如表2-7所示。

表2-6 放款规则

账号状态	放款规则		
	放款时间	放款比例	备注
账号正常	发货3个自然日后（一般是3~5天）	70%~97%	保证金释放时间见表2-7（提前放款保证金释放时间表）
		100%	
	买家保护期结束后	100%	买家保护期结束：买家确认收货/买家确认收货超时后15天
账号关闭	发货后180天	100%	无

表2-7 提前放款保证金释放时间表

类型	条件		保证金释放时间
按照订单比例冻结的保证金	商业快递+系统核实物流妥投	无	交易结束当天
	1. 商业快递+系统未核实到妥投 2. 非商业快递	交易完成时间-发货时间≤30天	发货后第30天
		交易完成时间-发货时间为30~60天	交易结束当天
		交易完成时间-发货时间≥60天	发货第60天

续表

类型	条件	保证金释放时间
固定保证金	账号被关闭	提前放款的订单全部结束（交易完成+15天）后，全部释放
	推出提前放款	无
	提前放款不准入	

第四节　全球速卖通基本操作

一、开通商铺

（一）注册账号

想要入驻速卖通开店，要有一个账号。

首先，注册一个账号，打开 http://seller.aliexpress.com/，单击"立即入驻"按钮，如图 2-5 所示。

全球速卖通
开店操作和产品
发布流程

图 2-5　速卖通入驻

输入一个电子邮箱地址，将相关信息填写完成，要注意密码不要过于简单，如图 2-6 所示。

填写好注册信息后，单击"下一步"按钮，在弹出的对话框中输入校验码，即可完成注册，如图 2-7、图 2-8 所示。

图 2-6　注册账号

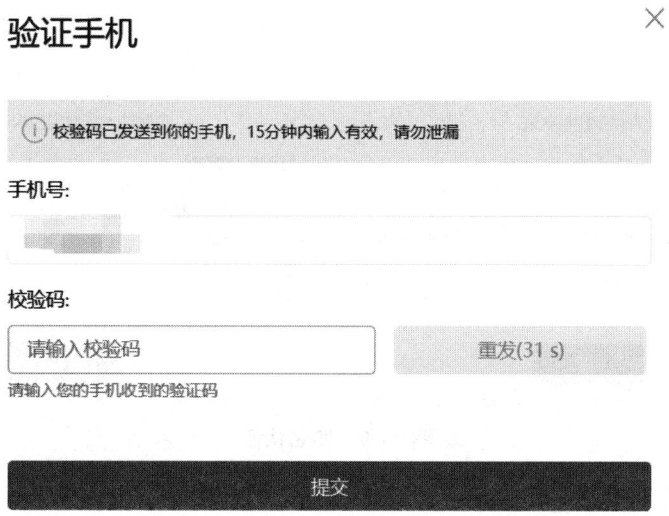

图 2-7　手机验证

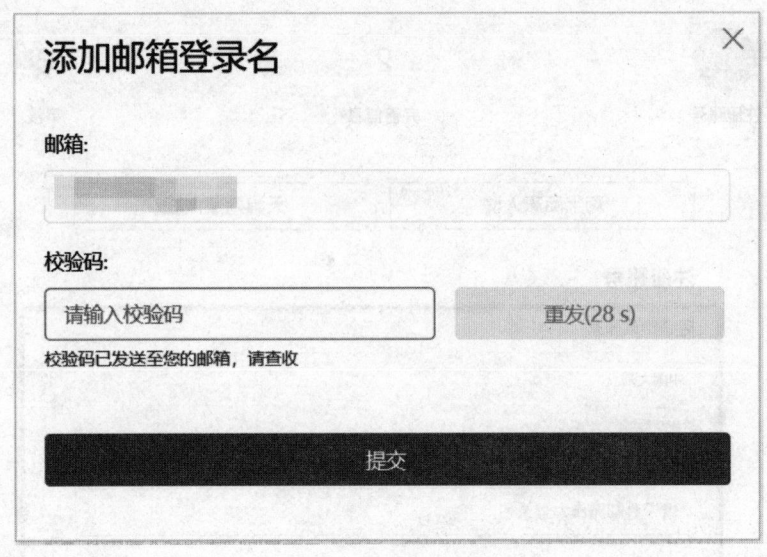

图 2-8　邮箱验证

（二）实名认证

验证完毕后，跳转至"实名认证"页面，如图 2-9 所示。

实名认证

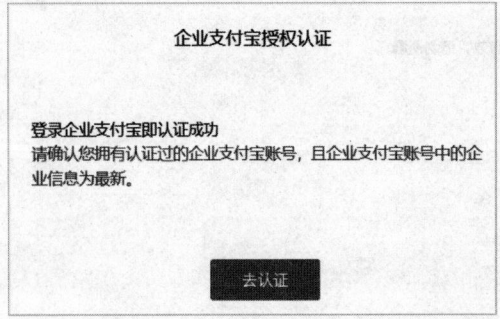
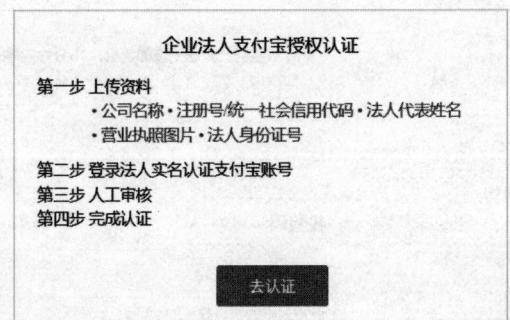

图 2-9　实名认证

单击"去认证"按钮会跳转至认证页面，单击"提交"按钮，登录已通过实名认证的支付宝账号，如图 2-10 所示。

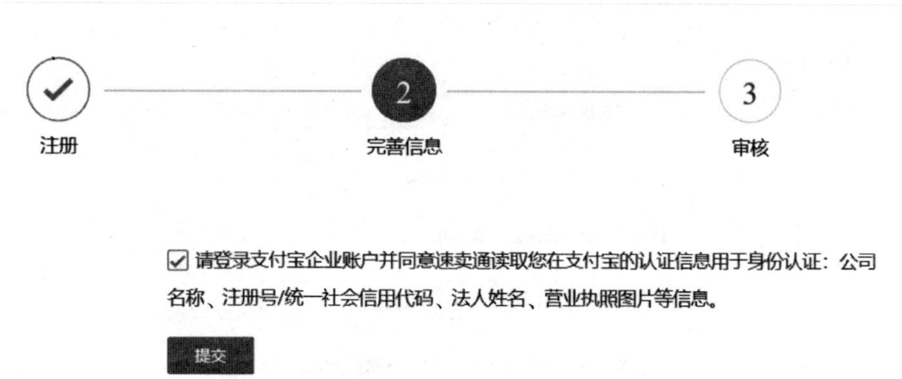

图 2-10　注册成功

进行企业身份实名认证,开始填写相关真实信息,如图 2-11、图 2-12、图 2-13、图 2-14 所示。

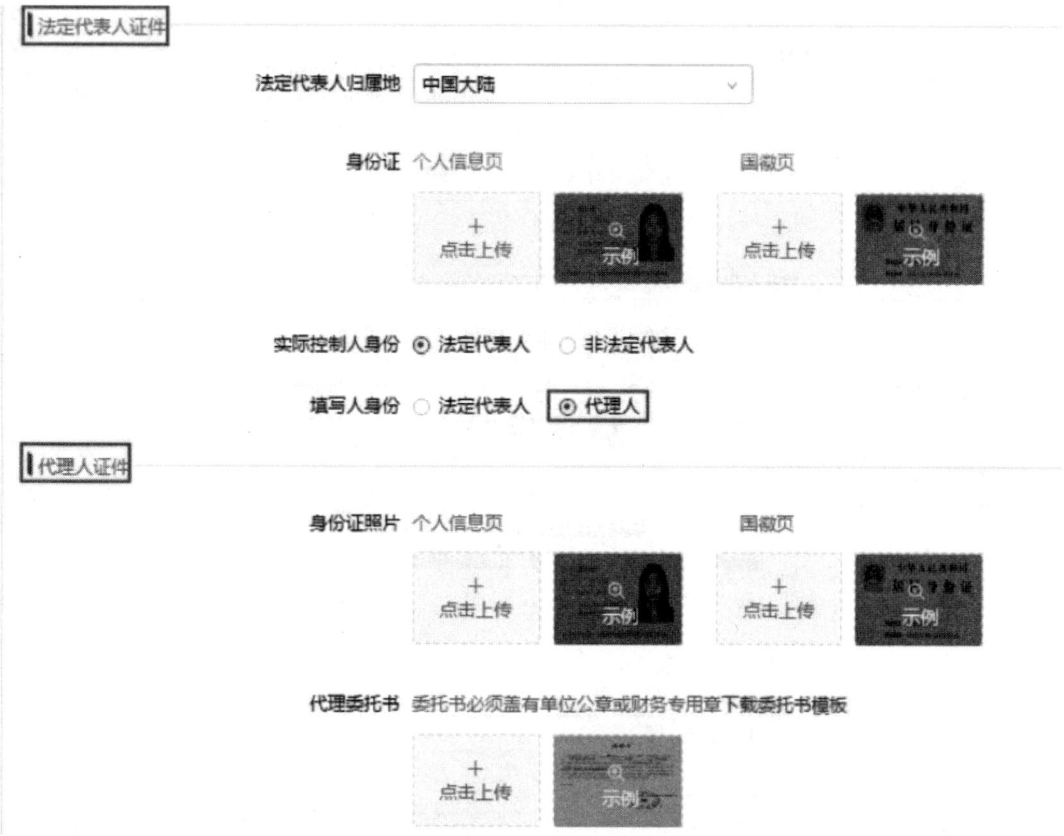

图 2-11　企业法人信息

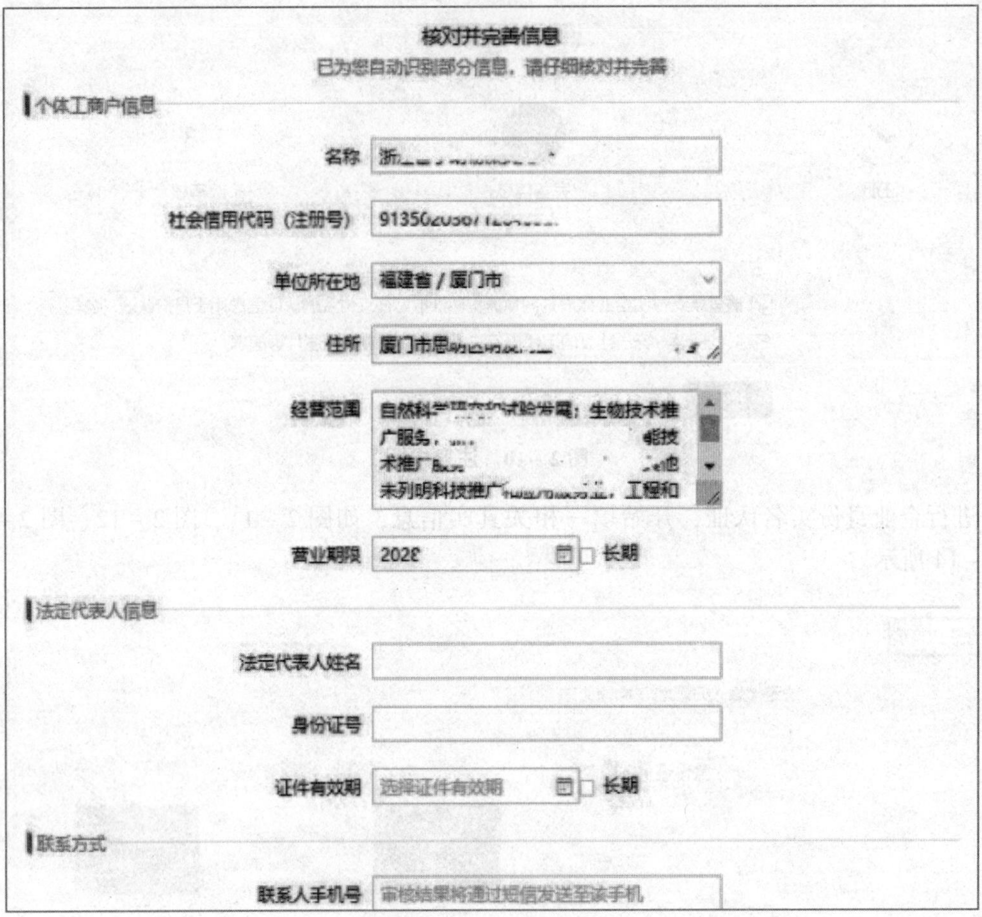

图 2-12 企业信息

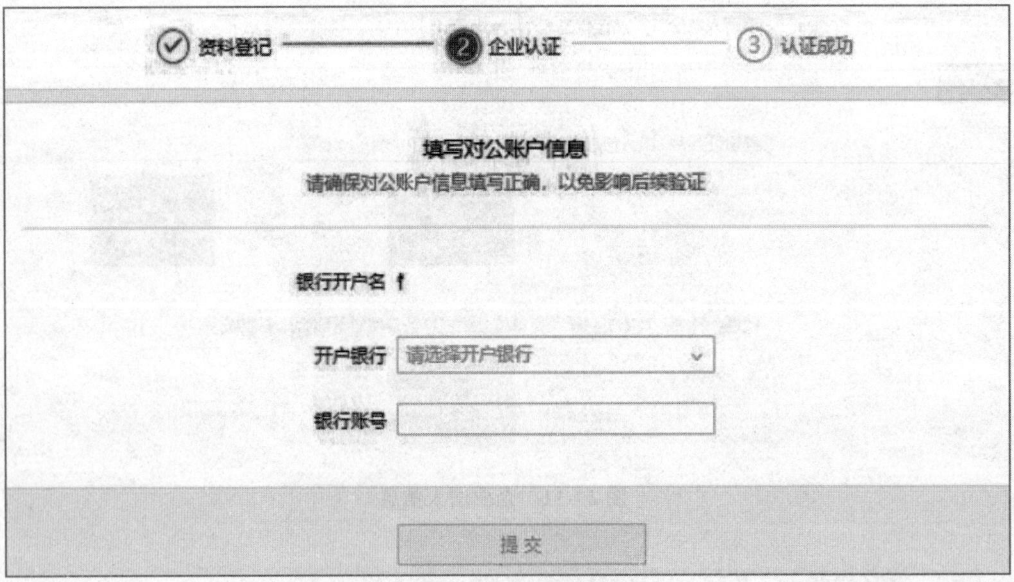

图 2-13 企业认证

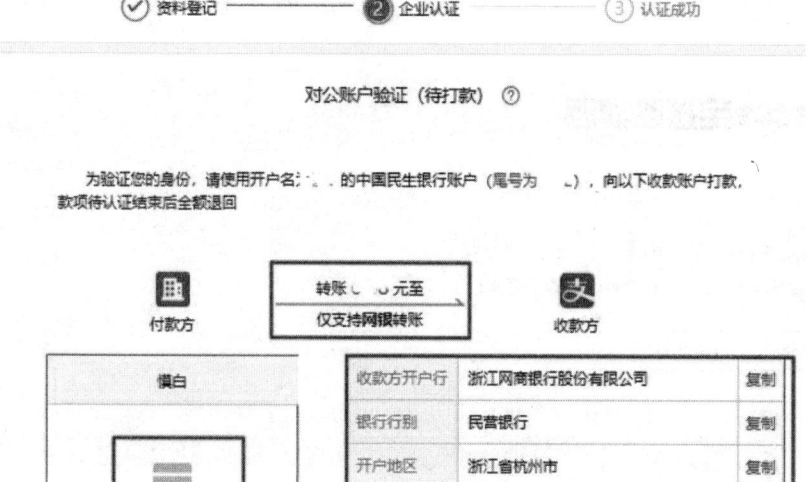

图 2-14 企业反向打款认证

认证成功后,即可登录使用账户。

接下来,我们将面临开店前最后一项考验——开店考试,如图 2-15 所示。

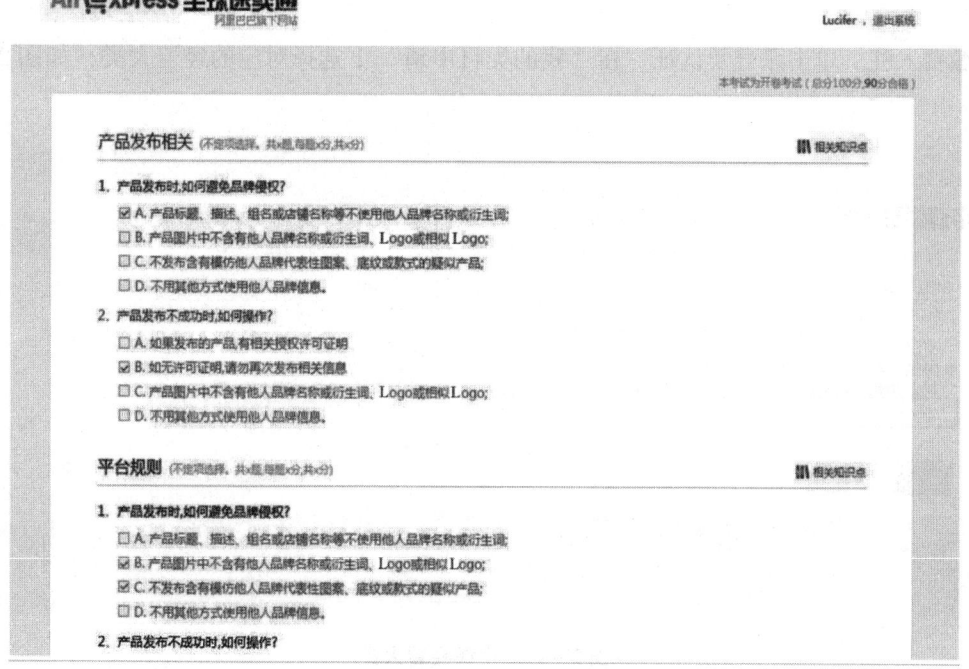

图 2-15 开店考试

开店考试是开卷考试,每题 2 分,共 50 道题,满分 100 分,90 分及格,如图 2 - 16 所示。

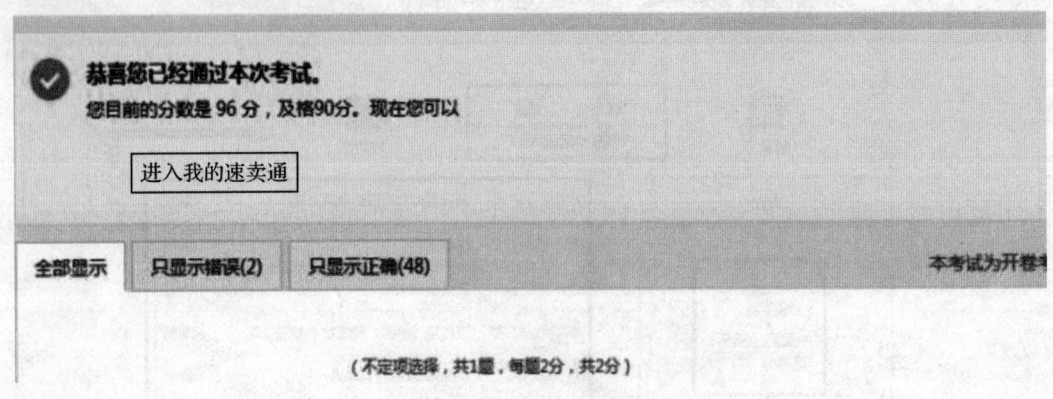

图 2 - 16 开店考试成绩

当我们通过开店考试,成绩在 90 分以上,就可以正式在速卖通平台操作了。

(三)类目招商入驻

美国时间 2017 年 1 月 3 日,平台开启 2017 年类目招商入口。请在申请准入前,对店铺自检自查(包括但不限于在线及下架的商品),避免各类违规违约行为(包括但不限于售假、炒信誉、炒销量等),申请准入后,请卖家严格遵守《AliExpress 全球速卖通平台规则》。

缴费入驻。单击账号及认证。在"我的类目申请"下选择对应的经营大类,如图 2 - 17 所示。

图 2 - 17 申请经营大类

申请成功后，冻结保证金。确定申请类目及保证金金额，单击绑定账号，页面会弹出支付宝页面，请您登录绑定（请注意，不要设置浏览器拦截，Chrome 浏览器在地址栏的右侧会跳出一个小 Logo，注意单击并撤销拦截），如图 2-18、图 2-19 所示。

图 2-18　冻结保证金

图 2-19　绑定支付宝

绑定完支付宝后请确认、勾选同意协议，然后单击"确认缴纳"按钮，如图 2-20 所示。

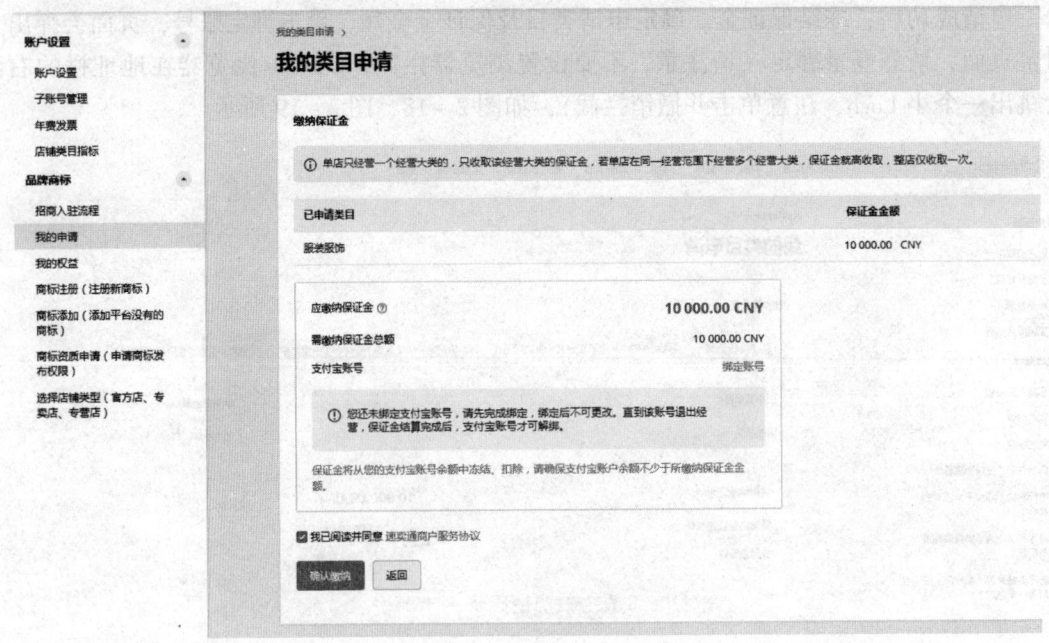

图 2-20 缴纳保证金

(四) 商标申请和添加

在注册店铺前可以先进行商标注册。企业应该先申请自己的商标，因为注册商标，TM 标需要 3~4 个月的时间，R 标大概需要 1 年的时间。店铺缴费成功后，进行商标添加。卖家完成商标注册后，还需要通过平台对该商标的认证，预计 10 个工作日完成。添加申请过程如图 2-21、图 2-22 所示。

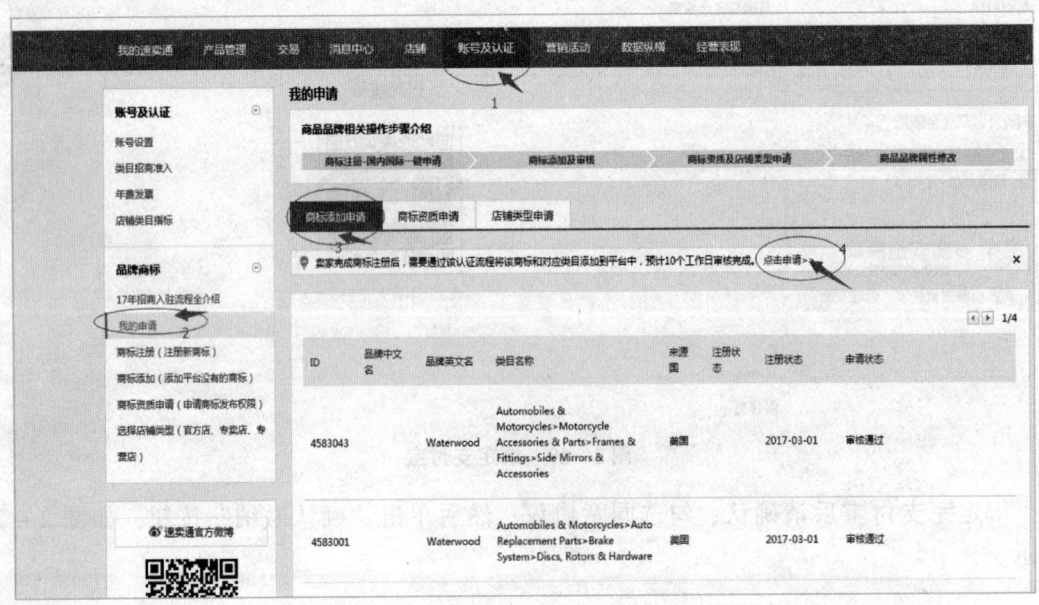

图 2-21 商标添加申请

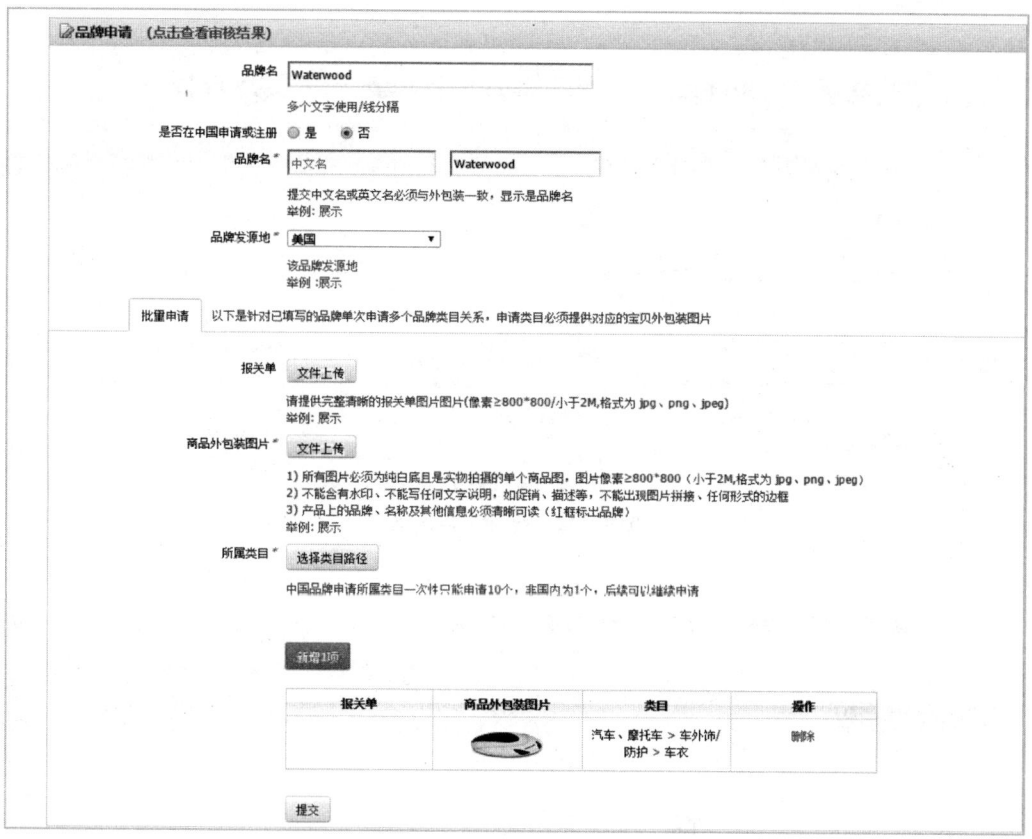

图 2-22 品牌申请填写

商标添加审核通过后,再进行商标资质申请,申请过程如图 2-23、图 2-24、图 2-25 所示。

图 2-23 商标资质申请

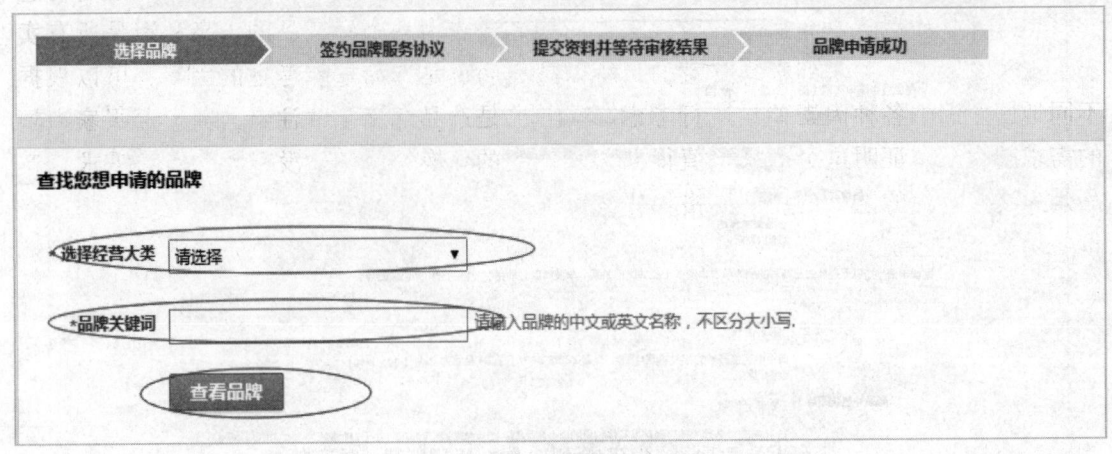

图 2-24　品牌类目选择

图 2-25　品牌类目申请

经 7 个工作日审核通过后，就可以发布产品、使用此商标了。

二、管理产品

（一）产品发布

1. 如何选品

在速卖通平台，要想保证店铺的业绩和发展，精确选品是非常重要的，要做到"三高二低"，即高质量、高利润、高需求、低价格、低售后。

全球速卖通
发布技巧——
如何选品

高质量是平台选品的第一标准，即使选的产品利润再高，只要质量不过关，也容易造成客户差评、投诉等更为严重的后续工作，是无法成为一个好产品的。高利润是所有卖家最为关注的，是关联到卖家利益的，所以高利润也是选品重点考虑的因素；可以根据不同地区之间的各种因素差异进行考虑。高需求是选品的又一关注点，速卖通买家市场的需求越大，就证明这个产品是值得向买家供应的。换句话说，没有大的市场需求的产品是无法成为好的选品的。低价格很好理解，但是并非单纯的低价，而是与竞品相比有价格优势，或者说，就该产品的性价比来说有价格优势，关键在于产品的性价比。低售后也就是产品的售后问题越少越好，这和高质量的要求基本一致，但主要是不能有任何侵权与伪造等严重的售后问题。

（1）选品的步骤

寻找优势资源——市场调查——产品定位——分析利润——产品生产——质量监控——产品上架。选品并不是单纯地找到合适的产品就结束了，从最初的寻找优势资源到最后的产品上架，都是环环相扣、不可缺失的。选品流程中任何一个环节的缺失，都很有可能为后期的产品运营带来严重后果。在选品的步骤中，假若你有特定的一个类目，那么做好一个市场调查分析是最为重要的，没有这个分析，也就无法有接下来的产品定位和利润分析了。

研究完产品，我们也需要把竞争对手的综合素质进行分析才算完整。竞争对手的分析维度比较多，可以根据自己产品的特点和卖家的特点来自选维度，一般可以从卖家定价、市场占有率、优化程度、表现等多方面来综合进行评估，竞争对手各项表现越专业，相应的竞争难度也就越大。

（2）选品的优势

一个好的产品可以给我们带来五高：高销量、高排名、高需求、高转化、高质量。并非好的销售员就一定能成就产品的销售，而是好的产品成就好的销售员。如果具备同样的销售能力，好的产品会因为市场的高需求、高利润而去成就一个销售员，完成从 0 到 10、从 10 到 100 的销售。加上好的产品早已做好之前的低售后、高质量的筛选要求，所以后续产品运营的效率比较高。这很可能从你最初选品的时候就已经决定了。可见，好的选品是如今速卖通跨境电子商务不容忽视的一个突破口。

（3）2017 年速卖通选品方向

3C 数码配件、小物件的新市场。电子数码产品的快速发展和普及，使得包括计算机（Computer）、通信（Communication）和消费类电子产品（Consumer Electronics）在内的 3C 产品，成为人们日常生活中使用频次最高、接触时间最长的产品，以致不断创新应用的电子产品和 3C 配件，成为未来市场竞争的主要来源，如表 2-8 所示。

表 2-8 3C 数码的选品方向

一级类目	叶子类目	选品方向
电脑办公	平板周边及配件	平板保护壳
	办公电子-打印设备及配件	珠海产业带/义乌产业带——耗材、办公

续表

一级类目	叶子类目	选品方向
电脑办公	Laptops 笔记本电脑	联想、戴尔、神舟、惠普、宏碁 Acer
	电脑外设	魔磁（MOCI）、雷柏（Rapoo）、雷拓（Rantopad）、宜博（E-3LUE）、AKKO、黑爵（AJAZZ）、腹灵（FL-ESPORTS）、宜适酷（EXCO）、富勒（Fuhlen）、游戏狂人（GAEM MADMAN）、地狱火（FIRE-PAD）、IT-CEO、优派（ViewSonic）、三巨（SANGEE）、驰尚（Qisan）、吉选（GESOBYTE）、ET魔腾、iQunix、A.艾酷、雷柯特（Reicat）、狼途、硕力泰（SEATAY）
	U 盘	KDATA、BANQ、爱国者
	路由器	华为、华硕、磊科、睿因、360、贝尔金、Linksys、H3C
	网络存储	群辉、威联通、铁威马、buffalo
	CPU	AMD、Intel
	主板	华硕、技嘉、微星、华擎、昂达、映泰、梅捷、盈通、铭瑄、精英
	显卡	华硕、技嘉、微星、华擎、昂达、索泰、影驰、盈通、铭瑄、蓝宝石、讯景、EVGA、丽台、旌宇、映众、PNY、梅捷、铭影、精影
	内置硬盘	东芝、希捷、西部数据、日立、联想、朗科、广颖电通、巴法络
	内存	十铨科技、美商海盗船（USCORSAIR）、阿斯加特（Asgard）
	风扇	九州风神（DEEPCOOL）、酷冷至尊（CoolerMaster）
	演示版	Banana-Pi

从全球速卖通 2017 年 3C 数码的选品方向（具体参照表 2-8）来看，电脑厂商叶子类目下的众多分类是卖家延伸 3C 品类的主攻，如平板周边配件、电子办公、电脑外设、U 盘、

路由器、显示板……已经在从事或者想要发展3C数码产业的卖家，可就具体情况对相应的品类进行深耕和创设。

服饰潮流前线，户外运动新主张。珠宝首饰、箱包服饰和运动户外在消费者购买支出中的占比不断提升。全球每年各大秀场的时尚趋势总是影响着服装、珠宝首饰的风格走向。对现代社会的人而言，衣服的功能已经不局限于御寒了。在追求基本功效的前提下，服装和珠宝首饰已经成为消费者时尚装扮、个性穿搭的必需品，是一种身份、生活质量和个人魅力的新载体。从服装、珠宝首饰大类下的子类目不难看出，依据部位、效用、风格、款式、饰物和面料等标准划分的具体选品方向是十分丰富的，如表2-9所示。

表2-9 服饰选品方向

一级类目	叶子类目	选品方向
女装	内衣	针对国外买家尺寸的胸罩、内裤、束身裤、束身衣、衬裙
	牛仔裤	2017潮流新品、长短袖、棉麻材质、衬衣连衣裙、职业款
	袜子	紧身裤袜、长筒袜（stocking）、棉袜、暖筒裤（leg warmer），有独特性
	裙子	2017潮流新品、拖地长裙、细肩带、织带设计、夏季12-35、冬季15-45、镂空设计、蕾丝设计、性感非紧身款、低V领设计、蝴蝶结设计、cut out设计
	外套	2017潮流新品、羽绒服、棉服、真毛领、常规款、多尺码、保暖、加绒、加厚、加大码
	上衣	2017潮流新品、长短袖、棉麻材质、衬衣连衣裙、职业款
	Tops & Tees	缎面、系带、露肩、蕾丝边、细肩带、吊脖
	毛衣	新款，价格在15~40美元
	ALL	设计师品牌
男装	牛仔	欧美大码、专业牛仔上衣及裤装
	T恤	基本款、潮款、3D打印、Polo衫，注意印花侵权问题
	裤装	工装风、军旅风、休闲风及牛仔风
	衬衫	休闲类和商务类衬衫、自有品牌及设计能力
	卫衣帽衫	潮款、休闲款、印花款，注意设计原创性和版权
	内衣	蓝海类目
	西装西服	蓝海类目，包括套装和西服，价格在30~80美元

"全民运动"、健身等理念的推行，使得国内外消费者对运动、户外产品的需求量不断提升。2017年，速卖通列举的包括骑行服、机械表、自行车车架、帐篷和其他野营装备等运动品类成为户外运动品牌的翘楚，特别是这些必不可少的基础装备已经成为户外运动的热销品类，具体如表2-10所示。

表2-10 珠宝、手表、鞋包和运动用品的选品方向

一级类目	叶子类目	选品方向
珠宝	银饰	5~15美元，必须是925银饰，有加工和设计实力
	银镶彩宝	10~30美元，必须是925银饰，有加工和设计实力
	银镶珍珠	5~30美元，必须是925银饰，有加工和设计实力
	K金	80~150美元，有加工和设计实力
	流行饰品	拥有独立设计实力的小众款式，注重品牌打造和细分设计市场
鞋包	鞋	女鞋、休闲鞋
	箱包	女包、拉杆箱
运动	骑行服、手套	自主设计，无侵权风险，非车队版
	自行车车架、车轮	碳纤维车架、白板货自主设计外观
	帐篷	以单、双人帐篷为主
	其他野营装备	睡袋、野餐垫、望远镜等

汽摩配件、助力代步工具，引跑未来。构成汽车、摩托车整体的各个单元的多种配件产品及服务，市场需求也变得越来越大，主要包括DVD Player、行车记录仪、后视镜导航、座椅靠垫、机油、洗车美容等类目，具体如表2-11所示。

表2-11 汽配的选品方向

一级类目	叶子类目	选品方向
汽摩配	DVD Player	科骏达、Caska、路畅/Roadrover、华阳/ADAYPO、路特仕/Rotiss
	行车记录仪	360、Lenovo
	易损件	Bosch、Torchid、ACDelco、LDH
	后视镜导航	Jado
	其他汽车电子	Goodyear、阿尔派/alpine、健伍/Kenwood、先锋/pioneer、松下/Panasonic、惠威/HiVi、惠普/HP、漫步者/EDIFIER、征服者/CONQUEROR
	机油	长城/Greatwall、昆仑/Kunlun

续表

一级类目	叶子类目	选品方向
汽摩配	汽车美容	龟牌/turtle、SOFT99、3M、SONAX、7CF 彩虹/7CF、999 车仆/chepu、保赐利/Botny、美鹰、点燃、慧霖/varlon、美光/meguiar's、牛魔王、晶臣/kinson、格雷特/greatife
	太阳膜	威固/v-kool、龙膜/llumar、量子/quanturn、强生/Johnson、雷朋/Letbon、3M
	坐垫、座套、脚垫	牧宝/mubo、恒源祥、福成、WRC、尼罗河/nile
	内饰小件	快美特/carmate、香百年/carori

"婴儿潮",开发母婴用品关联性群体。海外市场对中高端的母婴产品需求非常高,如包括童鞋、婴儿推车、婴幼儿生活用品等在内的产品都颇受市场追捧,具体如表2-12所示。

表2-12 母婴、玩具和美容健康选品方向

一级类目	叶子类目	选品方向
母婴	重点类目	童鞋、婴儿推车、婴儿用品(奶瓶、奶嘴、儿童餐具、儿童理发器、体温计)
玩具	婴儿玩具	优质的塑料及木制、2岁以内婴儿的玩具,2~40美元
	早教玩具	早期教育类玩具,品牌如澳贝、费雪,2~50美元
	手办	绝对不能涉及侵权,需要授权,要有自主品牌形象,如万代,2~40美元
	泳池、沙滩玩具	夏季戏水、游戏玩具、游泳圈等,2~50美元
美容健康	面部护理	金稻、可奈雅、约克、美克斯、安自康、尚赫、奥克斯等中国制造的品牌。工厂自主品牌也可以
	眼部护理	对比同类大品牌商品的价格,低70%左右
	瘦脸工具	最好有外贸代工背景,电子产品有CE或UL,FCC、CSA认证
	彩妆	外贸品牌,有完整的产品线,有设计&上新能力,价格与国外开架品牌持平,国内有卫妆认证,最好有FDA认证

日用家电、家居配置。速卖通2017年选品方向的数据（具体如表2-13所示）表明，涵盖家居用品、家居日用、浴室用品、家居清洁、家居装饰、家居收纳等一系列家居配置，成为家居大类目中较为热销的选品。

表2-13 家居选品方向

一级类目	叶子类目	选品方向
家居	家居用品	马克杯、开瓶罐器、保温瓶和热水瓶、餐具垫、酒吧酒具附件、酒吧工具、咖啡和茶具套装、鸡蛋工具、冰激凌工具、肉类工具、酒具套装、烧烤工具、玻璃杯、酒壶、寿司工具
	家居日用	雨具、雨衣相关产品
	浴室日用	浴室里软装用品
	家居清洁	外贸属性强的浴室清洁用品、日常清洁用品、垃圾桶、刷子等
	家居装饰	画框、相框、镜框等；家居装饰工艺品；储存罐
	家居收纳	晾衣架、晾衣绳、收纳挂袋
	园艺用品	工具房和储物间、儿童游戏房

日用品虽是日常生活中必不可少的基础配件，但家电、家居、家装等一级类目产品是人们生活质量的保障，包括园林工具、电动工具和灯饰类照明在内的其他家居产品也是速卖通2017年家居选品的产品划分。卖家可以结合市场潮流趋势和消费者结构和喜好，有所取舍，整合家居品类在实际生活中的运用和产品推广，提高家居市场的份额，具体如表2-14所示。

表2-14 家电、工具、家装和照明选品方向

一级类目	叶子类目	选品方向
家电	空气处理电器	空气净化器、干燥器、减湿器、换气扇、电风扇、加湿器
工具	清洁电器	吸尘器、超声波清洁仪、蒸汽清洁仪
	个人护理电器	吹风机、脱毛器、电动剃须刀、烘发器
家装	卫浴五金	外贸出口型企业、海外仓卖家
	电工电料	外贸出口型企业、知名品牌（正泰、德力西、公牛等）

续表

一级类目	叶子类目	选品方向
照明	LED 照明	外贸出口型企业，知名品牌（欧普、雷士、阳光、佛山照明、三雄极光、华艺、TCL 等）
	灯饰类	外贸出口型企业，海外仓卖家，知名品牌（欧普、华艺、奥朵、月影凯等）
	户外照明 （含便携式照明）	外贸出口型企业，海外仓卖家

选品 12 字诀：

﹡人无我有——找到平台竞争比较小的蓝海产品线。

﹡人有我优——优化产品信息展示，严把产品质量关，做口碑。

﹡人优我特——特种产品，小需求也有大市场。

2. 发布产品

产品选择好之后，我们就可以发布产品了，单击进入发布产品界面，如图 2 – 26 所示。

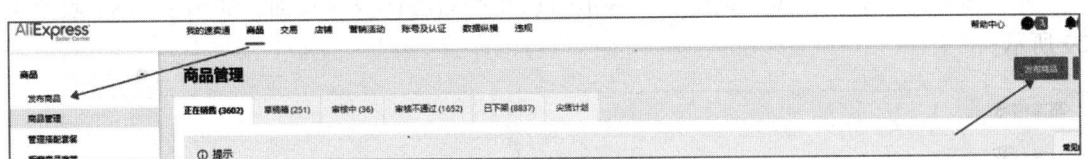

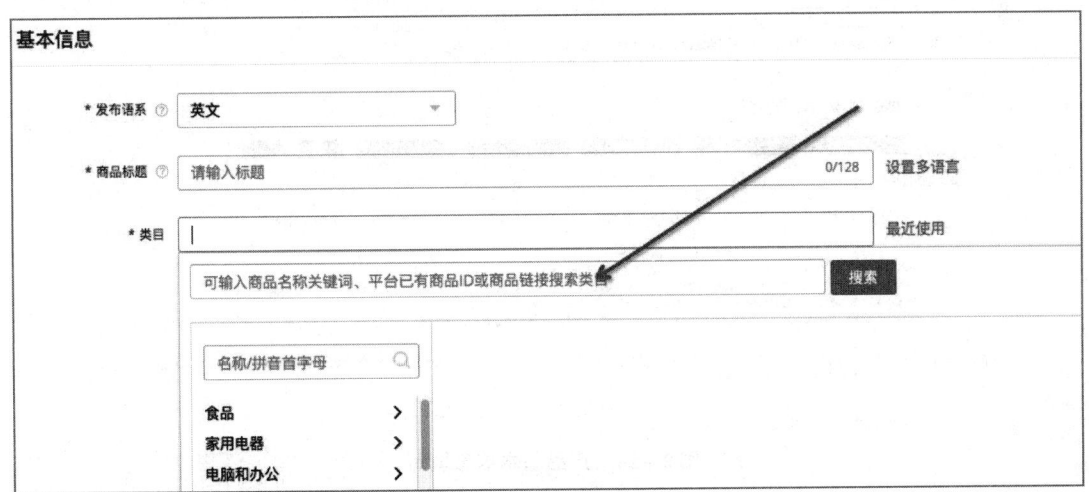

图 2 – 26　发布产品界面

通过产品关键词查找类目，比如要发布某一品牌的电脑外设鼠标，我们可以选择或查找类目，这时，界面会出现相关类目，那么就选择与产品一致的类目，如图2-27所示。

图2-27 选择产品类目

单击发布产品后，出现下面的产品基本信息和产品属性填写页面，如图2-28、图2-29所示。

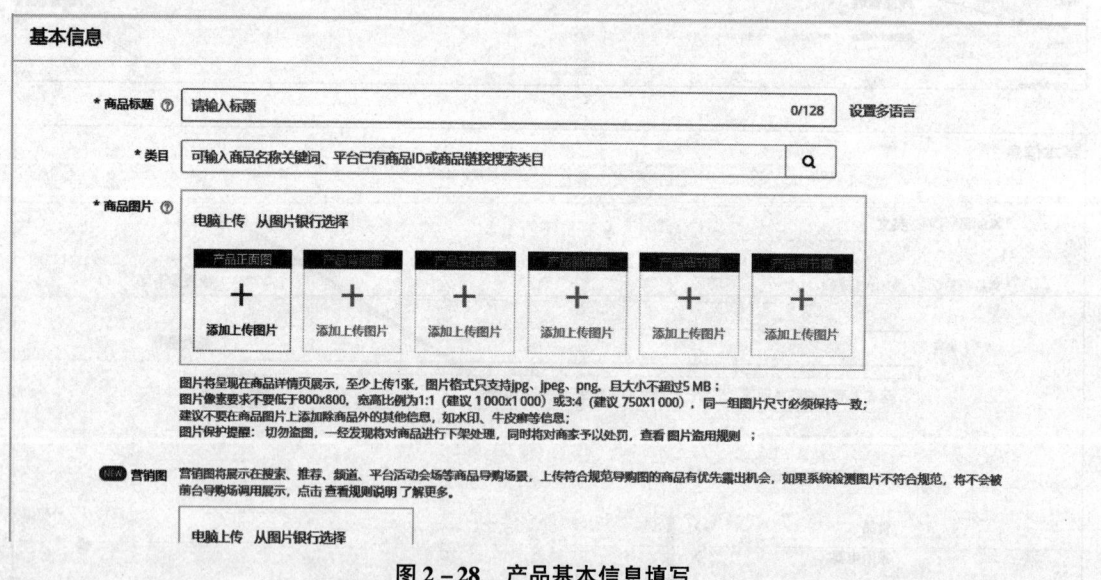

图2-28 产品基本信息填写

按照页面提示进行填写，红色星号为必填项。若单击"提交"时有任何必填属性未填写，页面左侧会显示红色"必填项不能为空"提示列表，每个未填写的必填属性下方也会有红色"必填项不能为空"的提示。单击某条提示即可定位到对应板块。填写完整、准确、简洁的产品属性有助于提升产品曝光率。

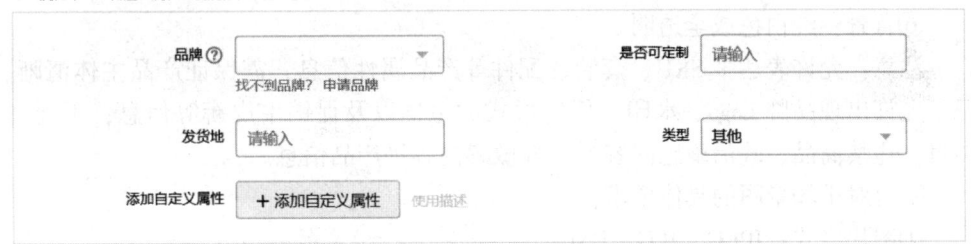

图 2-29　产品属性填写

（1）产品标题

产品标题应该满足上限 128 个字符。一个好的标题包括：销售方式、重要属性、产品名称、核心词、营销词。可以参考这样的排列：销售方式＋重要属性＋产品名称＋核心词＋营销词。

（2）产品图片要求

平台对于 6 张橱窗图的具体要求：

①图片格式：JPEG。

②文件大小：5 MB 以内。

③图片像素：建议大于等于 800＊800。

④横向和纵向比例：建议 1∶1 到 1∶1.3 之间。

⑤图片中产品主体占比：建议大于 70%。

⑥背景：白色或纯色，风格统一。

⑦Logo：统一放置在左上角，不宜过大（品牌产品应该在图片上添加品牌信息）。

注意：图片除了英文的 Logo 外，不要放置任何尺码、促销文案、水印、中文说明、边框、多个颜色的 SKU，主图尽量不要使用拼图，如图 2-30 所示。

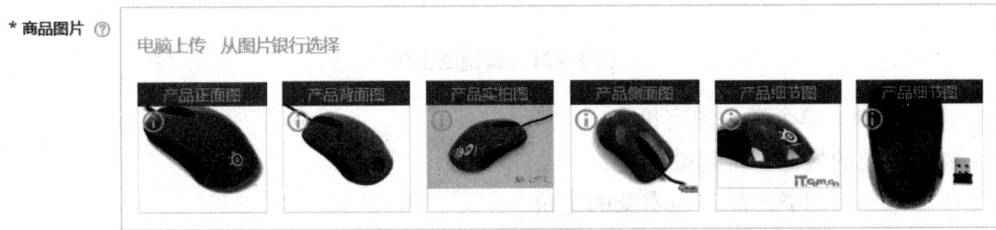

图 2-30　产品图片上传

（3）营销图要求

平台对于白底图的具体要求：

①图片格式：JPEG、JPG、PNG。

②文件大小：5 MB 以内。

③图片像素：建议大于等于 800＊800。

④横向和纵向比例：正方形（宽高比1∶1）。
⑤图片中产品主体：居中正面展示，与四边保持一定间距，建议图片不小于50 px。
⑥背景：纯白色或全透明。
注意：允许表达多SKU、套装、配件等产品属性信息，需保证产品主体清晰、可识别；但不允许出现品牌Logo、水印、任何形式的边框以及促销牛皮癣等信息；不允许出现敏感类目、违禁商品、政治敏感内容、宗教敏感内容等产品信息。

平台对于场景图的具体要求：
①图片格式：JPEG、JPG、PNG。
②文件大小：5 MB以内。
③图片像素：建议大于等于750＊1 000。
④横向和纵向比例：长方形（宽高比3∶4）。
⑤背景：纯色或实拍场景。
注意：允许背景为实物场景、模特演示，用于辅助说明商品的使用方式、使用效果、使用场景、品牌调性等；允许表达多SKU、套装、配件等产品属性信息，需保证产品主体清晰、可识别；但不允许出现品牌Logo、水印、任何形式的边框以及促销牛皮癣等信息；不允许出现敏感类目、违禁商品、政治敏感内容、宗教敏感内容等产品信息。营销图不是必需项目，但建议上传，如图2-31所示。

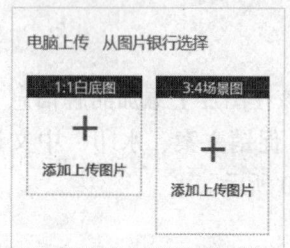

图2-31 营销图上传

（4）零售价：单个产品的定价。
①要在公司的最低售价基础上定价。
②要参考平台同类产品其他卖家的定价。
③成本毛利润率要求：普通店铺一般为15%左右。
产品零售价的运算：

产品零售价 =｛产品成本 + 运费 + 1元（人工成本）｝/汇率（6.5）/平台佣金率（0.92～0.95）/折扣率（0.5～0.8）。譬如，以某企业产品SKU（B-201958）为例，产品成本为3元，重量10 g，运费根据供应商报价而定（按照85元/kg），若产品折扣为8折，那么：

产品零售价 =｛3 + 10/1 000 × 85 + 1｝/6.5/0.92/0.8

注意：①一般售价超过5美元的发挂号，运费中就要加上挂号费，一般是8元挂号费；产品重量超过2 kg的或长+宽+高超过90 cm、单边超过60 cm的不能发小包，只能走快递或专线。线上报价请参考 https：//sell.aliexpress.com/shipping/online_logistics_list.htm？

spm =5261.8173923.100004.3.WQDfX3。②一般平台佣金率分为5%和8%两种。③运费中产品重量还需要加上包装的重量,具体运算细则在跨境物流章节进行讲解。

(5) 批发价

选择支持批发价时,根据该产品的大概利润情况自己权衡。

(6) 库存

库存少点的话,会对买家产生购买的紧张感。不过要注意,当产品快没库存时及时调整,增加库存。

(7) 商品编码

即店铺SKU,便于卖家对商品进行管理,不会对买家展示。SKU格式一般为:公司SKU+账号简称,如图2-32所示。

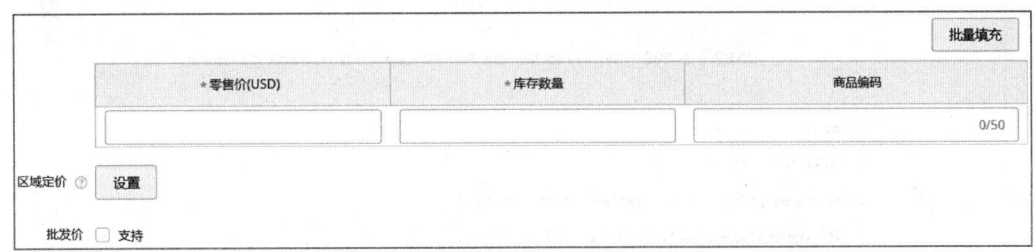

图2-32 商品零售价、库存和商品编码页面

(8) 库存扣减方式

库存扣减方式即付款减库存,如图2-33所示。

图2-33 商品库存页面

(9) 发货期

发货期(除标红类目外,其他所有类目发货期最长设定限制均为7天)页面,如图2-34所示。

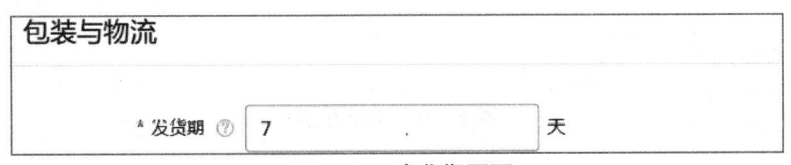

图2-34 发货期页面

(10) 产品描述

一般从平台上面找相同款或者类似款产品的描述进行参考。详细描述一般包含产品功能属性、产品细节图片、支付物流、售后服务、公司实力等内容。

(11) 产品功能属性

最好在日常工作中根据不同的产品类别总结并制作适合该产品类别的通用模板,遇到具体产品时,可以稍作修改,不用每次都重新制作。内容一般包括:材质、颜色、特点、操作方法、使用范围等。

(12) 产品图(效果图、细节图)

图片像素最好是 800*800,长度要一致,显得美观。

(13) 关联产品

在产品详细信息之前或者最后合理位置插入关联产品模块,能有效吸引买家购买。关联产品主要分为同类产品、搭配产品,此类产品可以附上配件导购栏目,如图 2-35 所示。

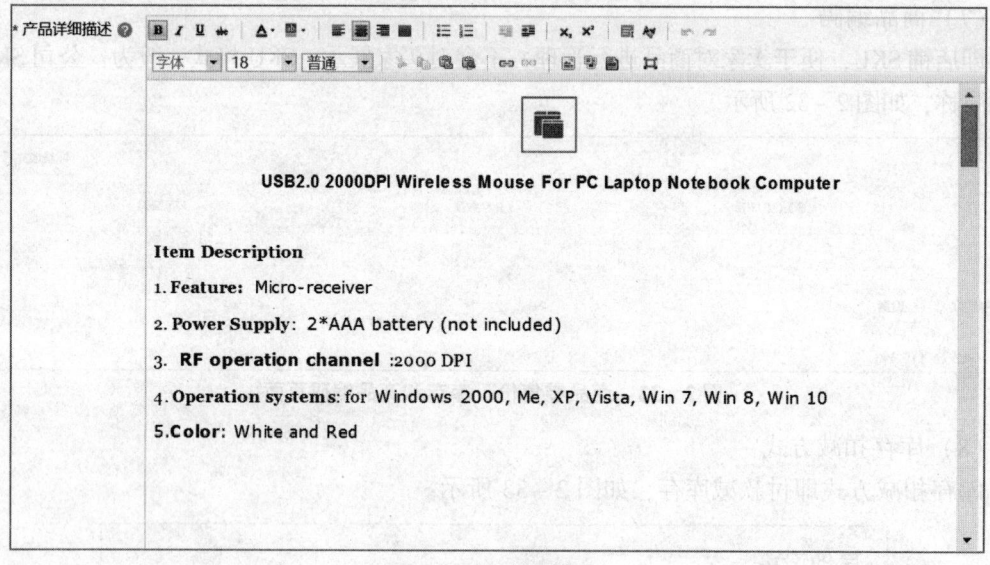

图 2-35 产品描述

(14) 包装信息

物流重量是产品包装后的重量。当您完整填写自定义计重的信息后,系统会按照您的设定来计算总运费,忽略产品包装尺寸。对于体积重大于实重的产品,请谨慎选择填写,可以计算出体积重后填写,如图 2-36 所示。

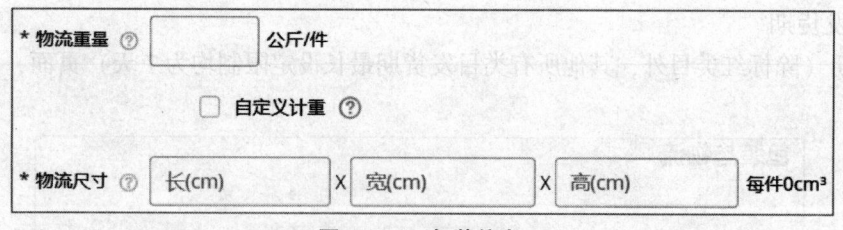

图 2-36 包装信息

(15) 服务模板

主要介绍收付款方式、物流方案、售后服务、公司介绍等,此模板可以找摄影部门配合,制作成图片形式的模板,一般在详细描述最后面插入服务模板。具体内容包括:物流付款、运输方式、退换货流程、服务保证等,引导买家积极与卖家沟通,提高买家满意度。

(16) 货不对板服务

如发现商品与描述不符,买家可以选择退货或者退款,如图 2-37 所示。

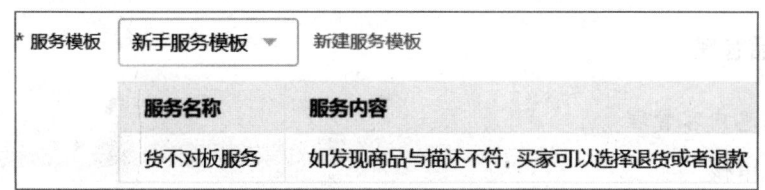

图2-37 服务模板

(17) 商品分组

店铺产品分组最好按照平台类目分,产品放到正确的分组有助于买家查找。

(18) 支付宝:选择"支持"

填写完毕后,为避免信息丢失,先保存到草稿箱,在提交之前可以预览一下效果,最后单击"提交",如图2-38所示。

图2-38 商品分组页面

返回到"我的店铺",单击New Arrivals导航栏,找到刚才新发布的产品,进去后可以看到效果,如图2-39所示。

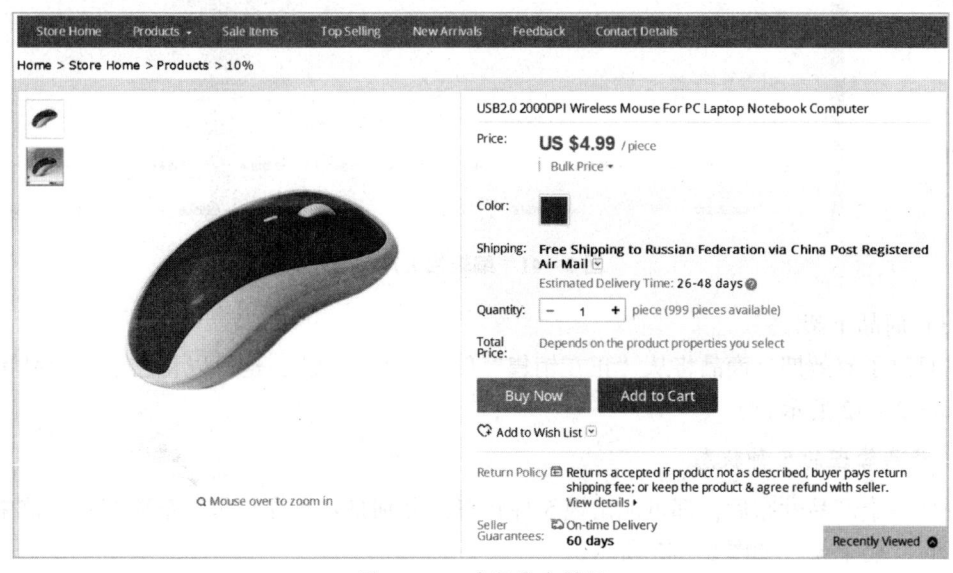

图2-39 产品发布效果

（二）产品管理

1. 产品信息内容管理

（1）商品审核

商品信息提交成功后，速卖通后台会根据阿里巴巴发布规则进行审核，一般一个工作日审核完成。可以登录卖家后台，单击"商品"→"商品管理"，在"正在销售"栏下查看商品审核状况，如图2-40所示。

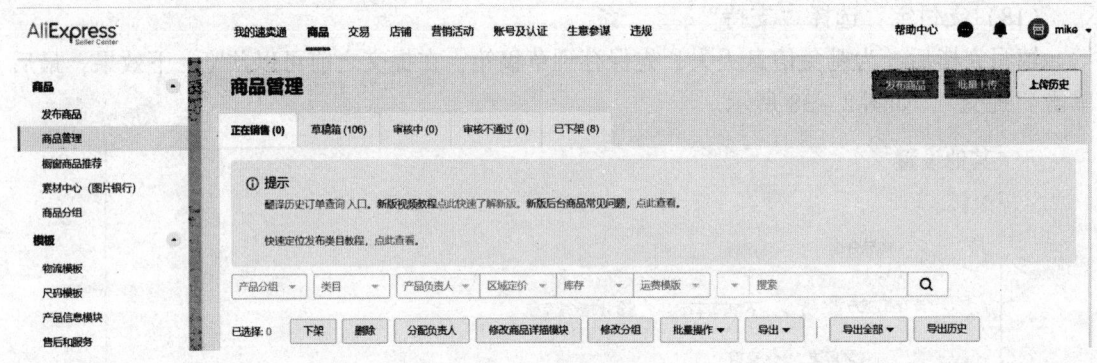

图2-40　管理商品页面

（2）商品修改

单击"商品"→"商品管理"，选择要修改的商品，单击"编辑"进入页面，修改相关信息，然后单击"提交"，进入审核阶段，如图2-41所示。

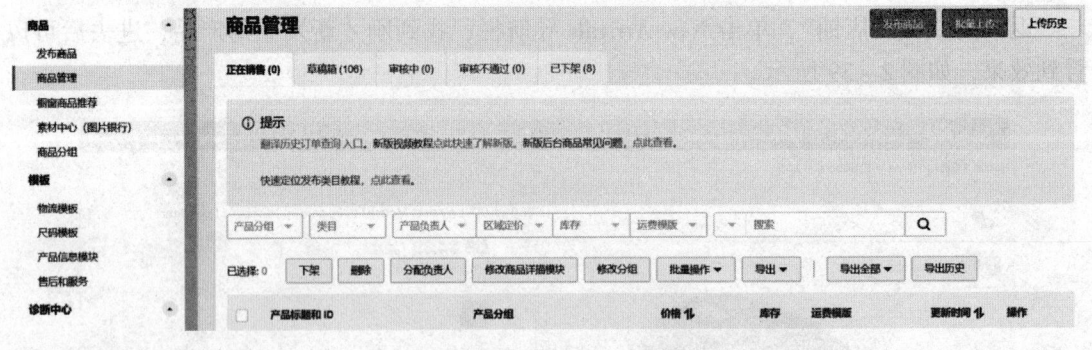

图2-41　编辑相关产品

（3）商品下架

一旦过了有效期，商品将从"正在销售"转为"已下架"，也可以将已下架商品重新上架，如图2-42所示。

2. 产品管理的5种状态

任何一个产品发布后，都可能出现5种状态，分别是：正在销售、草稿箱、审核中、审核不通过、已下架，如图2-43所示。

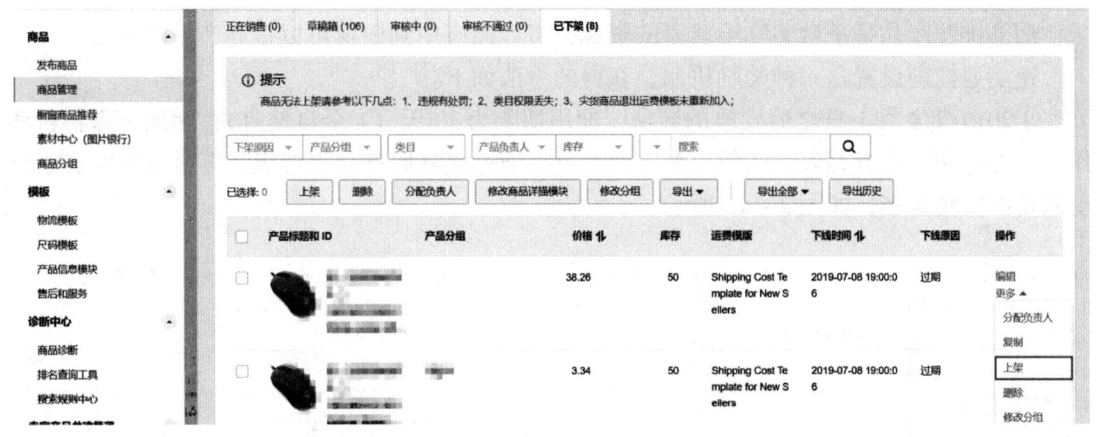

图 2-42　商品编辑状态

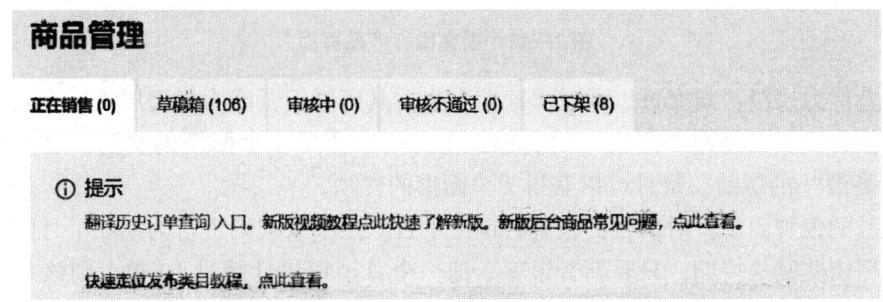

图 2-43　产品管理状态

3. 如何查找产品

查找产品一共有 4 种方式，分别是：产品分组、类目、产品负责人、搜索（ID、商品标题、商品编码），如图 2-44 所示。

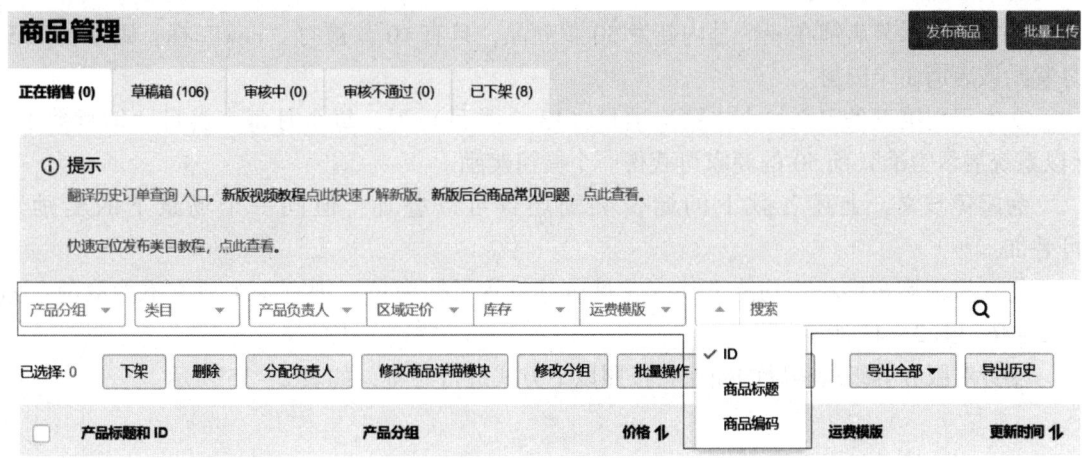

图 2-44　查找产品的方式

4. 橱窗推荐产品

橱窗推荐产品是平台奖励给卖家的资源,将产品应用到橱窗可以提高产品的排名。

速卖通橱窗设置是一种奖励机制,获得的方法如下:

①2019年4月1日之后发放的橱窗,使用期限为30天(1个自然月),超期橱窗将自动作废,并且橱窗设置有效时间的提醒。卖家可以通过提升服务获得等级,等级越高的卖家享受的资源奖励越多,如图2-45所示。

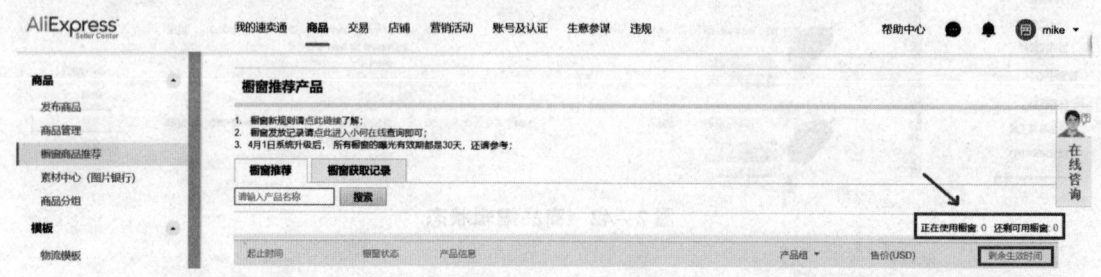

图2-45 橱窗推荐产品页面

②运营能力层级:商家可以通过卖家后台查看其店铺运营能力模型层级。商家成长机制中,运营能力模型层级为"高级"的店铺,每月可以获得3个橱窗的奖励;运营能力模型层级为"高潜"的店铺,每月可以获得2个橱窗的奖励。

新入驻的银牌商家:对新晋的银牌店铺,平台依照本条规则进行为期6个月的橱窗奖励扶持。在橱窗奖励扶持期,只要新晋银牌店铺一个月销售累计超过10单,则该月平台奖励该店铺2个橱窗(一次性发放,不可累计)。

新品奖励:在本规则第五条定义的部分类目中进行奖励(以下3种情况中,取最高奖励)。

第一,如果某店铺在一个月内新发10款商品,且有1款被打"new"标,则该月奖励该店铺1个橱窗;

第二,如果某店铺在一个月内新发30款商品,且有5款被打"new"标,则平台在该月奖励该店铺2个橱窗;

第三,如果某店铺在一个月内新发50款商品,且有10款被打"new"标,则平台在该月奖励该店铺3个橱窗。

在本规则第五条定义的小二精选项目(13个类目)下,每个月每个类目"铺货数量"(以系统展示为准)前50的商家可获得一个橱窗奖励。

为避免歧义,上述各款下的橱窗奖励场景可以叠加,但同一个场景下的奖励不可叠加。

③"取消橱窗推荐"功能下线。一旦产品设置了橱窗位,则有4个地方不能取消,如图2-46、图2-47所示。

④针对服务等级所奖励的橱窗将按照以下方式进行调整,如表2-15所示。

图 2-46　取消橱窗推荐 1

图 2-47　取消橱窗推荐 2

表 2-15 奖励的橱窗

服务等级	调整前		调整后	
	奖励橱窗数/个	有效期	奖励橱窗数/个	有效期/天
优秀	10	依据服务等级的有效时间	3	30
良好	5	依据服务等级的有效时间	1	30
及格	2	依据服务等级的有效时间	无	—
不及格	无	—	无	—

5. 商品分组

商品分组指的是把同类产品集合到一起，整合产品在店铺中的功能，产品可以分成不同产品组，展示在网页上面，如图 2-48 所示。

图 2-48 商品分组页面

（1）产品分组功能介绍

"产品分组"功能是让买家更容易地检索卖家商铺产品。

①不同品类产品各就其位，方便买家找到产品。

②产品线更加清晰，方便卖家管理。

③个性化的产品分组方便卖家做营销。

（2）产品分组的操作方法

产品分组的操作方法，如图 2-49、图 2-50、图 2-51 所示。

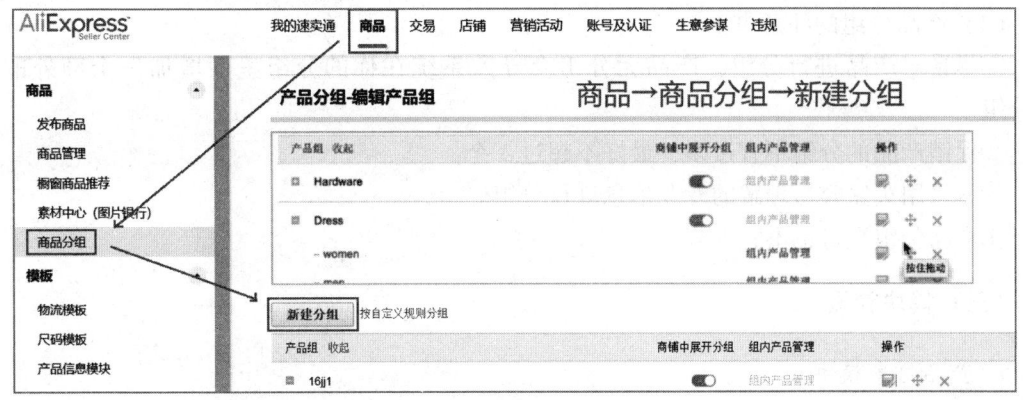

图 2-49 新建产品分组

图 2-50 产品分组命名

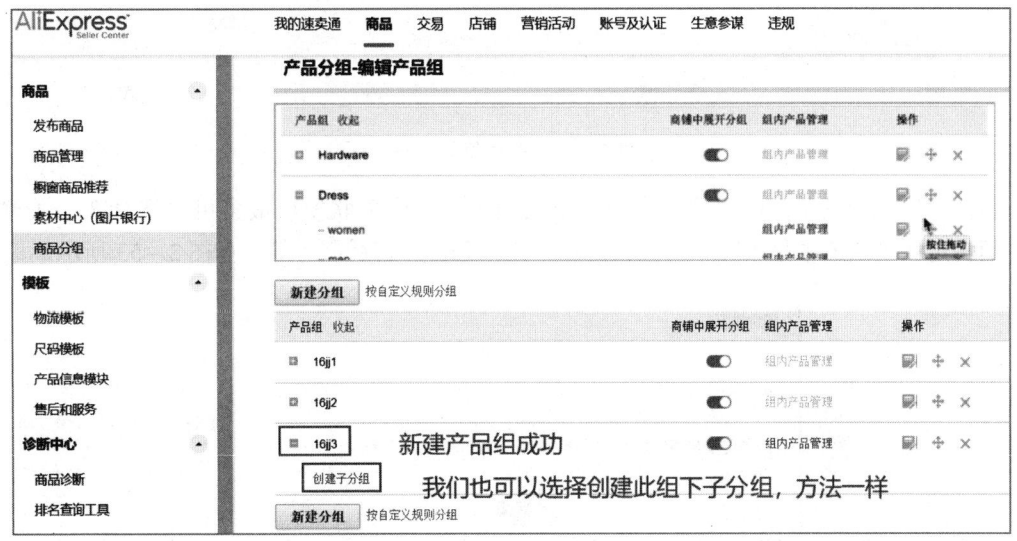

图 2-51 创建产品子分组

(3) 产品分组的注意事项

①尽量对产品进行分组,产品无分组会导致系统在你的分组里面增加一个额外的其他分组。

②促销产品的分组不宜过多,最好不超过3个。

③尽量用买家容易理解的专业信息进行分组。

④产品分组数量也不宜太多。

(三) 模块管理

1. 产品信息模块

产品信息模块是一种新的管理产品信息的方式,您可以为产品信息中的公共信息(例如:售后物流政策)单独创建一个模块,并在产品中引用。如果您需要修改这些信息,只需要修改相应的模块即可。模块除了可以放置公共信息外,还可以放置关联产品、限时打折等。

创建模块。在"卖家后台"—"商品"—"模板",找到"产品信息模块",如图2-52所示。

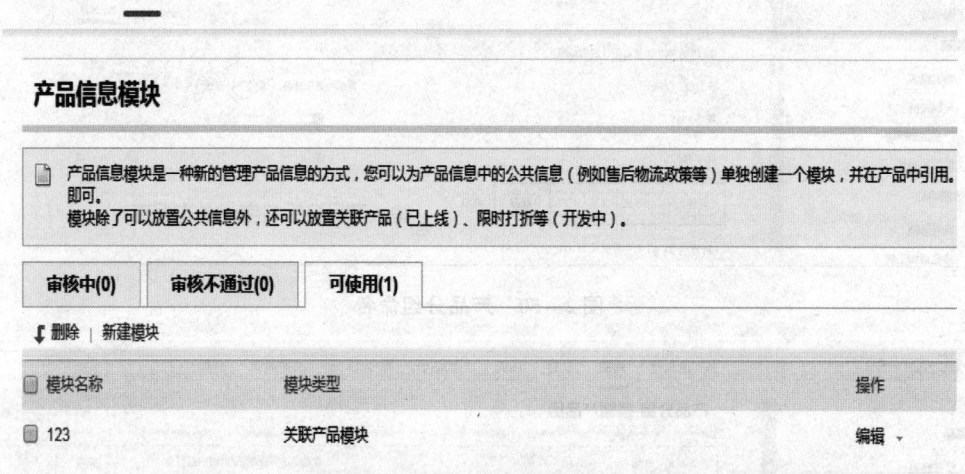

图2-52 产品信息模块

目前可以创建的是关联模块和自定义模块两种。其中关联模块最多可以选择8个关联产品,而自定义模块通常是填写一些公共信息,比如公告、售后服务等,如图2-53所示。

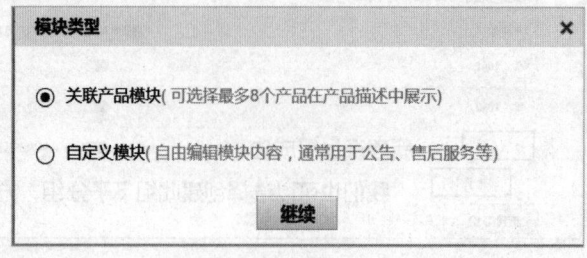

图2-53 模块类型

创建关联产品模块需要填写模块标题（只能英文输入），选择至少一个产品；创建自定义模块同样需要填写标题，跟关联模块不一样的是，自定义模块可以任意填写你需要的内容，但是内容必须经过审核通过才能被使用，如图 2–54、图 2–55 所示。

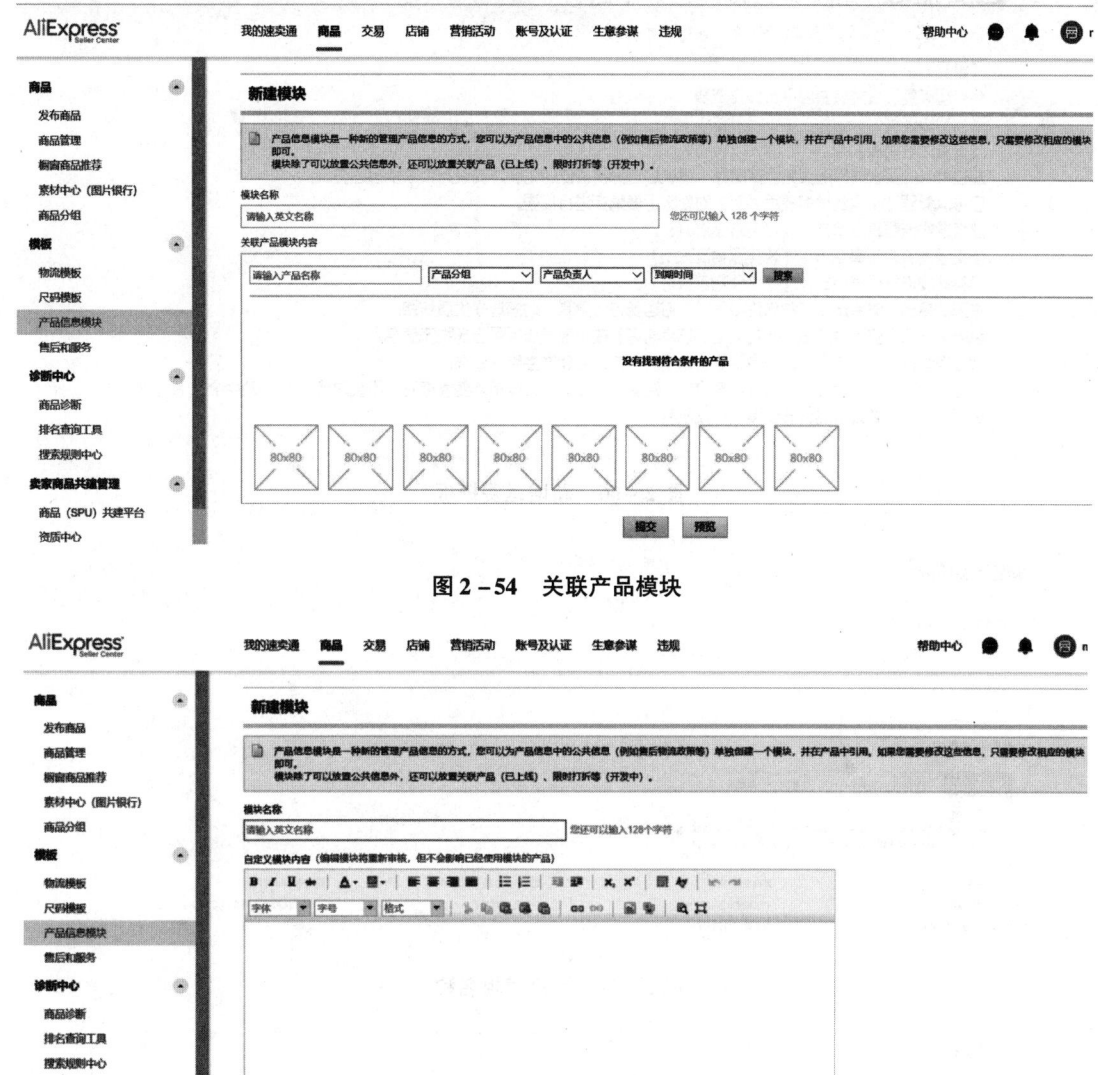

图 2–54　关联产品模块

图 2–55　自定义模块

总之，产品信息模块最大的优势是，你如果需要修改模块内容，只要在产品信息模块管理页面中修改一次就可以了，之后所有产品信息都会同步更新。

2. 运费模板

（1）新增运费模板

单击"商品"→"模板"→"运费模板"，进行模板设置，如图 2–56 所示。

为该运费模板设置一个名字，然后填写物流方式、货物运达的时间和折扣，如图 2–57、图 2–58 所示。

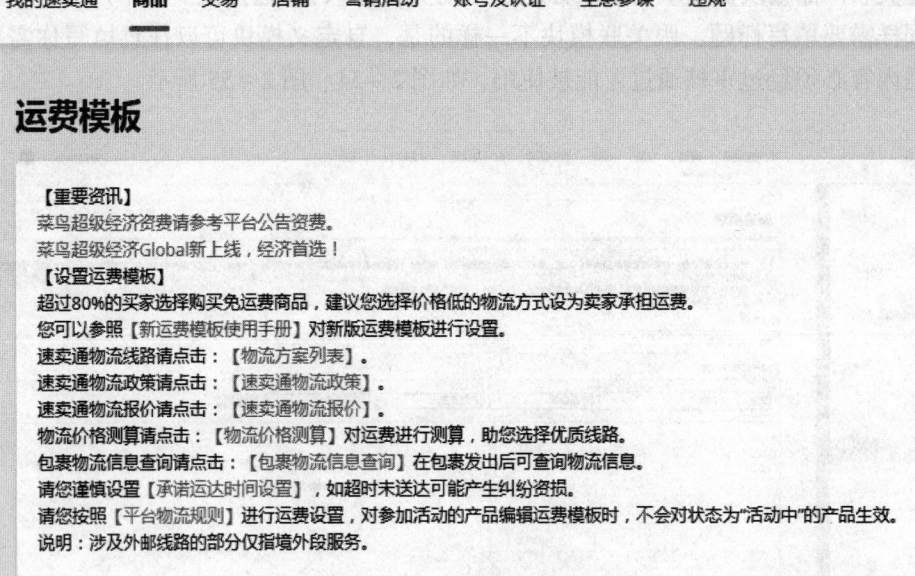

图 2-56 新增运费模板

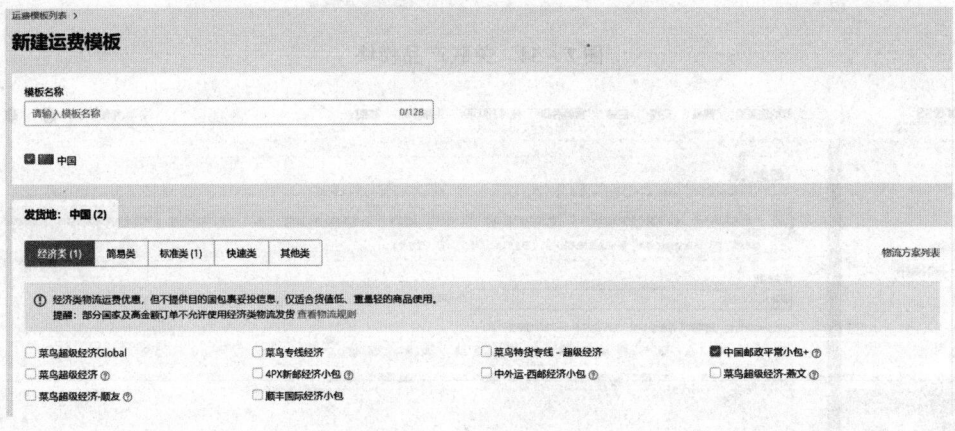

图 2-57 运费模板名称

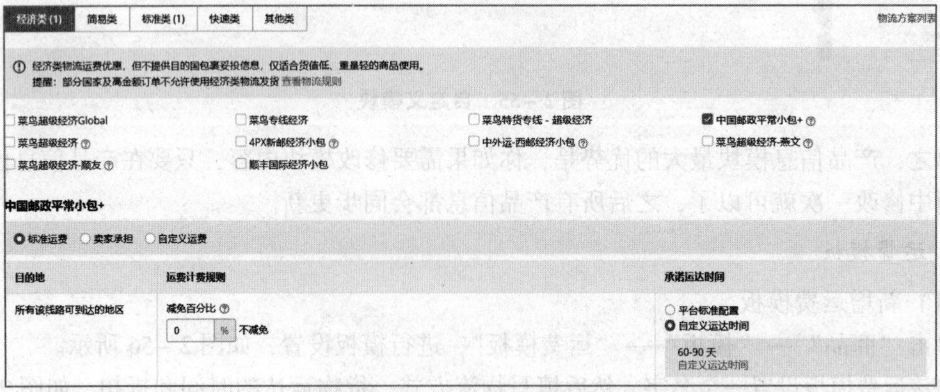

图 2-58 货物运达时间和折扣

(2) 自定义运费设置

如果需要个性化设置物流方式，比如对部分国家设置运费标准，对部分国家设置免运费的情况，操作步骤如下：

①在"运费模板设置"中选择"自定义运费"选项，如图 2-59 所示。

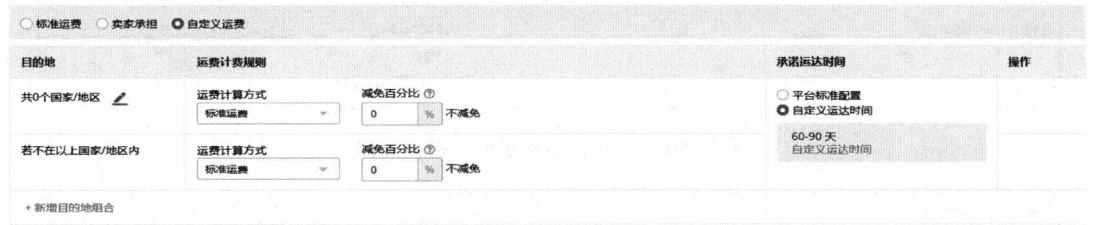

图 2-59　自定义运费设置

②然后选择该运费组合包含的国家，可以将某些热门国家选为一个组合，以北美地区为例设置卖家承担运费的模板，如图 2-60 所示。

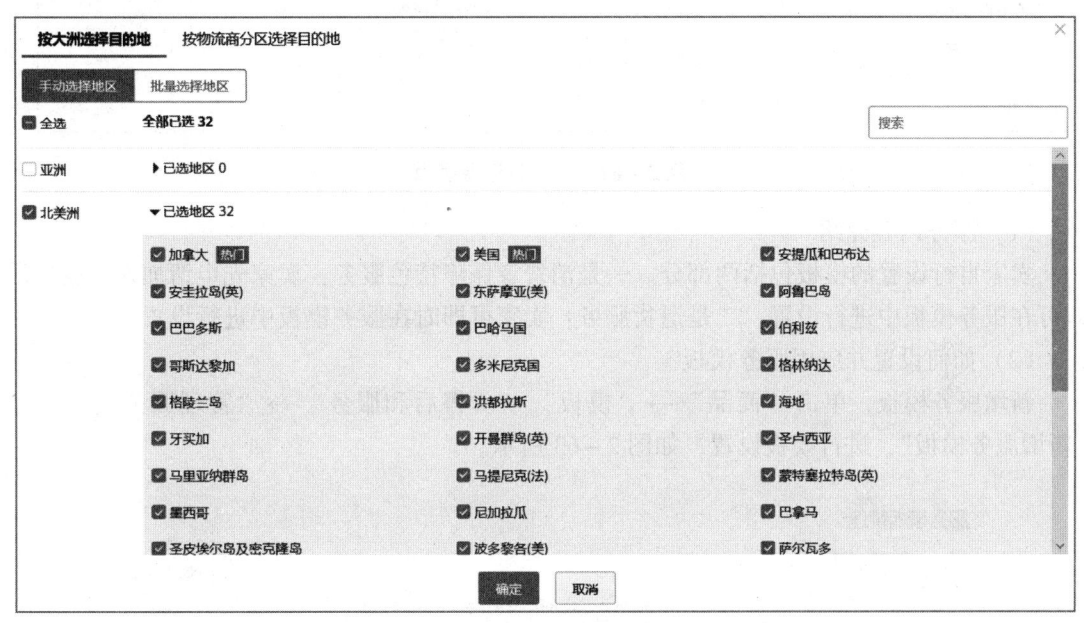

图 2-60　自定义运费模板国家

③可以对该组合国家设置发货类型，例如：标准运费减免折扣、卖家承担运费等，如图 2-61 所示。

④还可以对大小包裹运输时效差或者难以查询妥投信息的国家，选择"不发货"，然后屏蔽该国家或地区，如图 2-62 所示。

3. 服务模板

卖家可以根据不同商品需要提供的服务设置服务模板，提供的服务会展示在商品详情页面，作为强有力的买家保障措施，减少买家对商品的担忧，增强购买信心，提升购买率。

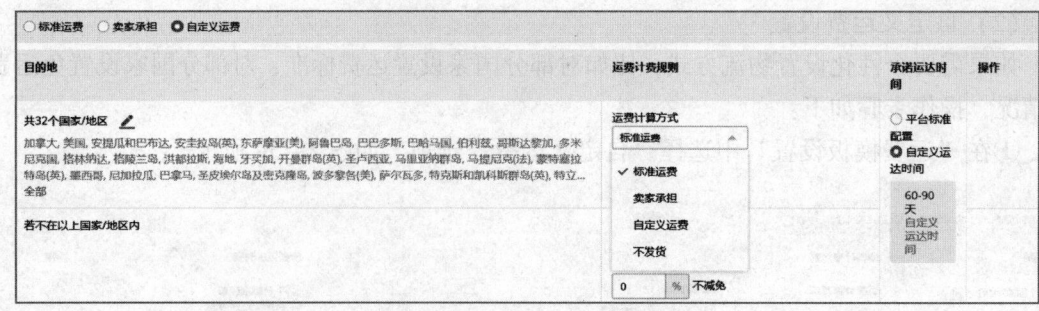

图 2-61　自定义运费模板运费和折扣

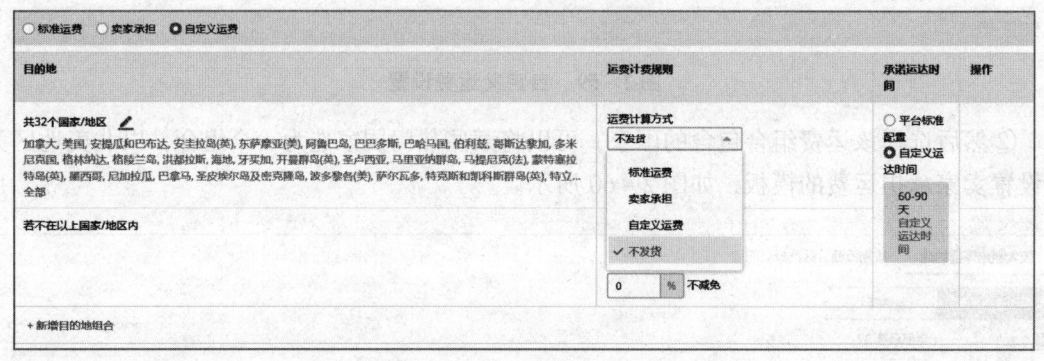

图 2-62　不发货运费模板

（1）服务内容介绍

卖家自行设置的模板包括两部分。一是消费者保障特色服务：卖家先申请加入，成功后即可在服务模板中进行设置。二是退货服务：卖家可即时在服务模板中进行设置。

（2）如何设置并应用服务模板

新增服务模板，单击"商品"→"模板"→"售后和服务"→"管理服务模板"→"新增服务模板"，进行模板设置，如图 2-63 所示。

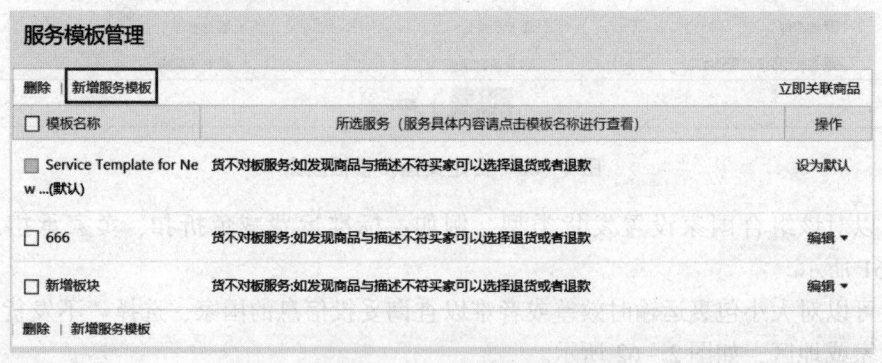

图 2-63　新增服务模板

为该服务模板设置一个名称（不超过 100 个字符），然后在以下页面选择特色服务设置以及退货服务选项。设置完成后，单击页面下方"保存"按钮即可完成服务模板设置，如图 2-64 所示。

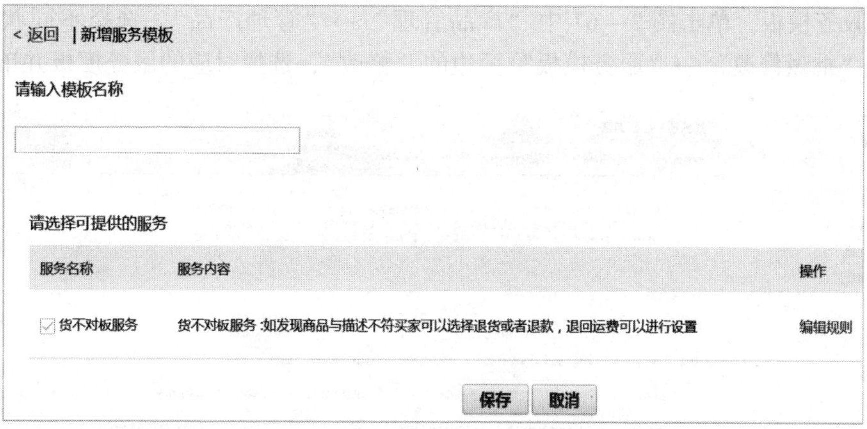

图 2-64　新增服务模板名称

服务模板保存后会跳转到服务模板列表页面，会看到所有的服务模板，其中"新手服务模板"是为新手卖家设置的，不可编辑或删除；其他模板是卖家自定义的。如果卖家有经常使用的服务模板，可以设置为"默认"模板，应用于产品的时候会默认该模板，如图 2-65 所示。

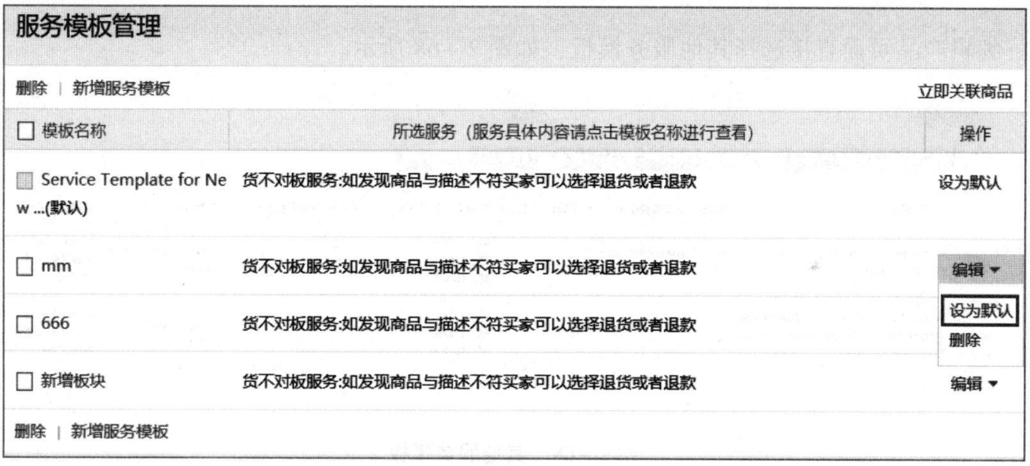

图 2-65　默认模板

应用服务模板，新发布产品选择服务模板：单击产品页面"服务设置"模块选择"服务模板"，单击下拉框选择您之前设置的服务模板，如图 2-66 所示。

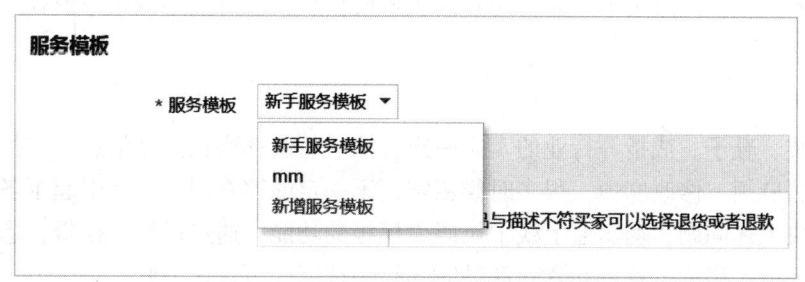

图 2-66　服务模板

更换服务模板，单击图2-67中"产品管理"→"管理产品"，选择不同状态下的产品，单击"批量修改"→"服务模板"旁边的"修改"，选择对应的服务模板并单击确认。

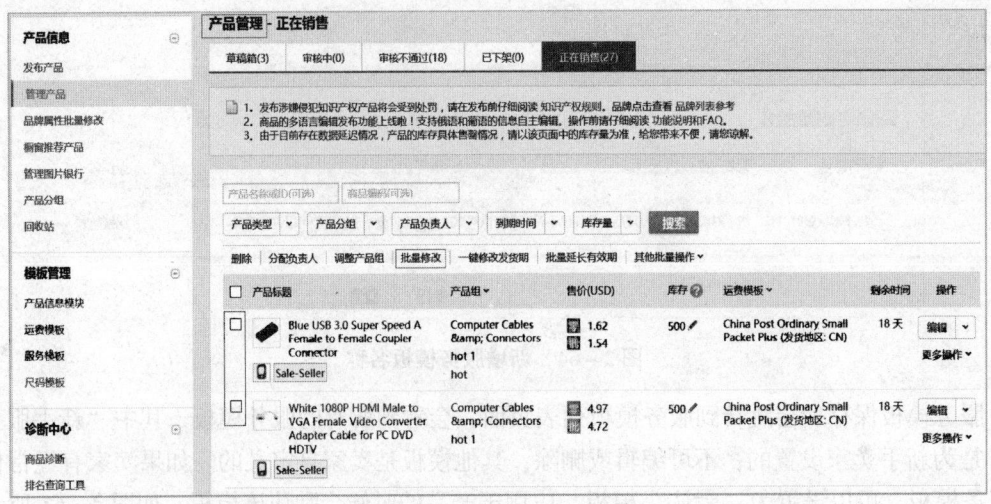

图2-67 批量修改服务模板

编辑产品页面直接选择其他服务模板，如图2-68所示。

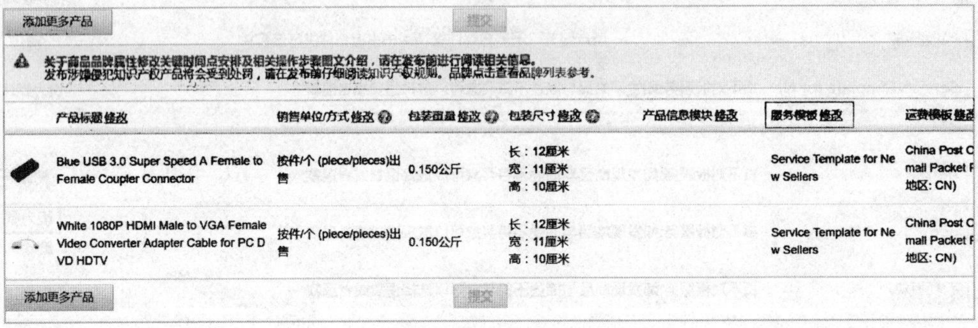

图2-68 其他服务模板

管理服务模板，如果已有的服务模板不符合您现在的需要，可以编辑相关的服务模板，单击"商品"→"模板"→"售后和服务"→"管理服务模板"→"编辑"，如图2-69所示。

如果服务模板已经应用于产品，您修改服务模板后，所有使用该服务模板产品的服务将会自动更新。

4. 尺码模板

目前服装、鞋子、戒指等行业的卖家一定苦恼于每次都要在商品信息中维护一套尺码信息，不仅填写麻烦、修改麻烦，很多时候买家还不一定能够看到，为此引起了各种咨询和纠纷。为了解决上述问题，速卖通上线了尺码表模板的功能，通过尺码表模板，您可以轻松地维护几套常用的尺码表，然后在发布商品时直接勾选，即可快速关联。

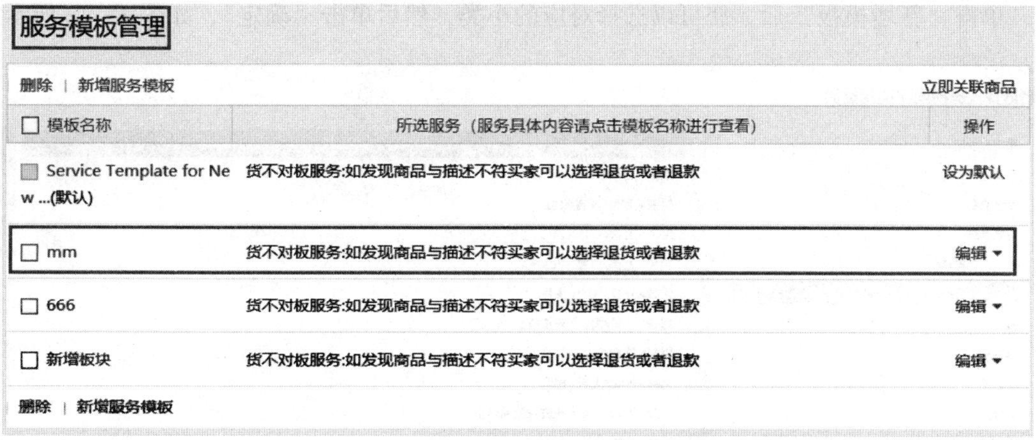

图2-69 编辑服务模板

(1) 创建尺码表模板

进入卖家后台——商品,即可看到尺码模板的选项入口,如图2-70所示。

(2) 如何创建尺码表模板

进入尺码表模板管理页面后,首先您需要选择一个大类,例如您想要给上衣创建尺码表,那么就可以选择"服装"这个大类,然后单击"新增模板",如图2-71所示。

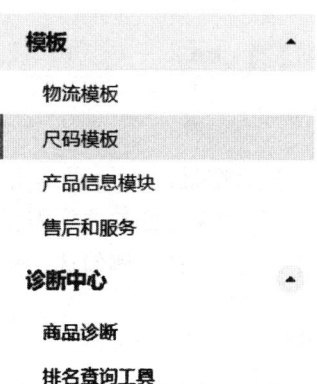

图2-70 进入尺码模板

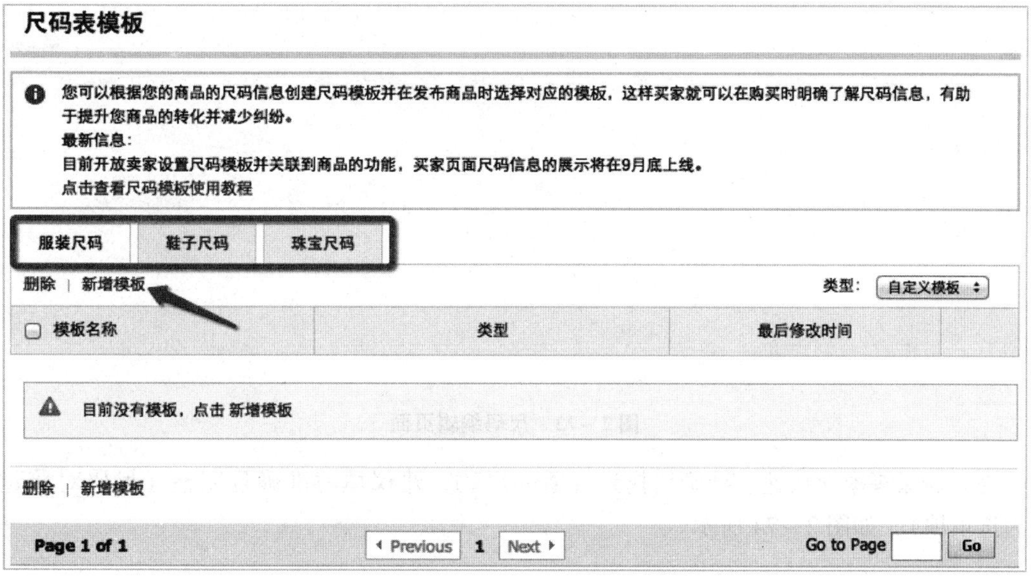

图2-71 尺码表模板

单击"新增模板"后,您可以选择对应的小类,然后单击"确定",如图2-72所示。

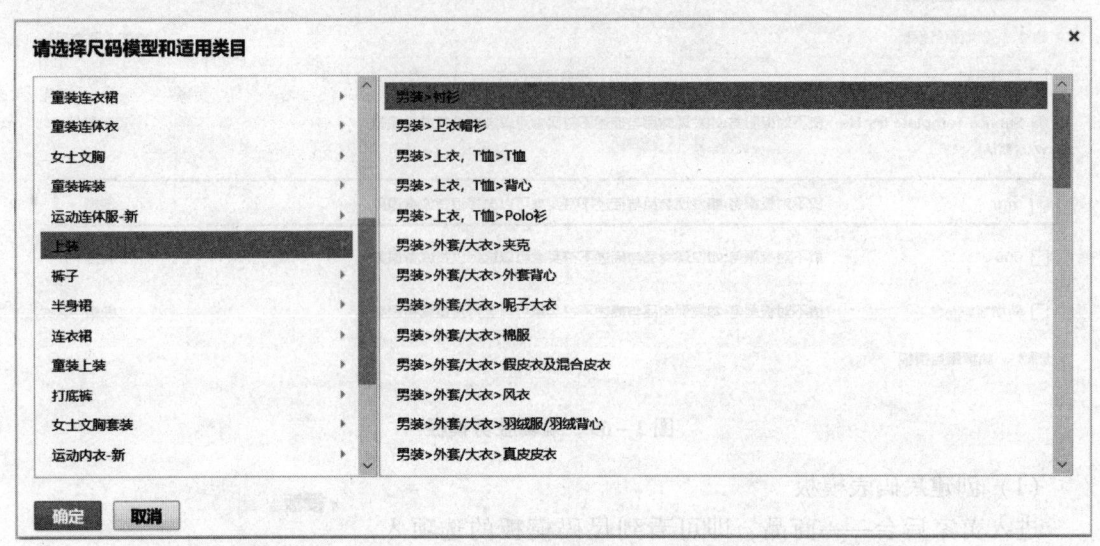

图2-72 选择模板类型

然后您就进入尺码编辑页面,这里您可以给您的尺码模板指定一个名称(中英文均可),然后在左侧勾选您需要的尺码(例如您的衣服只有S\L\XL\XXL,那么您只用勾选这四个即可),在右侧勾选您需要展示的维度,如图2-73所示。

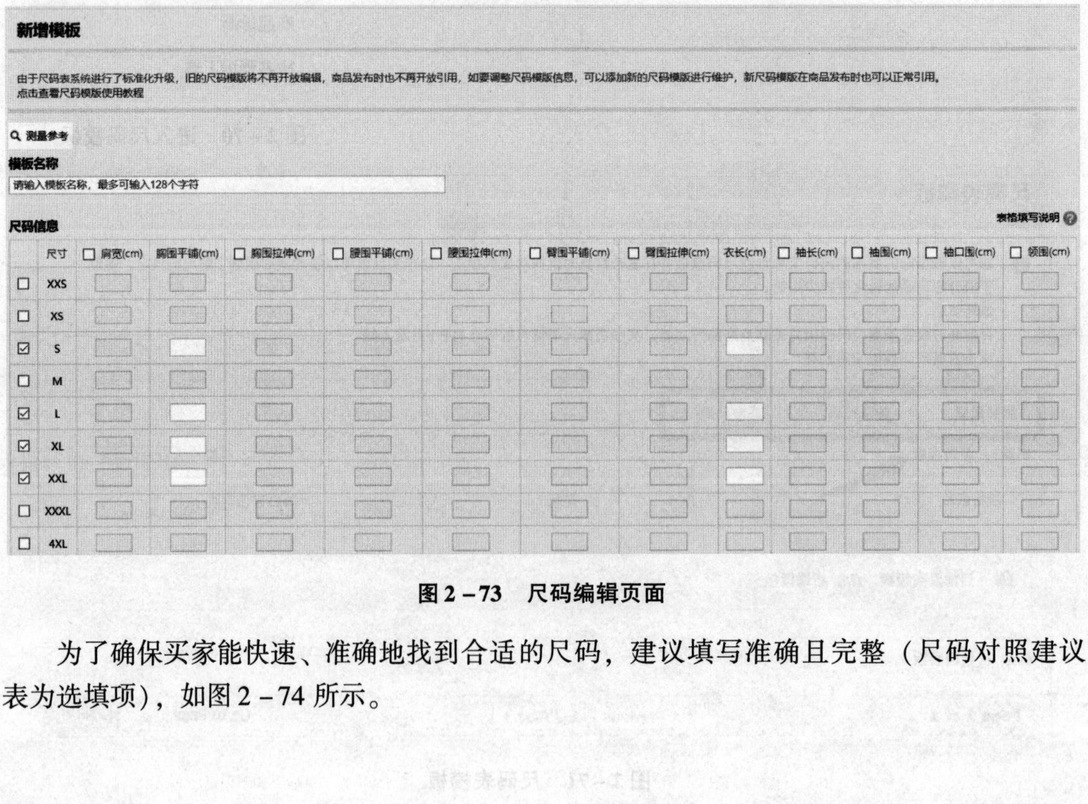

图2-73 尺码编辑页面

为了确保买家能快速、准确地找到合适的尺码,建议填写准确且完整(尺码对照建议表为选填项),如图2-74所示。

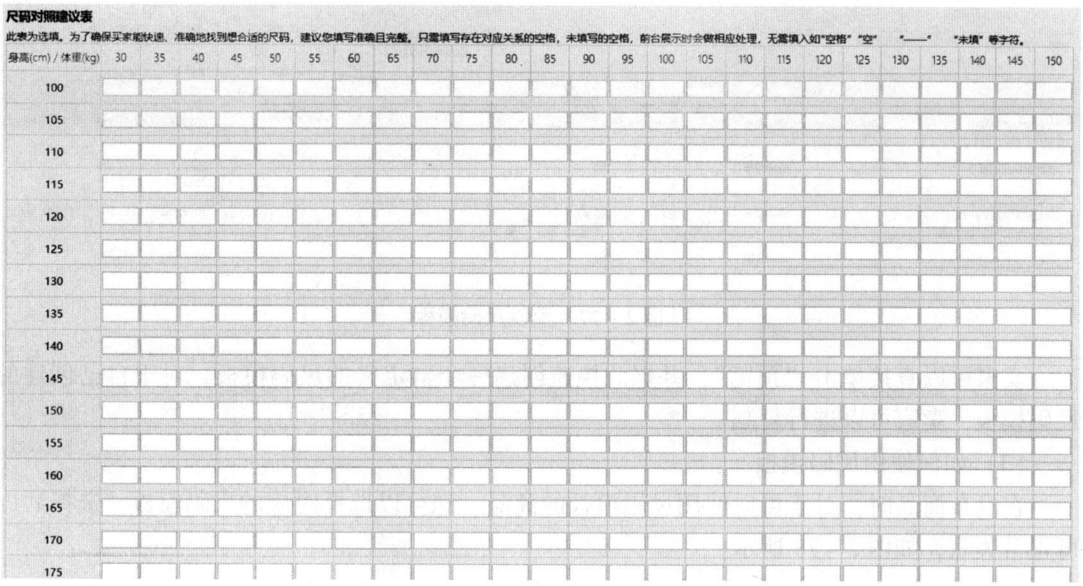

图 2-74 尺码对照建议表

左侧不可勾选的为必填项，可以勾选的为选填项，选择后即可填写，如图 2-75 所示。

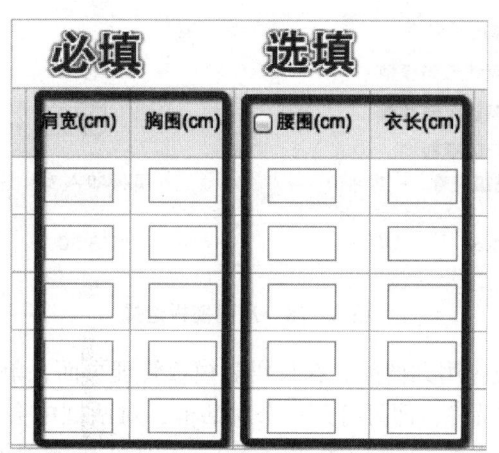

图 2-75 尺码编辑必填项和选填项

填写完成后，单击"保存"即可，如图 2-76 所示。

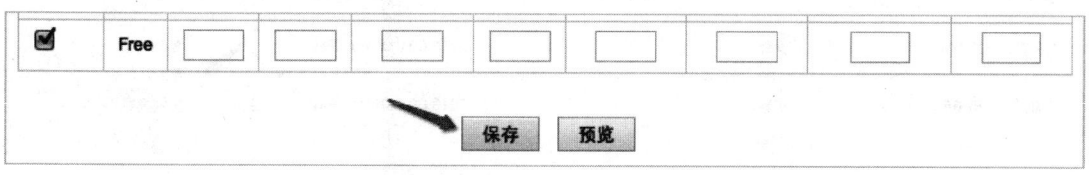

图 2-76 保存编辑页面

速卖通预设了一些推荐的尺码模板，您可以在如图 2-77 所示的界面中找到。

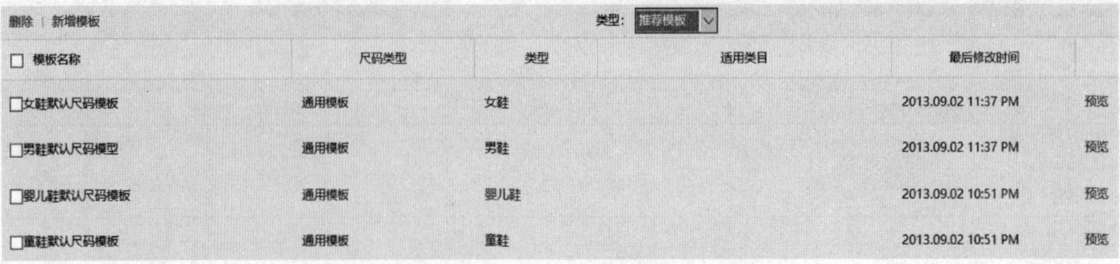

图 2-77 预设尺码模板

卖家可以直接单击"预览"，并据此快速创建一个自定义的尺码模板，对于自己创建的尺码模板，卖家可以进行复制。

（3）如何使用尺码模板

在发布商品时，对于可以使用尺码模板的商品，您可以选择对应的尺码模板，选择后即可正常关联，如图 2-78 所示。

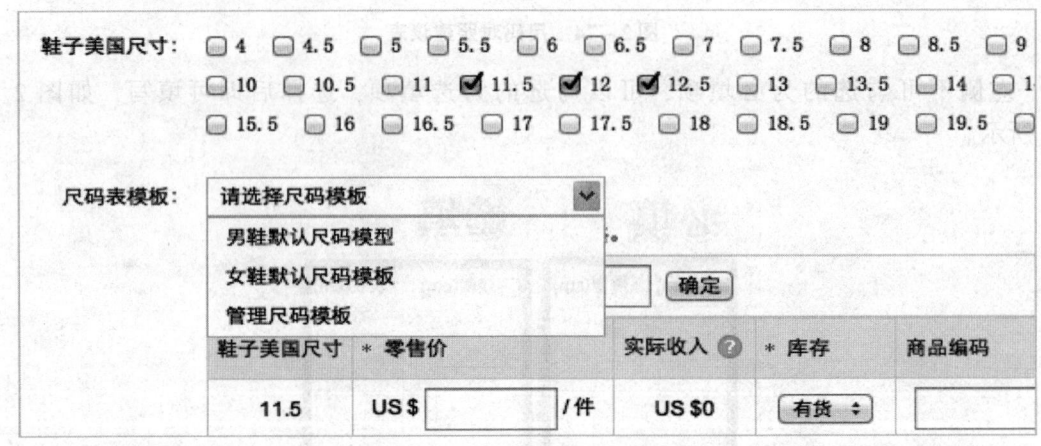

图 2-78 尺码模板选择

或者直接将尺码模板应用到商品，在尺码表模板管理页面，单击尺码表模板右侧的小三角，然后选择"应用到产品"，即可打开一个对话框，对话框中会出现可以使用这个尺码模板的商品信息，您可以直接勾选后单击"确定"即可快速关联，如图 2-79、图 2-80 所示。

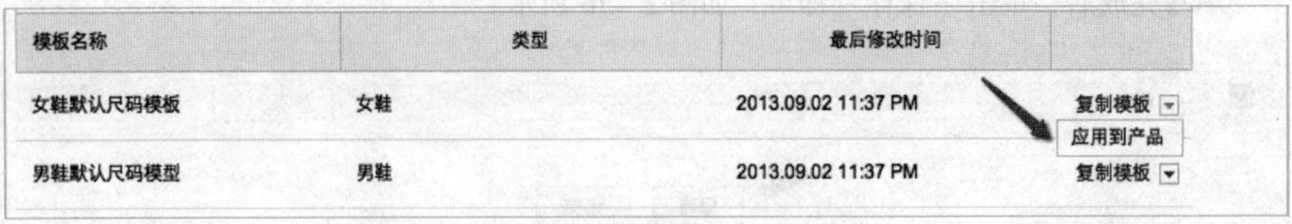

图 2-79 应用到产品模板

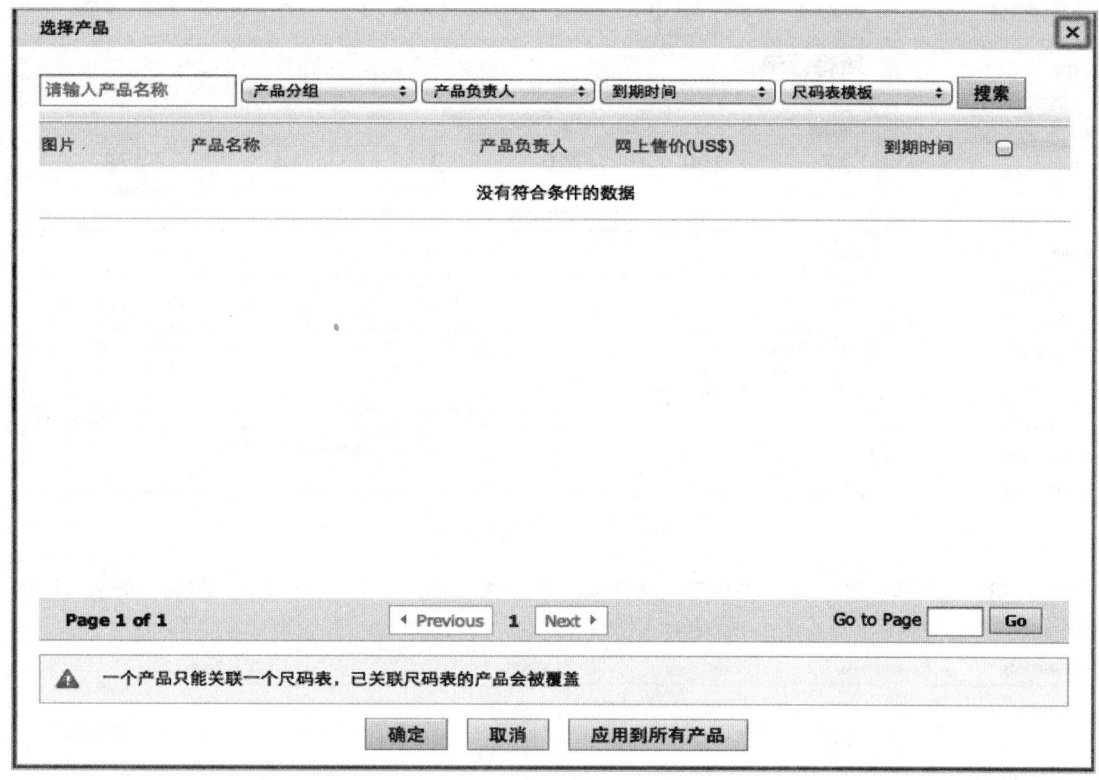

图2-80 尺码模板的商品信息

(四)交易管理

交易管理是我们从事速卖通操作的重要环节,主要分为四个部分:管理订单、物流订单、资金管理、交易评价。以下具体介绍管理订单和交易评价。

1. 管理订单

(1) 所有订单

可以查询管理开店以来所有订单,如图2-81、图2-82所示。

这里可以分别查询不同状态的订单:

买家申请取消订单:这里面的订单需要您来确认,要么同意要么拒绝。如果买家勾选取消的原因是卖家缺货,那就是卖家的原因,这个订单依然属于成交不卖,卖家就会被平台惩罚。所以一般这种情况尽量沟通,让买家就算取消订单,也勾选买家责任选项。

纠纷中订单:有纠纷的订单有多种原因,比如买家长时间没收到货,或者货不对板等。纠纷产生后,卖家要积极配合平台进行解决。

发货未完成订单:卖家需要时刻注意未发货的订单,超期未填写发货通知的订单将超时关闭。

等待买家付款:好多买家提交订单没有及时付款,卖家就要催付,一般通过订单留言、站内信、邮件等方式进行。

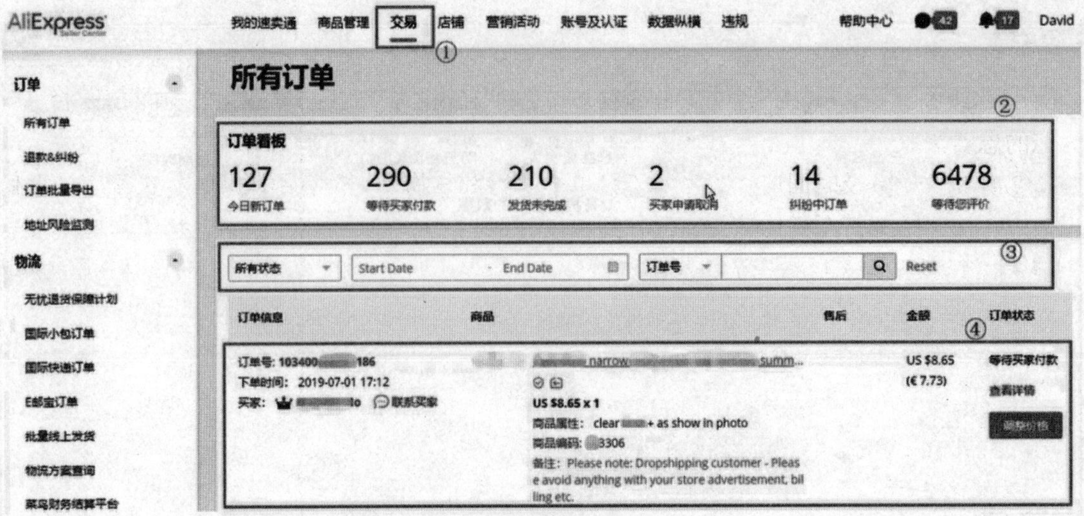

图 2-81 我的订单界面

图 2-82 订单查询界面

等待确认收货：已经发货等待买家收货的订单，也可以根据不同条件和状态查询不同订单进行管理。

（2）退款和纠纷

可以查看管理开店以来的退款和纠纷，如图 2-83 所示。

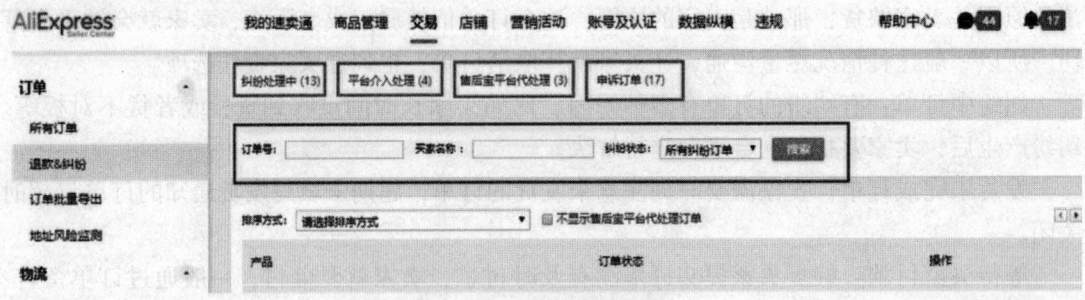

图 2-83 退款和纠纷界面

按以下方法有效解决纠纷：

①客户第一，要有客户第一的精神，站在买家的角度考虑，出现问题想办法以友好的方式一起解决。作为卖家，尽量让买家满意、减少买家损失，让买家体会到您的用心服务，成为您的忠实买家。

②有效沟通，及时回应：买家对于订单的执行和货物的质量有不满意时，卖家应马上做出回应，与买家进行友好协商。沟通技巧：和买家沟通时注意买家心理的变化，当出现买家不满意时，尽量引导买家朝着能保留订单的方向走，同时也满足买家一些其他的需求；当出现退款时，尽量引导买家达成部分退款，避免全额退款退货，努力做到"尽管货物不能让买家满意，态度也要让买家无可挑剔"。

③保留证据，对于交易过程中的有效信息都能够保留下来，如果出现了纠纷，能够作为证据来帮助解决问题。

（3）订单批量导出

可以导出时间跨度最长为 3 个月的订单，导出的订单可以在导出历史中进行下载，如图 2－84、图 2－85 所示。

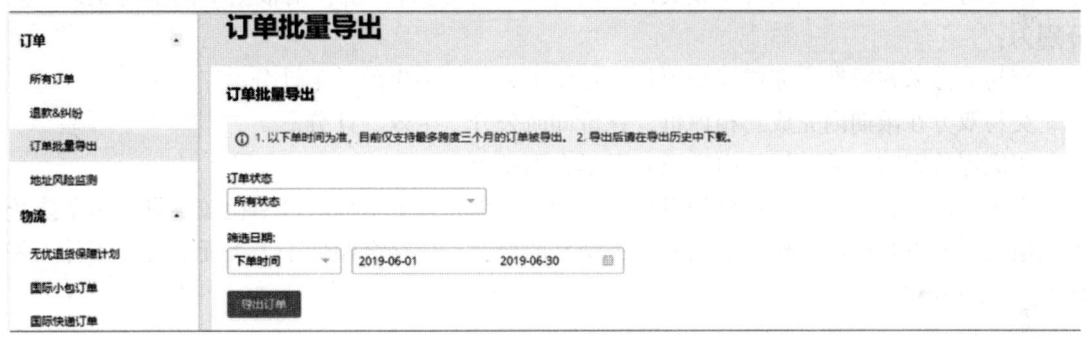

图 2－84　订单批量导出页面

图 2－85　导出历史页面

2. 交易评价

交易评价反映了卖家交易的质量和数量，是买家下单时的重要考量因素。

（1）评价时间规则

所有卖家全部发货的订单，在交易结束 30 天内买卖双方均可评价。如果一方给出好评，另一方在规定期限内未评，则系统不会给评价方默认评价；如果双方都未给出评价，则该订单不会有任何评价记录。

（2）评价计分规则

补运费/差价、赠品类目、定制化商品等特殊商品的评价不计入好评率和商品分数。除以上情况之外的评价，都会正常计算商家好评率、商家/商品评分。不论订单金额，都统一为：四星、五星加1分，三星不加分，一星和二星扣1分。

评价档案包括近期评价摘要（会员公司名、近6个月好评率、会员起始日期），评价历史（过去1个月、3个月、6个月历史累计的时间跨度内的好评率、中评率、差评率、评价数量）和评价记录（会员得到的所有评价记录、给出的所有评价记录以及在指定时间段内的指定评价记录）。

好评率＝6个月内好评数量/（6个月内好评数量＋6个月内差评数量）

差评率＝6个月内差评数量/（6个月内好评数量＋6个月内差评数量）

平均星级＝所有评价的星级总分/评价数量。

卖家分项评分中各单项平均评分＝买家对该分项评分总和/评价次数（四舍五入）

（3）评价规则解读

①支付成功订单，须在订单完成或关闭后30天内进行评价，则根据不同情况生效时间分别为：

交易双方未在限期内完成互相评价，评价不公开、不生效、不计分。

交易双方在限期内完成互相评价，评价即时公开、生效、计分。

买家评价即时生效，评价内容及时展示在网站上。

②根据数据验证及实际贸易的发生，外贸中1美元以下金额的订单比较少见，为了防止不诚信的卖家进行信用炒作，所以限定了交易的金额，成交金额低于1美元的订单不计入好评率、商品分数。

本 章 小 结

速卖通平台作为跨境电子商务市场中的一个角色，随着市场环境的变化，更多的规则是为提升买家服务体验，不断地走向专业化和正规化。消费者的诉求是更好的商品和更好的服务，而这些商品提供者，必须是专业的商家。平台的规则即通过对商家的招商要求、商品的商标与品牌、知识产权规则、禁售规则、交易规则、纠纷规则、放款规则与店铺经营违规等相关规则的限定，筛选合格的商家入驻。

规则顺应速卖通平台的大力发展和升级转型，从C2C到B2C的升级，形成"企业化"＋"商标化"的模式，通过不断地更新平台对应规则，让中国供应链中有实力的"小而美"品牌得到支持。在平台规则的解析中，我们不难看出，规则筛选出了速卖通平台上优质的商家：速卖通金、银牌商家，并为其提供专属服务、流量扶持、营销活动、品牌特权、物流开放、资金支持六大助力资源。未来速卖通将发现更多的优质商家，为速卖通平台的买家创造更多的优质服务和商品，让中国制造商品标准品牌化走向国际。

关键术语

全球速卖通平台　平台规则　商标与品牌准入　禁限售规则　产品管理　模块管理　交易管理

配套实训

1. 登录全球速卖通卖家后台，对平台相关规则进行详细了解。
2. 按照实际要求将速卖通店铺注册开通、实名认证及商标申请和添加的过程分组写成实验报告。
3. 通过实验阐述如何在速卖通平台上面选择产品。
4. 按照实际要求通过实验完成在速卖通平台上发布产品。
5. 通过实验完成在速卖通平台上管理好产品。

课后习题

一、选择题

1. 全球速卖通卖家平台的网址是（　　）。
 A. http：//daxue.aliexpress.com　　　B. www.alibaba.com
 C. www.aliexpress.com　　　　　　　D. seller.aliexpress.com
2. 一个完整的标题需要包含下面哪些内容？（　　）
 A. 产品名称　　　B. 服务　　　C. 产品材质　　　D. 物流优势
3. 橱窗的有效期为（　　）。
 A. 7天　　　B. 14天　　　C. 30天　　　D. 60天
4. 产品发布时需要注意哪些点？（　　）
 A. 完整而又重点突出的标题　　　B. 完整清晰的详细描述
 C. 与产品匹配的类目　　　　　　D. 全面准确的属性
5. 店铺自主营销有哪几种活动形式？（　　）
 A. 全店铺打折　　　　　　B. 限时限量折扣
 C. 全店铺满立减　　　　　D. 店铺优惠券
6. 哪些搜索作弊行为会影响产品排名？（　　）
 A. 重复铺货骗曝光率　　　B. 商品销量炒作厂
 C. 商品类目乱放　　　　　D. 商品标题关键词乱用
7. 虚假发货有哪些处罚？（　　）
 A. 关闭账号　　　　　　　B. 屏蔽店铺产品口
 C. 冻结账号7天　　　　　 D. 冻结账号30天
8. 平台禁售的毒品类信息包含哪些？（　　）
 A. 大麻生长灯　　　　　　B. 毒品，如摇头丸

C. 吸毒工具 　　　　　　　　　　D. 制作毒品的书籍

9. 成交不卖有哪些后果？（　　）

A. 搜索排名靠后 　　　　　　　　B. 关闭账号

C. 屏蔽 　　　　　　　　　　　　D. 冻结账号

10. 以下哪些物流方式没有标准运费？（　　）

A. 瑞士邮政小包 　　　　　　　　B. 中国香港邮政小包

C. 新加坡邮政小包 　　　　　　　D. 中国邮政小包

二、填空题

1. 可以通过_____、_____方式后台登录速卖通。

2. 速卖通平台核心优势：_____、_____、_____。

3. 产品选品12字诀：_____、_____、_____。

4. 产品详情页需要包含_____、_____、_____、_____。

5. 自定义运费模板设置有_____、_____、_____、_____。

参考答案

第三章

速卖通物流

学习目标

知识目标：

(1) 了解邮政物流、商业快递、专线物流三种跨境物流模式的定义。
(2) 熟悉邮政物流、商业快递、专线物流三种跨境物流模式特点的比较。
(3) 熟悉速卖通线上发货的概念并了解速卖通线上发货的优势。
(4) 了解海外仓模式的概念和优劣势，并熟悉速卖通海外仓权限申请的流程。

技能目标：

(1) 了解速卖通新手运费模板和新建运费模板的操作方式。
(2) 能够掌握速卖通线上发货的操作流程。
(3) 能够掌握速卖通海外仓产品运费模板的设置方法。

第一节 跨境物流

电子商务普遍存在"四流"，跨境电子商务也是如此。跨境电子商务的信息流、商流、资金流都可以在虚拟环境下进行，而物流是实现商品从供应地向接收地转移的过程，是在现实非虚拟环境下完成的。跨境电子商务物流是指商品在不同国家之间进行流动的物流服务，是物流发展到高级阶段的一种形式，也是跨境电子商务交易达成的关键性因素。跨境电子商务物流是国际化、信息化、社会化的物流，是商品在运输、存储、包装、装卸搬运、流通加工、配送、信息处理等过程中形成的实体物流。

跨境电子商务
物流介绍

一、邮政物流

邮政物流是跨境电子商务物流模式中目前使用率较高的一种。据不完全统计，我国跨境电子商务有超过60%的商品通过邮政物流体系进行传输。邮政物流基于"万国邮政联盟"组织和改善国际邮政业务的宗旨，借助其覆盖全球220个国家的优势，将商品从所在地邮局转送到海外买家手中。目前，中国邮政提供的跨境物流服务主要有：中国邮政平常小包+（China Post Ordinary Small Packet Plus）、中国邮政挂号小包（China Post Registered Air Mail）、中国邮政大包（China Post Air Parcel）、国际E邮宝（ePacket）与国际E特快（e-EMS）等五种。这五种物流方式在速卖通物流模板设置是在中国邮政平常小包归属于经济类物流模块下，其他四种归属于标准类物流模块下。此外，从时效和成本层面考量，EMS归属于商业快递、国际E邮宝与国际E特快归属于专线物流，本章后文也将提及。同时，在速卖通物流模板设置中还能选择到其他国家或地区的邮政物流服务，例如新加坡邮政挂号小包、马来西亚邮政挂号小包等，但受到"万国邮政联盟"公约的限制，其他国家的邮政不能在中国直接揽收业务，只能通过货代收件到达买家国后再行分拣和派送。邮政物流快递的优点是邮政网点全球覆盖面广、费用低，缺点是没有物流跟踪信息、丢包率较高、运送周期偏长，一般为30~60天。

二、商业快递

国际商业快递是指国际快递公司将商品从一个国家（或地区）寄送至另外一个国家（或地区）的服务。商业快递具备完备的物流模式，例如具备自有货机、本地化配送服务、较高的配送时效等，能够给客户带来良好的体验，也是一种使用率较高的快递服务。但同时，商务快递服务成本也相应较高。国际知名的四大跨境包裹主要承运商有联合包裹（UPS）、豪敦速递（DHL）、联邦快递（FedEx）、天地快运（TNT）等，在中国也已有顺丰速运（SF Express）、EMS等加入国际商业快递的队伍。市场对于不同的国际商业快递公司反应热度不同，这主要是基于各商业快递在不同国家地区竞争度、派送优势不同所致。例如，联合包裹快递有限公司总部在美国，是全球最大的快递企业，其时效性强在美洲和欧洲特别明显；联邦快递有限公司总部也在美国，其在东南亚、欧洲、美国和澳大利亚都具备强时效性，且在美国和澳大利亚还具备费用低的特点。因此，我们需要结合各相关国际商业快递公司的特征和寄送的产品特点，选择合适的国际商业快递公司。

国际商业快递的优势是一般在2~7个工作日内完成投递，时效性强、服务好、运送周期短且丢包率较低；不足是快递寄送费用较高，只有在客户强烈要求高时效性时使用，而且快递费用一般由客户承担。

三、专线物流

跨境专线物流是指结合目的国（或地区）的快递业务数量，而设计的跨境物流线路以实现规模化批量转运。这种物流服务模式是国内公司收件后通过航空包仓的方式运输到目的国，再通过国外的公司再行分拣与派送。目前，市场上比较常用的专线物流产品有：美国专线（国际E邮宝）、俄罗斯专线（Russian Air）、中东专线（Aramex快递）、西班牙专线、澳洲专线等。专线物流的投递周期一般是7~14天或者14~21天。跨境专线物流的优势有：规模化效应使费用略低于商业快递,时效性略高于邮政物流,丢包率也较低,为有固定销售线路的跨境电子商务企业带来了很多便利;劣势有:专线物流遇到退货时较难处理,费用比邮政小包也高了不少,同时物流专线在国内覆盖的地区有待拓展而且其到达目的国后仍然需要和当地的邮政或物流公司合作,存在继续派送延迟的可能,在时效性方面与商业快递相比仍存在劣势。

以上三种跨境物流模式特点的比较,如表3-1所示。

表3-1 三种跨境物流模式特点的比较

分类	邮政物流(以中国邮政平常小包+为例)	商业快递(以UPS、DHL、FedEx、TNT为例)	专线物流
包裹重量要求	单件不能超过2 kg,一票一件	单件不能超过70 kg,一票可多件	单件不能超过30 kg,一票一件
计费方式	首重+续重,方形包裹以1 kg作为计费单位,无附加费	首重+续重,以0.5 kg作为计费单位,收取燃油附加费、偏远地区费	首重+续重,以0.5 kg作为计费单位,无附加费
是否需要计算抛重	包裹长、宽、高之和不能大于90 cm,不计体积重量	需要计算,任一边长度不超过120 cm	需要
包裹清关能力	强	较强	较弱,被扣关的概率较高
包裹退回政策	无须额外交费	相当于从原目的国重新发货,费用高且需清关	需额外交费
物流信息跟踪	较差	较好	一般
物流成本	较低	较高	介于邮政物流与商业快递之间
配送时间	较长	较短	较短,但比商业快递长
用户体验	较差	较好	一般

四、AliExpress无忧物流

(一)AliExpress无忧物流简介

AliExpress无忧物流是阿里巴巴集团旗下全球速卖通及菜鸟网络联合推出的官方物流服务。目的在于确保卖家可以放心地在速卖通平台上经营,帮助卖家降低不可控物流因素的影响,为速卖通卖家提供包括稳定的国内揽收、国际配送、物流详情追踪、物流纠纷处理、售后赔付在内的一站式物流解决方案。

(二)AliExpress无忧物流优势

1. 渠道稳定时效快

菜鸟网络与优质物流服务商合作,搭建覆盖全球的物流配送网络。业内领先的智能分单系统，根据目的国、品类、重量自动匹配最优物流方案。

2. 运费优惠

重点国家运费约为市场价的 8～9 折，只发一件也有折扣。使用支付宝在线支付运费，方便快捷。

3. 操作简单

一件选择无忧物流即可完成物流运费模板设置。出单后发货至国内仓库即可，深圳、广州、义乌等重点城市免费上门揽收。

4. 平台承担售后

物流纠纷无须卖家响应，直接由平台介入核实物流状态并判责。因物流原因导致的纠纷、DSR 低分不计入卖家账号考核。

5. 你敢用我敢赔

物流原因导致的纠纷退款，由平台承担（标准物流赔付上线 800 元，优先物流赔付上线 1 200 元人民币）。

（三）无忧物流方案介绍

AliExpress 无忧物流方案的比较如表 3-2 所示。

表 3-2 AliExpress 无忧物流方案的比较

分类	无忧物流-简易	无忧物流-标准	无忧物流-优先
预估时效	15～20 天	核心国家 15～35 天	核心国家 4～10 天
物流信息	可查询包含买家签收在内的关键环节物流追踪信息	全程可跟踪（部分特殊国家除外）	全程可跟踪
赔付上限	物流原因导致的纠纷退款由平台承担，上限 35 元人民币	物流原因导致的纠纷退款由平台承担，上限 800 元人民币	物流原因导致的纠纷退款由平台承担，上限 1 200 元人民币
品类限制	只支持寄送普通货物，不支持带电、纯电及化妆品	可寄送普货、带电、非液体化妆品，不支持纯电、液体粉末	只支持寄送普通货物，不支持带电、纯电及化妆品

第二节 运费模板设置

一、认识新手运费模板

在速卖通平台进行产品发布之前，需进行运费模板设置。主要有新手运费模板和自定义模板等可供选择。一般选择自定义模板进行编辑，否则只能选择新手运费模板进行设置。

新手运费模板设置过程如下：登录卖家管理后台后，选择"产品管理"下"模板管理"板块的"运费模板"，进入"管理运费模板"的管理界面，如图 3-1 所示。"Shipping Cost Template for New Sellers"即为系统默认的新手模板。单击此模板名称后即可进入如图 3-2 所示的界面，可以看到该模板下的物流类型及每种类型下包含的物流方案。

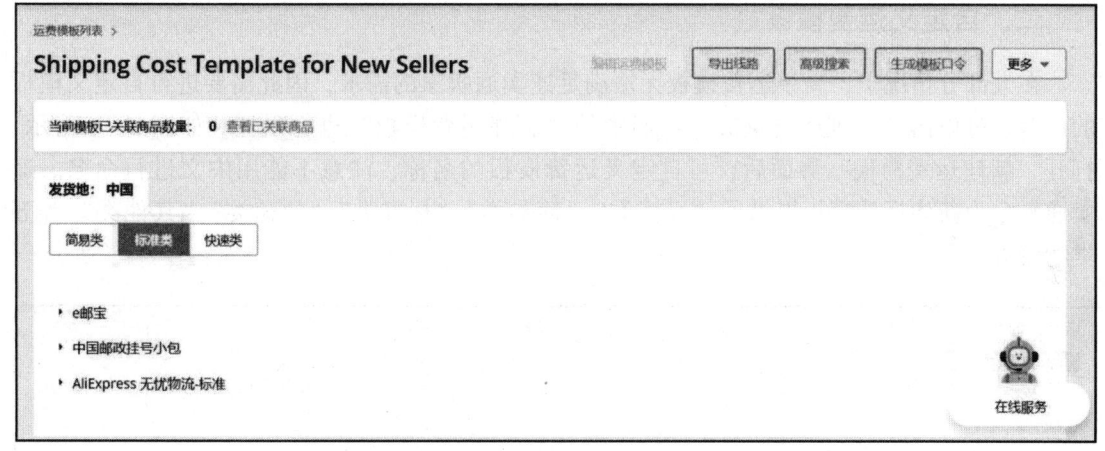

图 3-1　"管理运费模板"的管理界面

图 3-2　新手运费模板-物流类型及方案

新手运费模板中的物流方案包括简易类下的 AliExpress 无忧物流-简易，标准类下的 E 邮宝、中国邮政挂号小包、AliExpress 无忧物流-标准以及快速类下的 EMS、AliExpress 无忧物流-优先。如图 3-3 所示，单击具体的物流方案可以查看该方案的详细信息，包括目的国、运费计费规则以及承诺运达时间，其中目的国列出了相关运输方式可以到达的国家名单。运费收费标准为各大运输公司在中国大陆公布的价格，标准运费减免则是速卖通平台与各大运输公司洽谈之后所获得的优惠折扣。"承诺运达时间"为平台展示的不同运输方式、不同运送目的国最迟的运达时间。需要指出的是，在承诺的运达时间内商品未送达、买家提起了超时赔付的诉求且买卖双方经沟通无法达成协议，则在经过速卖通平台的仲裁后，货款将全额退给买家。

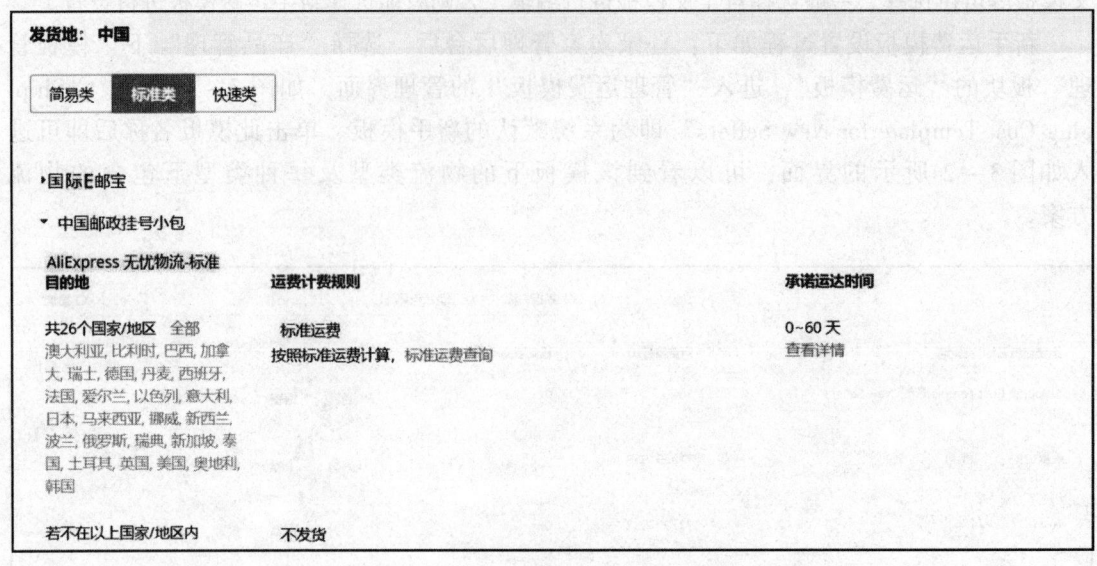

图3-3　新手运费模板-物流方案组合

二、自定义运费模板

在大部分情况下，新手运费模板无法满足速卖通卖家的需求，因此需要进行自定义模板的设置。可单击"管理运费模板"界面中的"新建运费模板"进行设置。如图3-4所示，打开"新建运费模板"界面后，可自定义运费模板的名称，注意不能用中文进行命名。速卖通平台为新建运费模板提供了"经济类""简易类""标准类""快速类""其他类"等五类物流方式。

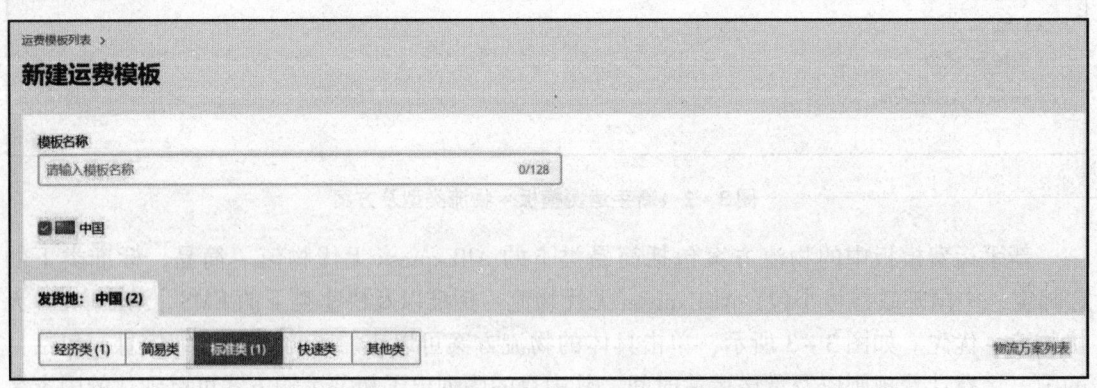

图3-4　新建运费模板设置-物流类型

如图3-5所示，单击具体的物流类型，可展开查看并选择该类型下包含的具体物流方案进行设置。为了完成设置，需要继续跟进的事项主要有选择物流方式、设置运费、设置到达目的国、设置承诺的运达时间等。下面本教材以快速类物流下的EMS为例具体介绍设置流程。需要说明的是，选择不同的物流方式进行设置时界面略有不同，但原理基本是一样的。

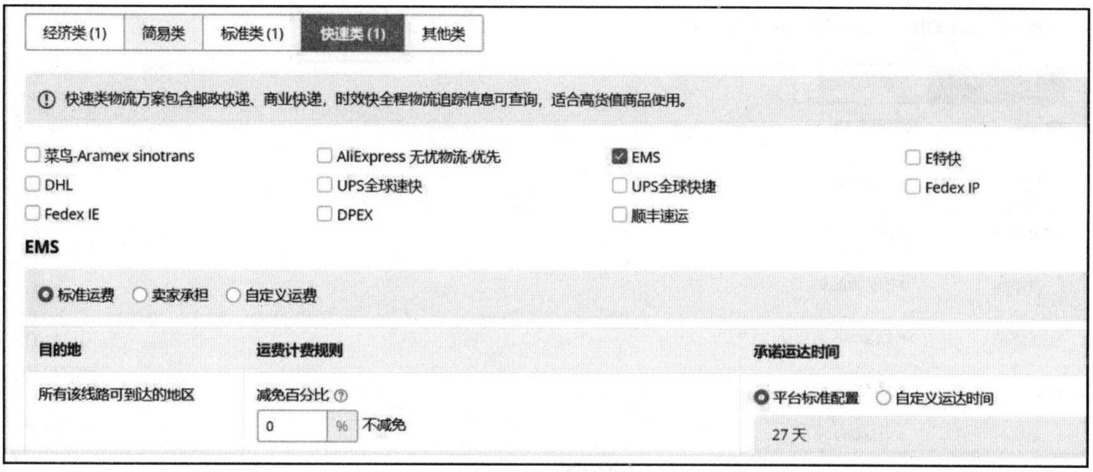

图3-5 新建运费模板设置-物流方案

如图3-5所示,在快速类物流下勾选"EMS"这一物流选项,可选择标准运费、卖家承担或自定义运费进行相应设置。需要留意的是,选择"标准运费减免-××%"或者"卖家承担运费"即Free Shipping,意味着对所有的国家和地区都实行一致的运费优惠政策。选择"承诺运达时间××天",也是类似的原理。

而一般情况下,卖家需要对运费进行更详细的设置,例如根据自己卖家群体分布或吸引特定国家的潜在买家进行购买,而只对部分国家或地区设置标准运费、免运费。则单击"自定义运费"进行设置即可,如图3-6所示。第一步是目的地的选择,速卖通提供了两种不同的方法,分别是按大洲选择目的地(如图3-7所示)和按物流商分区选择目的地(如图3-8所示)。两种方法的侧重点不同在于,第一种方法可以按照国家所在的大洲选择独立的个别国家进行运费设置;第二种方法是按物流商分区选择目的地,不同分区通常执行不同的运费标准。

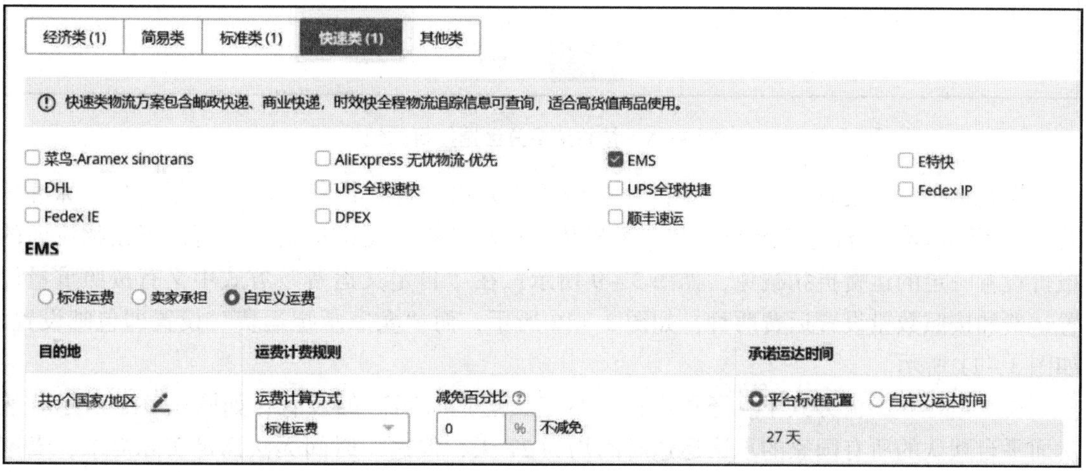

图3-6 自定义运费设置界面

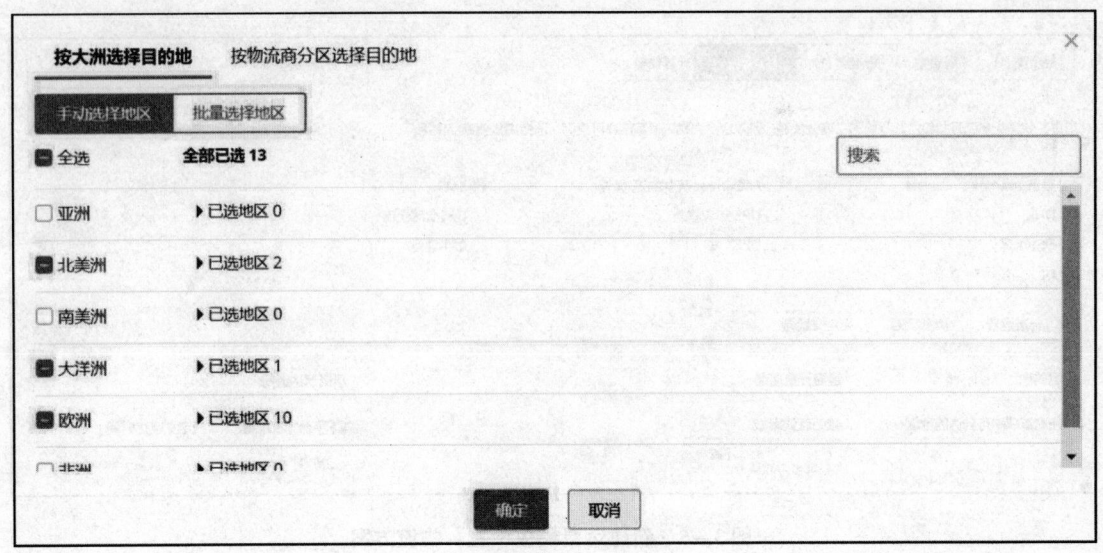

图3-7 按大洲选择目的地

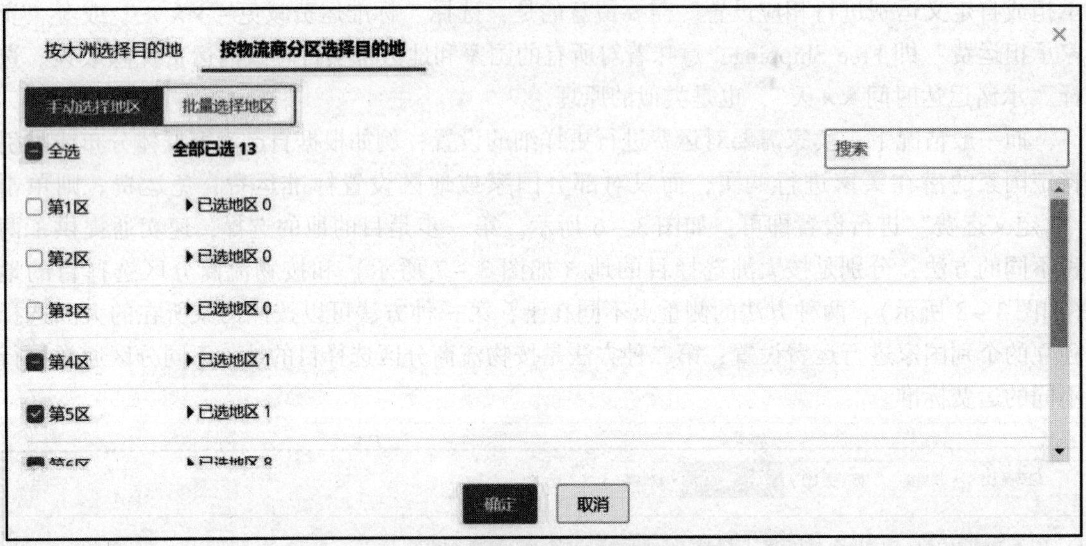

图3-8 按物流商分区选择目的地

后面是对"运费计费规则"下的"运费计算方式"进行设置。包含的方式有"标准运费""卖家承担""自定义运费"和"不发货"选项。在"标准运费"中可以根据物流商的报价设置一定的运费折扣减免,如图3-9所示;在"自定义运费"方式中又有按照重量设置运费和按照数量设置运费两种,如图3-10所示;而"卖家承担运费"设置即包邮设置,如图3-11所示。

在"EMS"物流方式下,还可进行"自定义运达时间"的设置,如图3-12所示。速卖通平台默认的所有国家的承诺运达时间均为27天,但这一时间无法满足实际需求,卖家可以根据实际情况对不同国家的运达时间进行修改。具体设置思路和方法与自定义运费设置类似,本教材不再具体介绍。

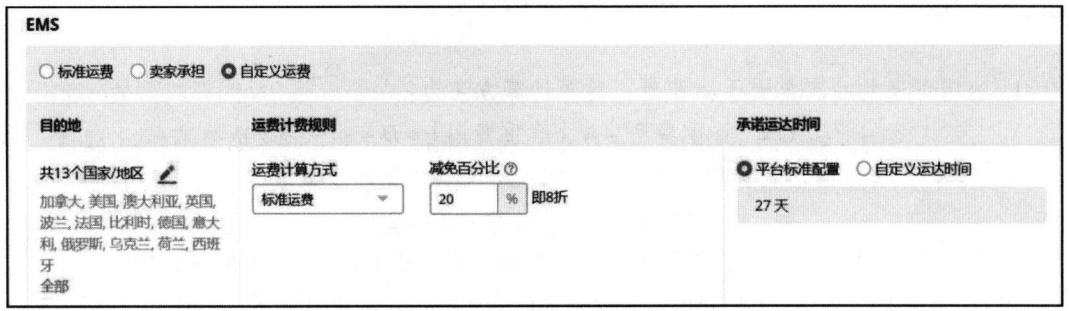

图 3-9　标准运费设置

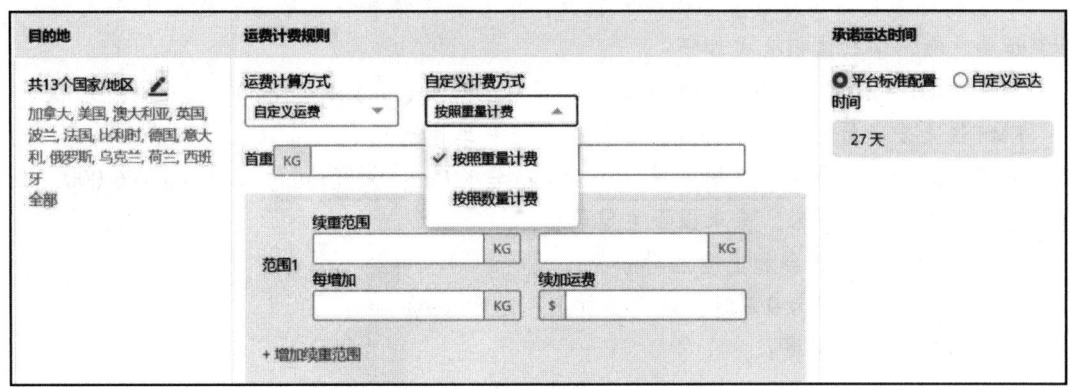

图 3-10　自定义运费设置

图 3-11　卖家承担运费设置

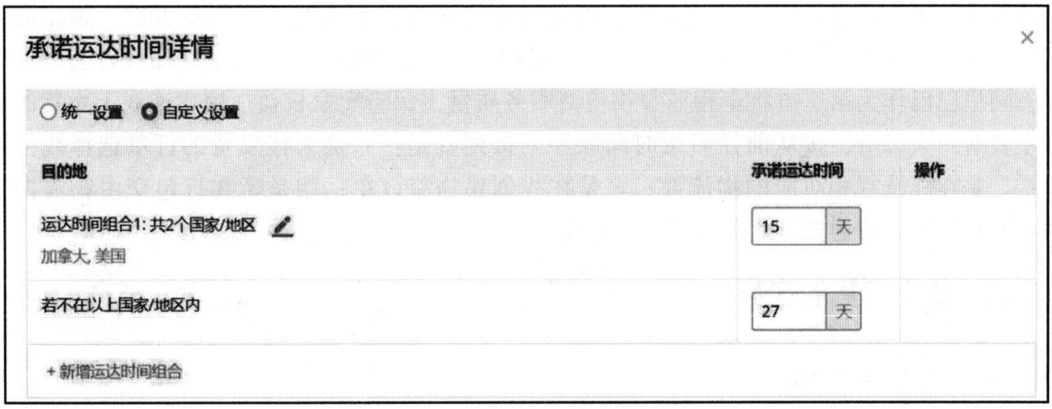

图 3-12　自定义运达时间设置

拓展阅读

国际运费通用计算公式

1. 当需寄递物品实重大于体积时，运费计算方法为：

$$C = [首重费用 + N \times 续重费用] * D + 报关费$$

其中，C 代表总的运费价格；D 代表折扣；N 代表续重的个数。

$$续重个数 N = 总计重重量 \times 2 - 1$$

国际快递以及 EMS 的计重单位通常为 0.5 kg，不足 0.5 kg 仍按 0.5 kg 计重。

例如：4.8 kg 货品按首重 150 元、续重 30 元计算，则运费总额为：$150 + (5 \times 2 - 1) \times 30 = 420$ 元。

2. 当需寄递物品实际重量小而体积较大，运费需按体积标准收取，然后再按上列公式计算运费总额。求取体积公式如下：

UPS、DHL、TNT、FedEX 体积重量（公斤/kg）= 长(cm) × 宽(cm) × 高(cm)/5 000

EMS 线上发货针对邮件长、宽、高三边中任一单边达到 60 cm 以上（包含 60 cm）的，都需要进行体积重量操作。体积重量（公斤 kg）= 长(cm) × 宽(cm) × 高(cm)/6 000。长、宽、高测量值精确到厘米，厘米以下去零取整。

3. 国际快件有时还会加上燃油附加费：

例如，燃油附加费为 9% 时，还需要加上：运费 × 9%。

4. 国际邮政小包运费：

$$国际普通小包运费 = 标准运费 \times D \times 实际重量（kg）$$

$$国际挂号小包运费 = 标准运费 \times D \times 实际重量（kg）+ 挂号费$$

国际小包通常按实际重量收费，限重 2 kg，其中 D 代表折扣。

第三节　速卖通线上发货

一、初识速卖通线上发货

速卖通线上发货是由阿里巴巴全球速卖通、菜鸟网络联合多家优质第三方物流商打造的物流服务体系。卖家使用"线上发货"可直接在速卖通后台在线选择物流方案，物流商上门揽收（或卖家自寄至物流商仓库），发货到国外。卖家可在线支付运费并在线发起物流维权，阿里巴巴作为第三方将全程监督物流商服务质量，保障卖家权益。速卖通线上发货的流程主要有六大部分，按从前往后按时间顺序来排列就是：一是为代发货的订单选择线上发货；二是在线选择相对应的物流商；三是在线创建物流订单；四是货物打包交由物流商寄送；五是填写发货通知；六是在线支付运费。

二、线上发货的优势

（一）卖家保护政策

首先，可获平台网规认可。使用线上发货且成功入库的包裹，买卖双方均可在速卖通后台查询物流追踪信息，且平台网规认可。后续卖家遇到投诉，无须再提交发货底单等相关物流跟踪信息证明。其次，可规避物流低分，提高账号表现。采用线上发货物流方式的订单若产生"DSR 物流服务 1，2，3 分"和由于物流原因引起的"纠纷提起""仲裁提起""卖家责任裁决率"，平台会对该笔订单的这 4 项指标进行免责。最后，可获得物流问题赔付保障。阿里巴巴作为第三方将全程监督物流商服务，卖家可针对丢包、货物破损、运费争议等物流问题在线发起投诉，获得赔偿（仅国际小包物流方案支持）。

（二）运费低于市场价，支付更方便

采用线上发货，可享受速卖通卖家专属合约运费，低于市场价，只发 1 件也可享受折扣。此外，可在线用支付宝付运费。

三、线上发货的操作流程

发货是在客户下单之后进行的，我们应先登录速卖通管理后台，单击"交易"后，在左侧"管理订单"模块下单击"所有订单"，找到需要进行发货处理的订单，在列表页面单击"去发货"按钮，如图 3 – 13 所示。在如图 3 – 14 所示的界面上，单击"线上发货"按钮。

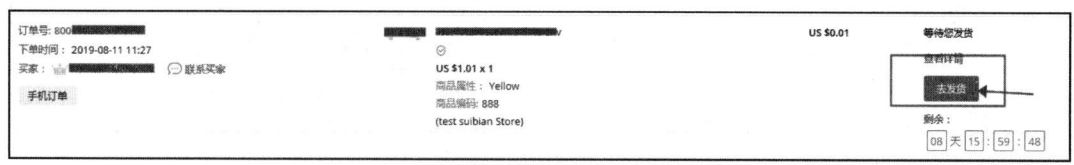

图 3 – 13　待发货订单选择线上发货（一）

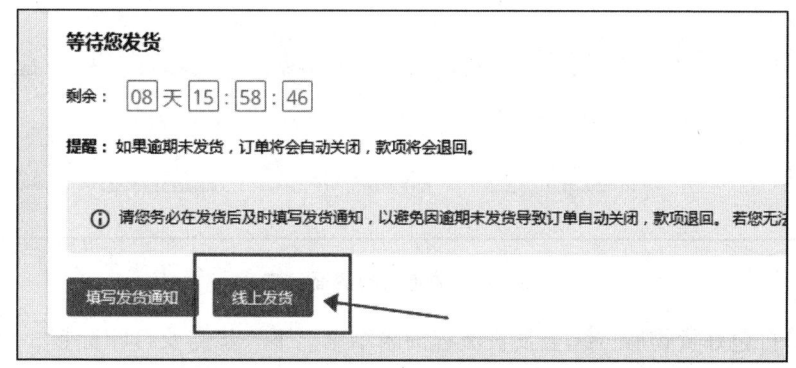

图 3 – 14　待发货订单选择线上发货（二）

在如图 3 – 15 的界面上，勾选需要的物流服务。速卖通平台在这一界面罗列出了根据产品发布时的相关信息而做出的包裹的物流方案备选。需要特别注意的是，物流的选择应与买家下单时物流的选择保持一致，如不一致或未沟通，将可能引起纠纷。也可以单击下面的不可达的物流方式，查询到对应的原因。选择对应的物流方式后，单击"下一步，创建物流订单"。注意，若商品为带电、化妆品等特殊品类，必须勾选货物类型用于申报。

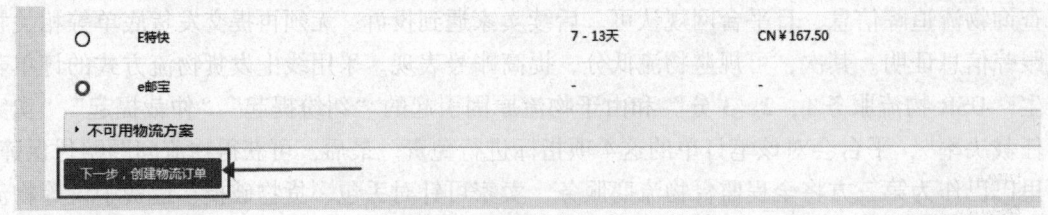

图 3-15　待发货订单选择线上发货（三）

物流订单界面如图 3-16、图 3-17、图 3-18 所示。卖家需要核对订单中的买家信息、商品信息、发件人信息以及包裹揽收方案，有误的可进行修改，最终确认无误后单击"提交发货"。至此，物流订单创建成功。

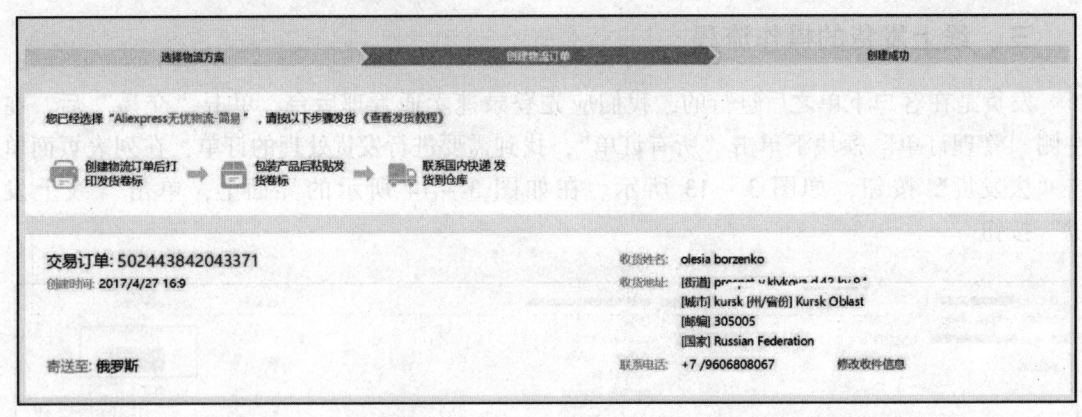

图 3-16　物流订单界面（一）

图 3-17　物流订单界面（二）

物流订单打包好货物后，线上发货流程尚未结束。下一步需要打印标签、填写发货通知和支付运费。打印标签的简要操作步骤如下：进入速卖通后台"交易"界面下，在左侧"物流服务"板块下，找到订单对应的物流方式，如在"国际小包订单"找到状态为"等待仓库操作"的相应订单。选择"打印发货标签即可"，接着将打印好的标签贴在已完成包装的货品包裹上，并做好防潮处理。

填写发货通知的简要操作步骤如下：货品经由物流商揽收后，回到速卖通管理后台，和打印标签步骤一样再次找到相应订单，单击"填写发货通知"，运单号由线上发货系统自动生成，再选择"全部发货"或"部分发货"，单击"提交"即完成发货通知填写。此外，"批量填写发货通知"也是可选择项。

第三章 速卖通物流

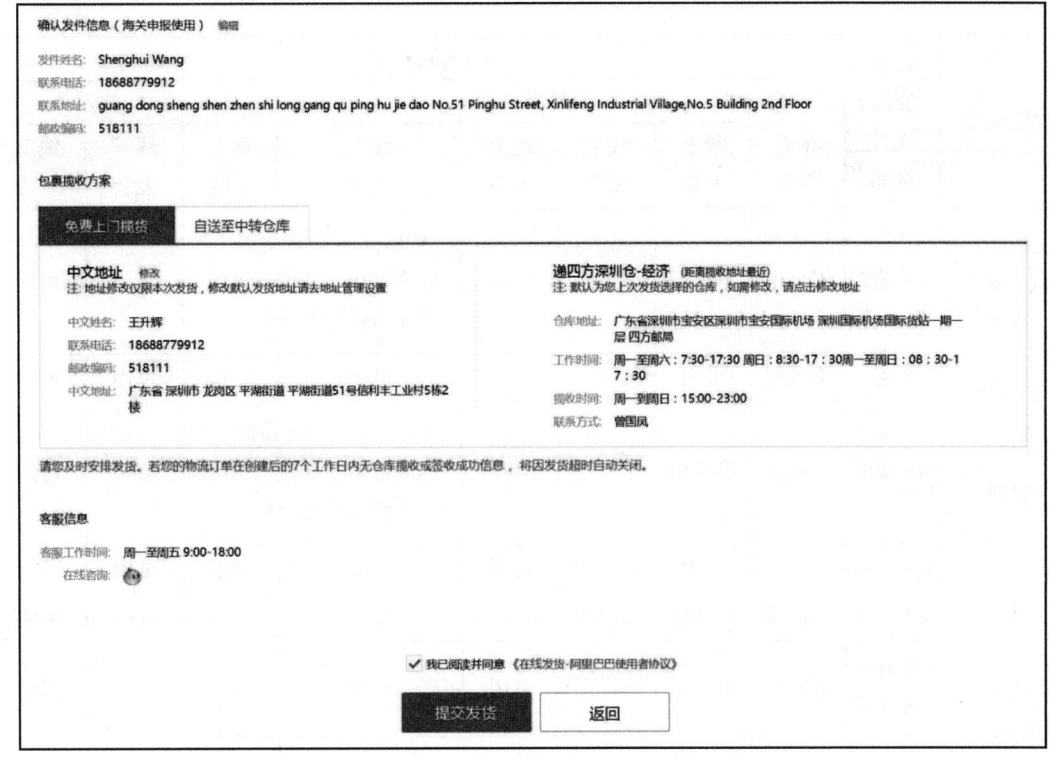

图 3-18 物流订单界面（三）

支付运费的简要操作步骤如下：物流商收到货品后，会进行称重、计算运费并显示到系统中。在收到货品第二天的 23 点前，买家可主动选择支付宝或支付宝国际版进行运费支付，过了时间点系统则自动进行扣费。同样地，在管理后台物流订单上有"支付"按钮可以进行支付操作，"批量支付"也是可选择项。

拓展阅读

速卖通物流政策

速卖通物流政策如表 3-3 所示。

表 3-3 速卖通物流政策

收货国家	订单实际支付金额	物流服务等级							
		经济类		简易类		标准类		快速类	
		线下发货	线上发货	线下发货	线上发货	线下发货	线上发货	线下发货	线上发货
美国	>5 美元	不可用	不可用	—	—	AliExpress 无忧物流-标准、国际 E 邮宝、菜鸟专线-标准可用，其他不可用（特殊类目除外）		可用	可用
	≤5 美元	不可用	可用	—	—	可用	可用	可用	可用

续表

收货国家	订单实际支付金额	物流服务等级							
		经济类		简易类		标准类		快速类	
		线下发货	线上发货	线下发货	线上发货	线下发货	线上发货	线下发货	线上发货
法国、荷兰、波兰	>5美元	不可用	不可用	—	—	AliExpress 无忧物流 - 标准可用，其他不可用（特殊类目除外）		可用	可用
	≤5美元	不可用	可用	—	—	可用	可用	可用	可用
智利	>5美元	不可用	不可用	不可用	不可用	AliExpress 无忧物流 - 标准可用，其他不可用（特殊类目除外）		可用	可用
	≤5美元	不可用	可用	不可用	可用	可用	可用	可用	可用
乌克兰、白俄罗斯	>5美元	不可用	不可用	不可用	不可用	可用	可用	可用	可用
	>2美元，≤5美元	不可用	不可用	不可用	可用	可用	可用	可用	可用
	≤2美元	不可用	菜鸟超级经济	不可用	可用	可用	可用	可用	可用
沙特阿拉伯、阿联酋	所有订单	不可用	不可用	—	—	可用	可用	可用	可用
巴西	所有订单	不可用	不可用	—	—	AliExpress 无忧物流 - 标准、国际 E 邮宝可用、其他不可用（特殊类目除外）		可用	可用
其他国家	>5美元	不可用	不可用	—	—	可用	可用	可用	可用
	≤5美元	不可用	可用	—	—	可用	可用	可用	可用

第四节 海外仓集货物流

海外仓的模式是指跨境电子商务企业在接到订单后，从设在目的国的货仓直接发货送达买家的一种集货物流模式。海外仓的设置者可以是从事跨境电子商务的卖家，也可以是外贸交易平台，还可以是物流服务商。基于良好的购物体验，目的国当地的买家也更愿意购买有海外仓服务的产品。海外仓模式在货品流动方面分为三个流程，分别是头程运输、仓储管理和本地派送，并实现在仓储、分拣、包装、派送等方面在目的国一站式控制与管理，有效缩短了货品配送时间。海外仓集货物流成本费用主要由头程费用、税金、目的国当地派送费用、仓储管理服务费等组成。

这种海外仓模式的优势主要在于成本适中；产品配送时间短，能有效改善客户体验；退换货在目的国进行，灵活有效；产品销售的品类更丰富，大而重的货品也能销售；与此同时，速卖通平台还为海外仓产品在详情页提供了专门文字标识，以实现着重提醒和买家的接受度。劣势在于海外仓如果有滞销的产品，将难以处理；而且出于海外仓储管理在成本层面的考虑对库存管理提出了更高的要求。

一、海外仓权限的申请

海外仓发货地的设置实行审核制，仅通过审核的卖家方能开通设置权限。首先必须将货物先运至海外，其次凭着海外仓的相关证明材料提出申请。权限的申请方法如图3-19所示，登录卖家管理后台，单击"交易"后，在左侧"物流"模块下选择"我有海外仓"。在图3-20所示界面上可选择单击"开通商家仓服务"或"开通菜鸟仓服务"。

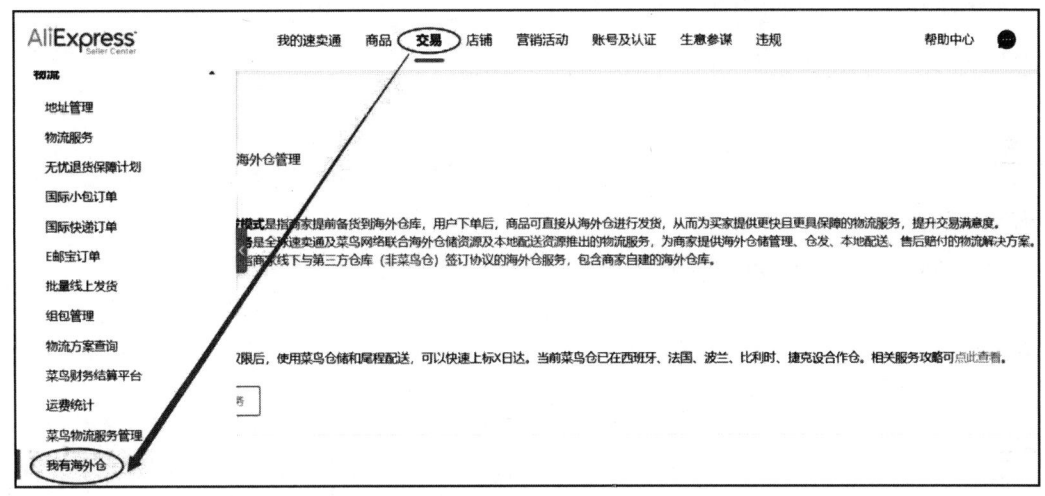

图3-19 速卖通海外仓权限申请（一）

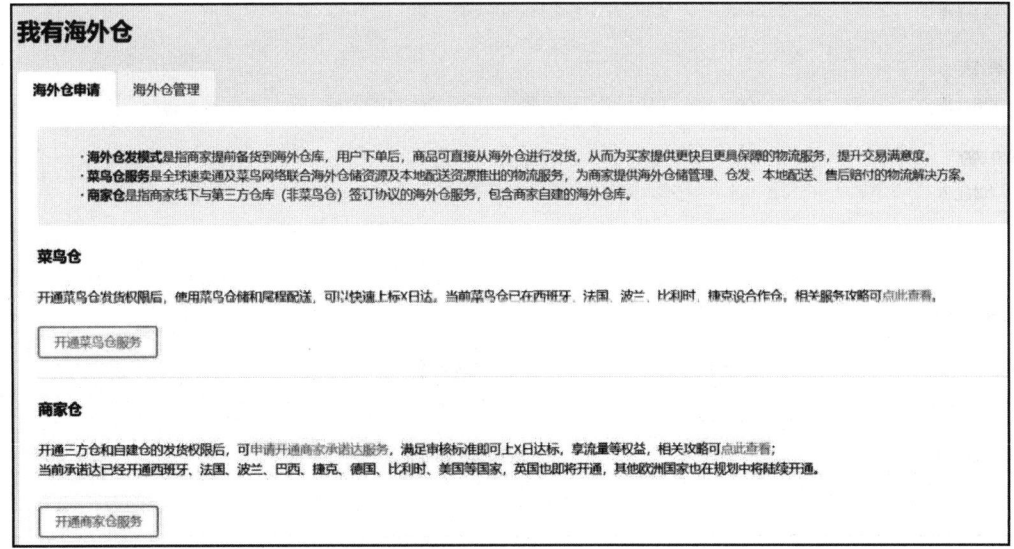

图3-20 速卖通海外仓权限申请（二）

单击"商家仓服务"即可出现申请界面,如图 3-21 所示。申请环节主要是填表完善资料后提交"申请",之后依次进入资料审核、签署协议、申请成功等环节。如果申请的是菜鸟认证仓,则需要按照如下要求操作:

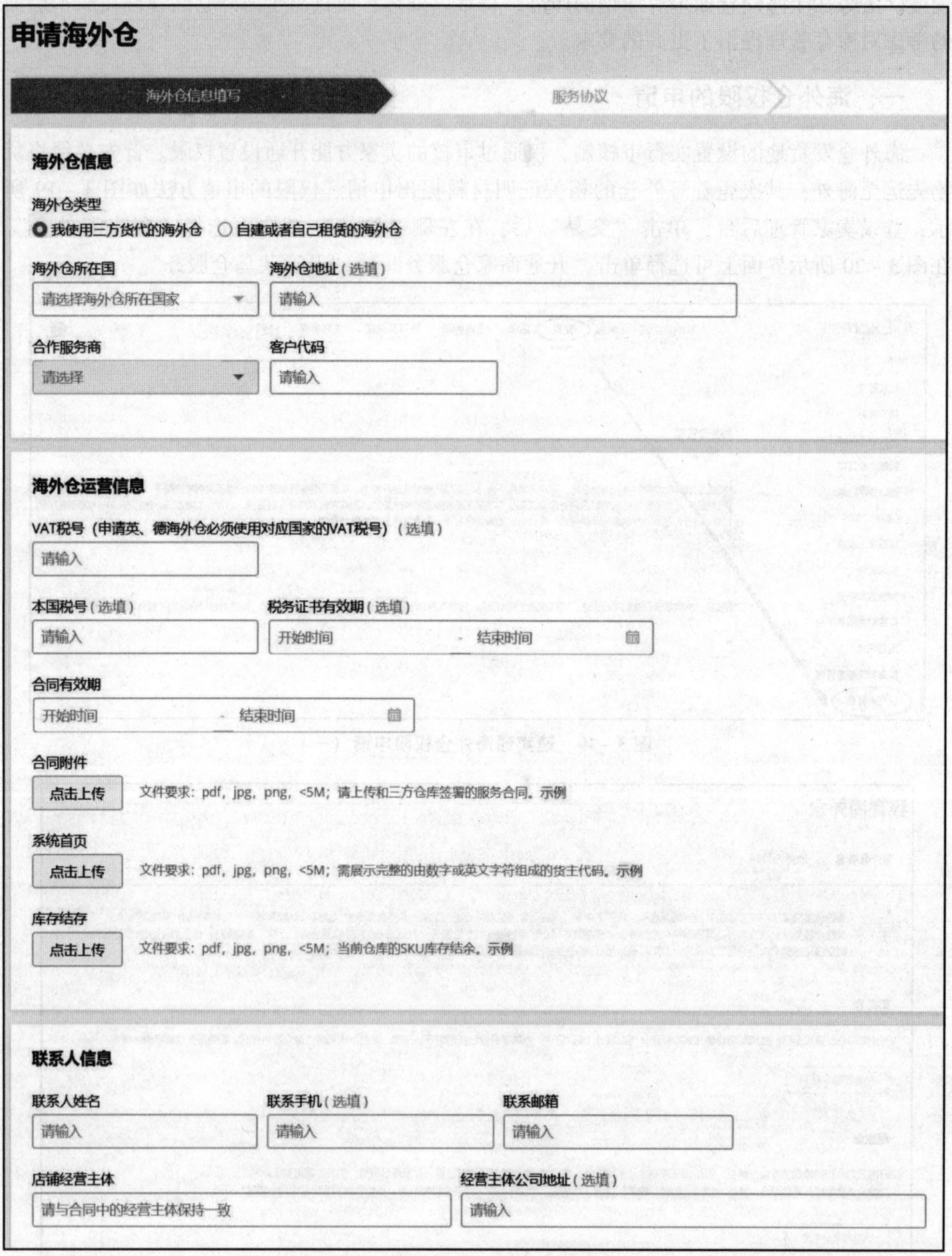

图 3-21 速卖通海外仓权限申请(三)

①菜鸟海外仓入驻,请根据页面提示单击"AliExpress"图标免登进入 BMS 完成入驻。

②菜鸟认证仓订购,请根据页面提示完成"AE 海外仓认证 – 商家报价"申请。

③菜鸟认证仓信息问卷,请用 AE 账号登录问卷,提交完整的仓信息及客户代码信息(未填写或填写信息不完整者将拒绝申请)。

二、海外仓产品运费模板的设置

海外仓商品运费模板的设置主要分为"新增或编辑运费模板""选择发货地""设置运费及承诺运达时间"三个步骤。

新增或编辑运费模板:进入卖家管理后台后,选择"商品管理",在"模板"管理板块下选择"运费模板",而后选择"新增运费模板"或者选择已有的运费模板并单击编辑进行设置,如图 3 – 22 所示。

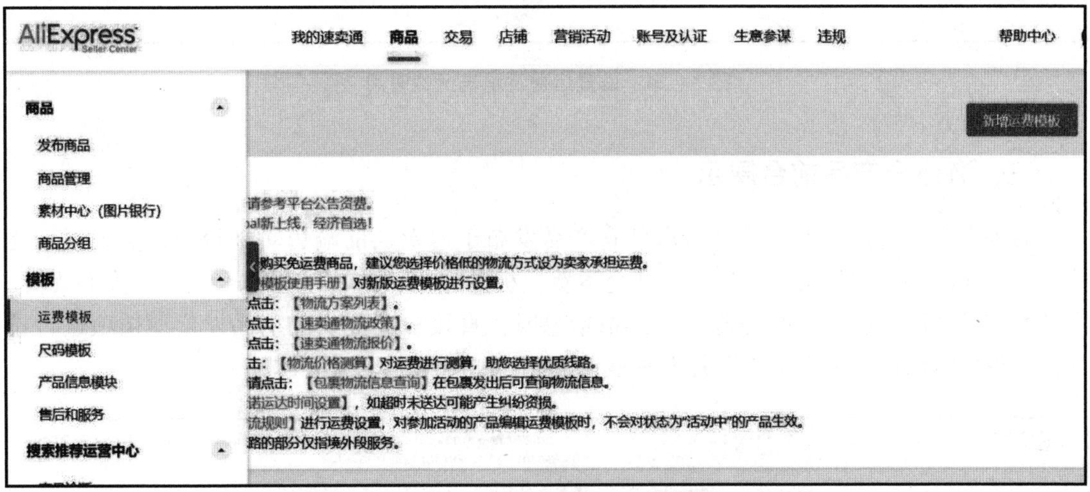

图 3 – 22　新增或编辑运费模板

选择发货地:单击"添加发货地",出现如图 3 – 23 所示的发货地选项,勾选后单击确认即可。需要留意的是,每个模板可以勾选多个国家或地区作为发货地,但包含中国在内应不超过 10 个。此外,如果要发货的国家或地区不在选项内,还可以新增海外发货地。

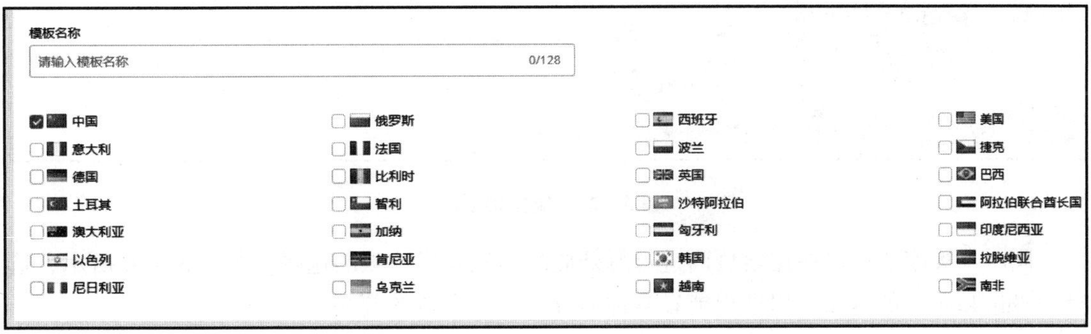

图 3 – 23　选择发货地

设置运费及承诺运达时间：单击发货地后，可针对不同的发货地以及不同的物流方式分别设置运费及承诺运达时间，如图3-24所示。需要特别留意的是：商品的实际发货地必须与所填写运费模板设置的发货地完全一致，需要针对不同的发货地分别设置不同的运费模板。

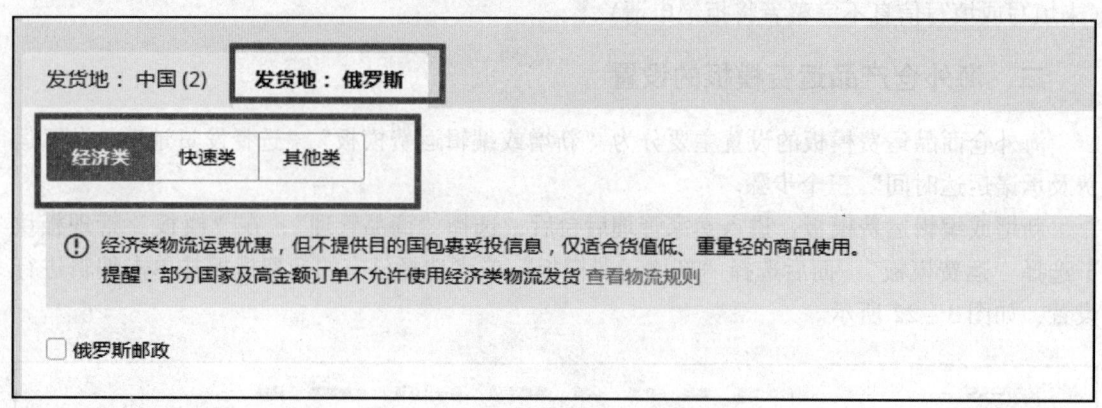

图3-24　设置运费及承诺运达时间

三、海外仓产品前台展示

海外仓产品前台展示也就是将海外仓产品发布于速卖通前端售卖平台上。实现展示之前，需要在海外仓产品发布时进行海外仓运费模板的选用，这一过程与普通产品发布无异。产品发布成功后，买家可在浏览商品详情信息时，直接根据提供的商品发货地选项进行选择，并可判断该产品是否享受海外仓本地化服务，如图3-25所示。

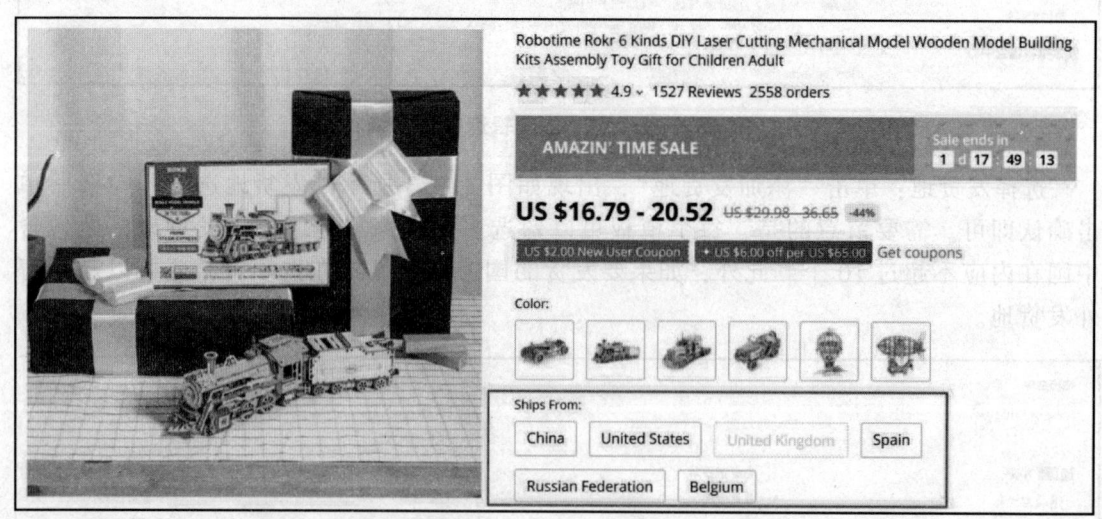

图3-25　发货地展示

同时，买家还可以在搜索页面进行海外商品本地发货选项的选择。如图3-26所示，选择"Ship from"的国家，以选出能在当地海外仓进行发货的商品。

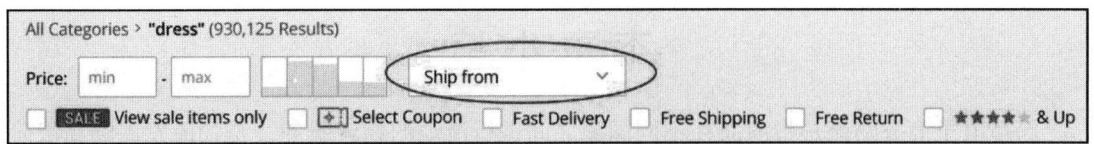

图 3-26 海外本地发货搜索选项

拓展阅读

菜鸟速卖通打响"海外仓春雷行动"，升级扩容海外仓打开出口新通路

2020/4/29 10：44

受疫情影响，不少物流平台海外仓关闭，或者限制收货。近日，菜鸟国际联合速卖通启动"海外仓春雷行动"，紧急升级扩容西班牙仓。接下来的三个月，菜鸟国际还将继续扩容或新增法国、波兰和比利时海外仓，为商家提供一件备货海外的全链路解决方案，全力支持中国商家出海，稳外贸促经济。

疫情让欧洲大面积封城，带动了电商消费的持续增长，海外仓备货模式受到跨境商家的青睐。菜鸟海外仓数据显示，德国、波兰、捷克和英国三月海外仓发货订单同比实现大幅度增长，其中西班牙仓环比增长高达 300%。

菜鸟海外仓负责人介绍，中大件海外仓发货具有显著的成本和效率优势，以扫地机器人为例，发跨境物流需要将近 500 元人民币，但是通过海外仓发货全链路成本在 200 多元，物流成本下降 5 成，物流效率却提速了一倍。

据悉，菜鸟提供的海外仓配一体发货方案，能提供西班牙、法国和波兰"3 日达"，泛欧"7 日达"，提高了欧洲消费者体验，帮助速卖通商家扩大销售。

速卖通卖家、从事 3D 打印机研发和制造的纵维立方公司相关负责人介绍，通过备货菜鸟海外仓，疫情期间，纵维立方公司在俄罗斯、美国和德国市场都实现了 80% 到 200% 不等的高速增长，不少欧美人通过速卖通购买 3D 打印机打印口罩、防护面罩等医疗物资。

推进海外仓建设和服务，也是国家稳外贸的重要措施。2020 年 4 月 10 日，商务部部长助理任鸿斌在国务院联防联控机制发布会上也表示，商务部会推进海外仓建设，鼓励企业完善海外仓服务。

菜鸟总裁助理、速卖通出口物流事业部总经理熊伟介绍，除了持续扩容和新增海外仓，菜鸟国际还完善了海外仓配套服务，将为商家提供从中国提货、关务、海外仓存储、配送以及海外仓退货等全链路服务，商家可一键备货海外。此外，菜鸟还会通过中欧班列菜鸟号的开行，帮助商家更稳定也更低成本的备货，全力支持商家出海，稳外贸促经济。

https：//www.cifnews.com/article/66692

本章小结

跨境电子商务物流是指商品在不同国家之间进行流动的物流服务，是物流发展到高级阶段的一种形式，也是跨境电子商务交易达成的关键性因素。跨境物流的模式有邮政物流、商业快递、专线物流等形式。邮政物流快递的优点是邮政网点全球覆盖面广、费用低，缺点是没有物流跟踪信息、丢包率较高、运送周期偏长，是跨境电子商务物流模式中目前使用率较高的一种。商业快递的优势是时效性强、服务好、运送周期短且丢包率较低；不足是快递寄送费用较高。专线物流的优势有：规模化效应使费用略低于商业快递、时效性略高于邮政物流、丢包率也较低，为有固定销售线路的跨境电子商务企业带来了很多便利。专线物流的劣势有：专线物流遇到退货时较难处理、费用比邮政小包也高了不少，在时效性方面与商业快递相比仍存在劣势。海外仓模式的优势主要在于成本适中；产品配送时间短，能有效改善客户体验；退换货在目的国进行，灵活有效；产品销售的品类更丰富，大而重的货品也能销售；劣势在于海外仓如果有滞销的产品，将难以处理；而且对库存管理提出了更高的要求。速卖通平台线上物流实务实践主要有物流模板设置、速卖通线上发货、海外仓集货物流操作等。其中物流模板设置应在认识新手运费模板的基础上，新增运费模板。速卖通线上发货的优势：首先，实现数字化管理，并获得网规认可；其次，能实现风险转移、提高物流问题赔付保障；最后，价格优惠、服务稳定。海外仓集货物流操作主要有海外仓权限的申请、海外仓产品运费模板的设置、海外仓产品前台展示等。

关键术语

邮政物流　商业快递　专线物流　线上发货　运费模板　海外仓

配套实训

按下列要求新建运费模板：使用标准类和快速类物流方式。快速类物流可选 EMS、DHL、FedEx，设置标准运费，折扣均为 20%。标准类以中国邮政挂号小包为主要发货方式，并设置热门国家包邮，其他国家不发货。根据平台物流规则，下列国家（美国、法国、荷兰、波兰、智利、巴西）不能使用中国邮政挂号小包发货的，需使用"无忧物流－标准"发货并设置包邮。

课后习题

一、单项选择题

1. 从时效和成本层面考量，UPS 属于（　　）。
   A. 商业快递　　　　B. 专线物流　　　　C. 邮政物流　　　　D. 海外仓
2. 邮政物流、商业快递、专线物流等跨境物流方式在成本费用层面进行对比，哪种方式成本比较高？（　　）

A. 商业快递　　　　B. 专线物流　　　　C. 邮政物流　　　　D. 无法判断

3. 以下不属于线上发货所具备的优势的是（　　）。

A. 实现数字化管理，并获得网规认可

B. 能实现风险转移，提高物流问题赔付保障

C. 能用货代公司洽商，获得优惠折扣

D. 价格优惠、服务稳定

4. 现阶段，以下不属于海外仓的可能设置者的是（　　）。

A. 从事跨境电子商务的卖家　　　　B. 外贸交易平台

C. 物流服务商　　　　　　　　　　D. 政府机构

5. 下列物流方式不能发 2 kg 以上货物的是（　　）。

A. EMS　　　　　　　　　　　　　B. 中国邮政小包

C. UPS　　　　　　　　　　　　　D. 无忧物流－标准

二、填空题

1. 邮政物流快递的优点是邮政网点全球覆盖面广、费用低，缺点是＿＿＿＿＿＿＿＿、＿＿＿＿＿＿＿＿、运送周期偏长，一般为 30～60 天。

2. 商业快递具备完备的物流模式，例如具备自有货机、＿＿＿＿＿＿＿＿＿＿＿以及＿＿＿＿＿＿＿＿＿＿＿等，能够给客户带来良好的体验，也是一种使用率较高的快递服务。

3. 物流专线在国内覆盖的地区有待拓展，而且其到达目的国后仍然需要和当地的邮政或物流公司合作，存在继续派送延迟的可能，在＿＿＿＿＿＿＿方面与商业快递相比仍存在劣势。

4. 速卖通平台为新建运费模板提供了"经济类""简易类""＿＿＿＿＿＿""＿＿＿＿＿＿""其他类"五类物流方式。

5. 速卖通线上发货是一整套线上的物流服务体系，其是由速卖通平台和菜鸟网络以及众多优质＿＿＿＿＿＿＿＿联合打造的。

6. 海外仓模式在货品流动方面分为三个流程分是＿＿＿＿＿＿、＿＿＿＿＿＿和本地派送。

参考答案

第四章

速卖通营销

学习目标

知识目标：
(1) 了解速卖通店铺活动和平台活动的作用及相应规则。
(2) 了解联盟营销的作用及相应规则。
(3) 了解速卖通直通车的作用及设置流程。
(4) 了解速卖通大促及SNS营销的作用。

技能目标：
(1) 掌握速卖通主要店铺活动的设置流程。
(2) 掌握速卖通联盟营销活动的设置流程。
(3) 掌握速卖通直通车工具的使用。

第一节 日常营销

一、店铺营销活动

（一）单品折扣活动

1. 单品折扣活动简介

单品折扣活动又称单品级打折优惠，是原速卖通全店铺打折和店铺限时限量活动结合升级的活动工具，用于店铺自主营销。单品的打折信息将在搜索、详情、购物车等买家路径中展示，提高买家购买转化，快速出单。

2. 单品折扣活动特点

单品折扣活动在原店铺限时限量和全店铺打折活动的基础上呈现出新的特点：

①取消每月限制的活动时长和活动次数，单场活动最长支持设置 180 天。

②允许活动进行中暂停活动（适用于活动设置错误快速止损）。

③活动进行中允许操作新增/退出商品（无须暂停活动即可操作），以及编辑折扣，且实时生效。

④取消锁定商品编辑以及运费模板，编辑后可实时同步到买家前台（仅针对用单品折扣活动的商品生效）。

⑤单场活动支持最大设置 10 万个商品。

⑥取消活动复制功能，可通过 Excel 表格批量上传。

⑦支持单个商品设置粉丝/新人专享价。

需要注意的是，以上场景均适用于日常活动，大促场景下的单品折扣活动不允许暂停活动，预热开始后不允许新增/退出商品，不允许编辑商品（同平台活动锁定逻辑一致）。

3. 单品折扣活动设置流程

（1）单品折扣活动设置入口

如图 4－1 所示，登录速卖通卖家后台，单击"营销活动"→"店铺活动"→"单品折扣活动"进行活动创建。

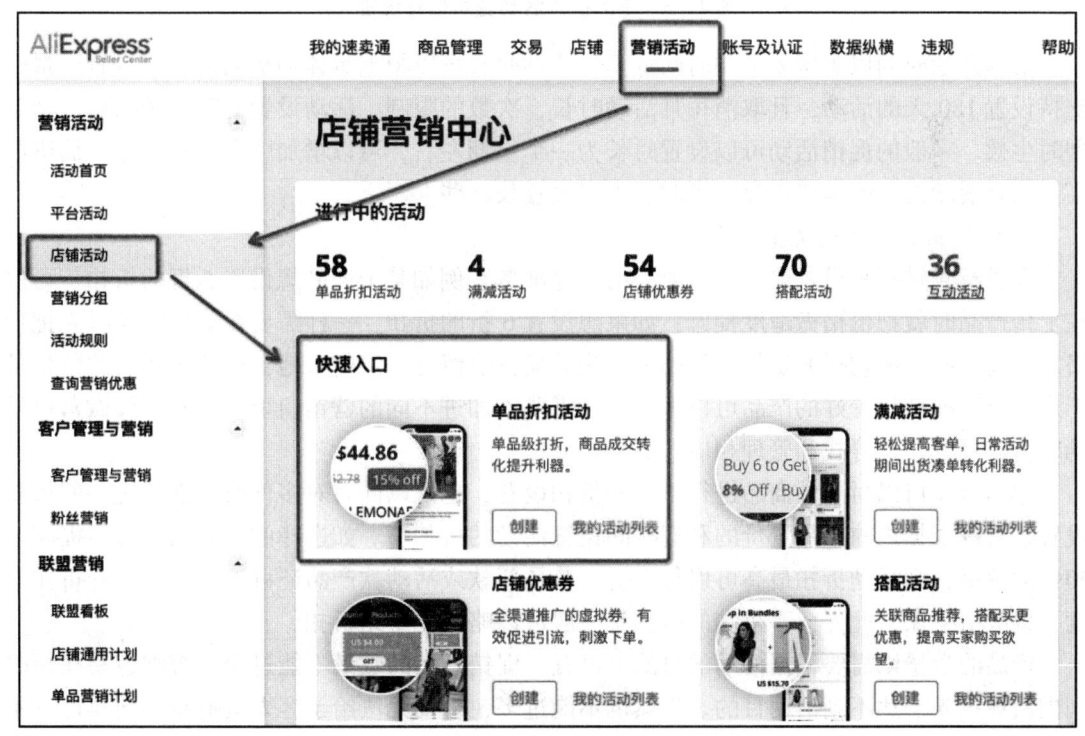

图 4－1　单品折扣活动设置的进入方式

(2) 单品折扣活动基本信息设置

单品折扣活动需要填写的信息主要包括三个：活动名称、活动开始时间和结束时间（活动起止时间），如图 4-2 所示。活动名称需要简单明了，可以根据实际的营销目的填写，例如"推新款"或者"打造活动款"。活动名称最长不超过 32 个字符，只供查看，不展示在买家端。

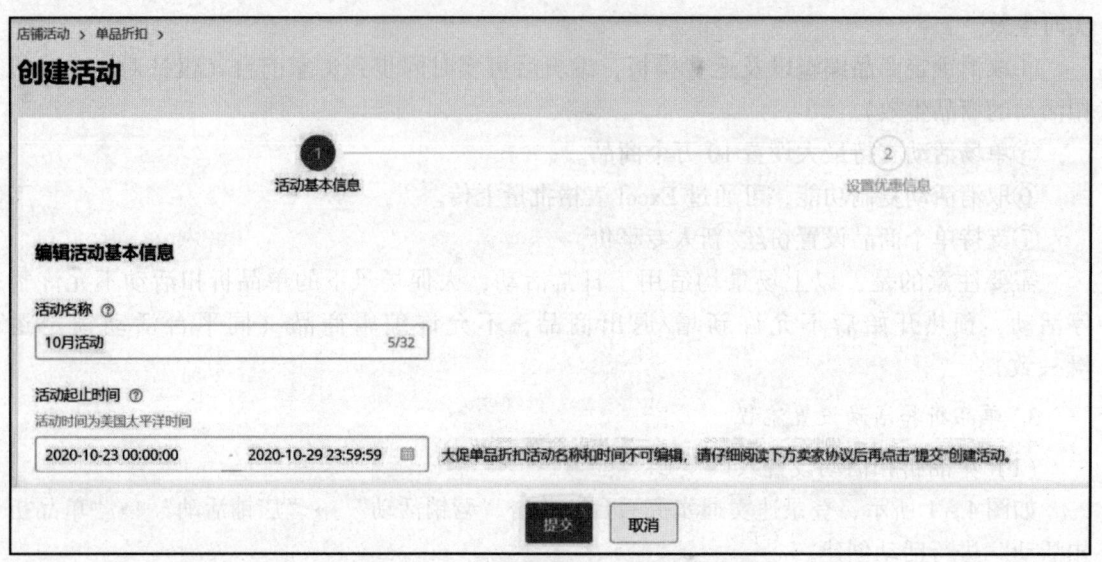

图 4-2 单品折扣活动基本信息设置

活动开始时间以美国太平洋时间计算，活动时长可以根据具体的活动目的来设置。最长支持设置 180 天的活动，且取消每月活动时长、次数的限制。活动设置的时间开始后，活动即时生效。一般的促销活动可以设置时长为一个星期左右，可以增加顾客的紧迫感，促进购买。如果活动的目的是清库存，则时长可以设置长一些。

(3) 单品折扣活动优惠信息设置

在进行营销折扣设置前，一定要提前做好准备。例如某个产品想设置 5 折的折扣，可以在上传产品时就把价格做适度提升；如果想设置 6 折的折扣，一样需要在上传产品时先把价格定得高一些。前期提升定价的目的就是为后期打折留有一定的余地，避免折扣后的价格低于成本价。前期设置好的产品可以根据实际需要添加进不同的营销组里，以便后续做营销活动时可以更方便地寻找和管理相应产品。

单品折扣可以对单件商品进行单独的折扣设置，也可以同时对多件商品进行统一的折扣设置。可以根据之前产品定价的利润空间设置活动的折扣率。如选择的产品前期已经提高了 50% 的价格，则活动折扣最高可以打 5 折。若是新款或活动款产品还可以进一步提升折扣幅度，以吸引买家。此外，手机端的折扣率一般可以略高于全站折扣。

产品的数量则需要根据活动的目的来设置。促销商品的数量不能过少，否则容易在短时间内就被抢光，达不到活动目的。当然也不能过多，否则无法给予客人紧迫感，同样也达不到活动的目的，具体设置如图 4-3 所示。

图4-3 单品折扣活动优惠信息设置

（4）按照营销分组进行优惠设置

进行店铺促销打折的关键在于对产品的整体利润进行把控。最直接的方法就是设置营销分组，根据每个产品的最高折扣率统一划分组，有利于后期更容易地设置每个产品的折扣。如图4-4所示，单击"营销活动"→"营销分组"，进入营销分组设置界面。

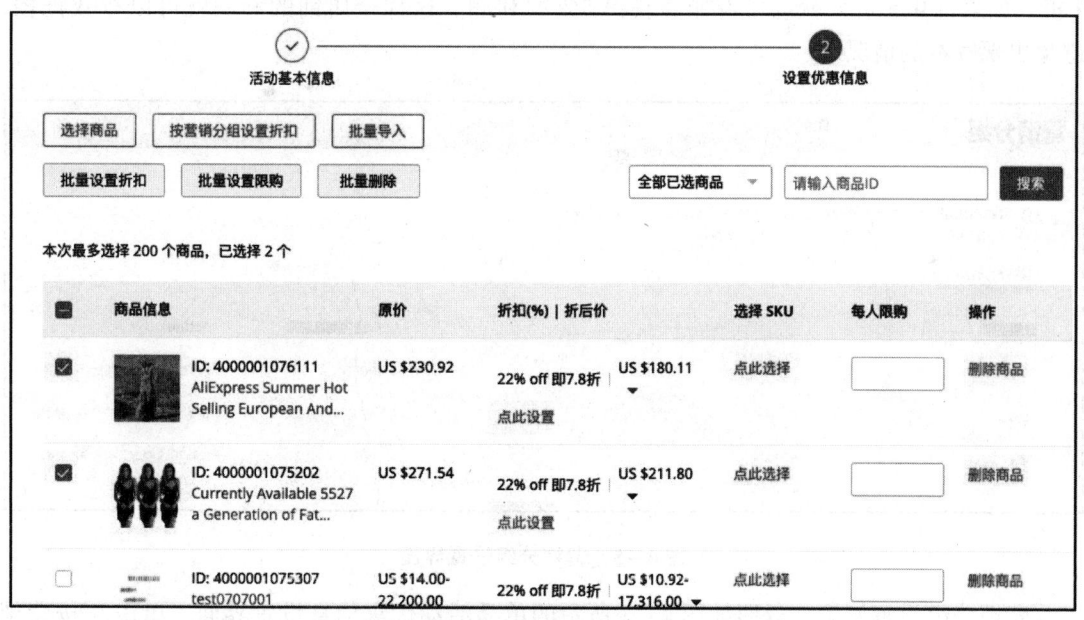

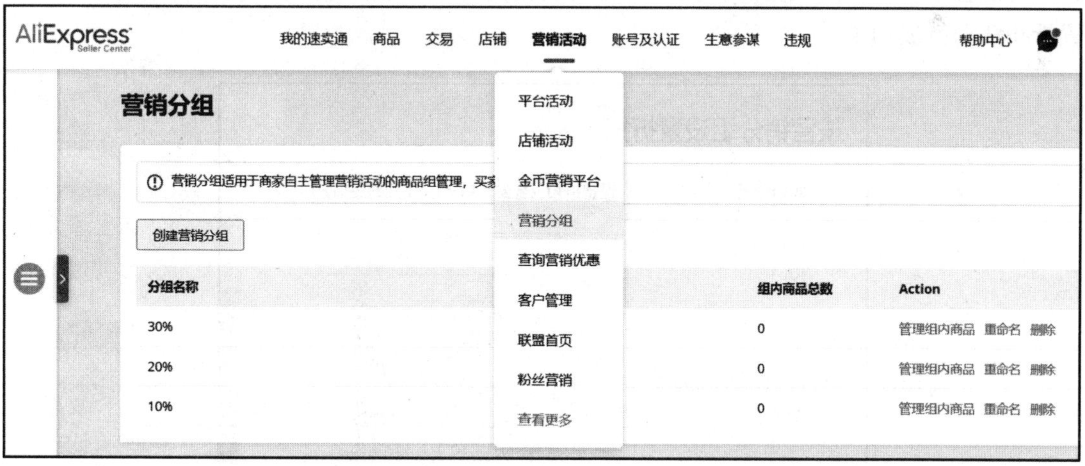

图4-4 营销分组设置的进入方式

进入"营销分组"设置之后，根据每个产品的利润度进行整体核算，确定每个产品的最高折扣度，利润是多少。之后将相应的产品添加进不同的营销组，便于后续管理。如图4-5所示，可建立多个不同的营销组，将最高折扣相同的产品统一放在一个组里面。"10%"组里面的产品，只有10%的利润，在进行全店铺打折时，这个组的产品最高只能打

9折。如果打9.5折，就意味着能够获得5%的利润。这样全店铺的利润就可以有效把控，避免出现亏本的情况。

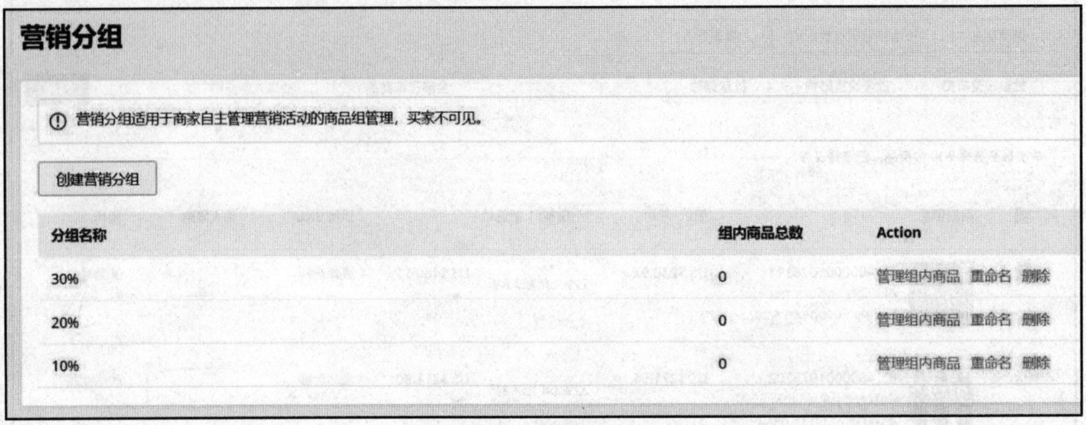

图4-5 营销分组设置界面

营销分组设置好后，返回如图4-3所示的单品活动优惠信息设置界面，单击"按营销分组设置折扣"。

由于前期已经对店铺的产品进行了营销分组，接着就可以相对容易地去进行折扣设置了。如图4-6所示，根据不同的营销分组填写相应的促销折扣，分组内的商品会被导入活动内。此外，在设置时需要注意"Others"组，不在以上任何一个营销分组的产品会被默认放到这个组里，因此在设置"Others"组的折扣时一定要认真观察组内的产品再进行打折，否则可能会出现亏本的风险。设置好所有的促销折扣后单击"提交"按钮，按营销分组设置折扣活动就成功了。

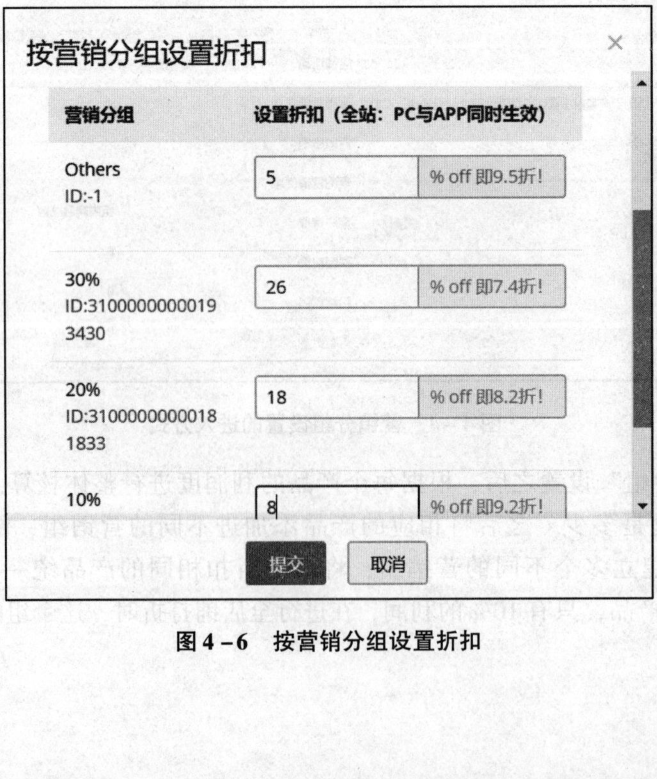

图4-6 按营销分组设置折扣

（二）满减活动

满减活动包含满立减、满件折、满包邮三种类型，均不限制活动时长和活动次数。满减活动作为日常活动期间出货凑单转化的利器，可有效提升店铺客单价。另外，满减优惠同店铺其他活动优惠可累计使用。对于已经参加单品折扣活动的商品，买家购买时以单品折扣活动后的价格计入满减优惠规则中，因此，卖家在设置相应满减条件时应准确计算利润。如图4-7所示，登录"我的速卖通"，单击"营销活动"，在"店铺活动"中选择"满减活动"，单击"创建"按钮，可打开满减活动设置界面。

图 4-7 创建满减活动

1. 满立减

满立减是速卖通推出的店铺自主营销工具之一。在买家的一个订单中，若订单金额超过了卖家设置的优惠条件（比如满 100 元），在其支付时系统会自动减去优惠金额（比如减 10 元），既让买家感觉到实惠，又能刺激买家为了达到优惠条件而多买，买卖双方互利双赢。优惠规则（满 X 元减 Y 元）可根据店铺交易情况设置。正确使用满立减工具可以刺激买家多买，从而提升销售额，拉高平均订单金额和客单价。

在满立减活动设置界面，需填写活动基本信息，如图 4-8 所示。在"活动名称"一栏内填写对应的活动名称，买家端不可见。在"活动开始时间"以及"活动结束时间"内设置活动对应的开始时间及结束时间。活动名称和其他营销活动一样，需要起一个一目了然的名字，方便卖家理解和后期的管理，例如"1 USD off for 15 USD"（满 15 美元减 1 美元）。活动开始时间和结束时间则可以根据店铺营销的具体需要进行设置。

接着设置活动类型和活动详情。如图 4-9 所示，活动类型选择"满立减"，活动使用范围可选"部分商品"或"全店所有商品"。选择"全店所有商品"意味着全店所有商品

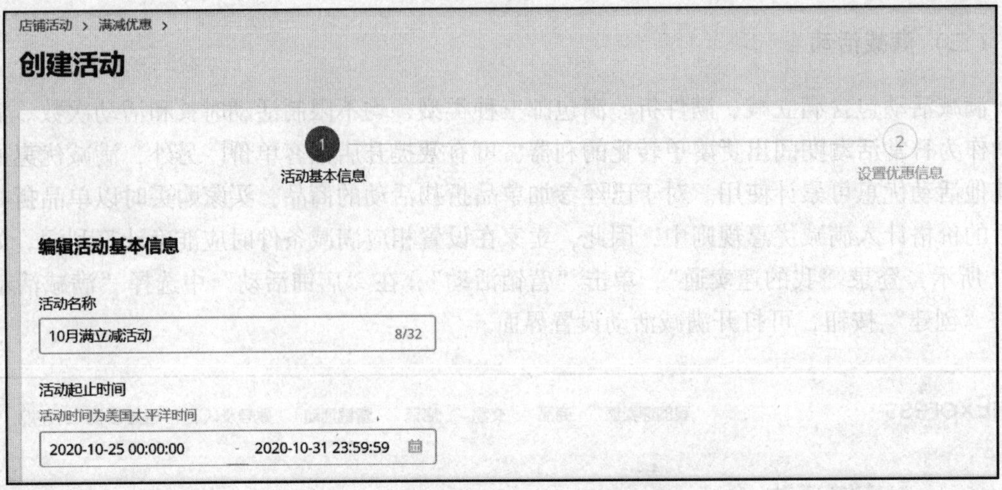

图 4-8 满立减活动基本信息设置

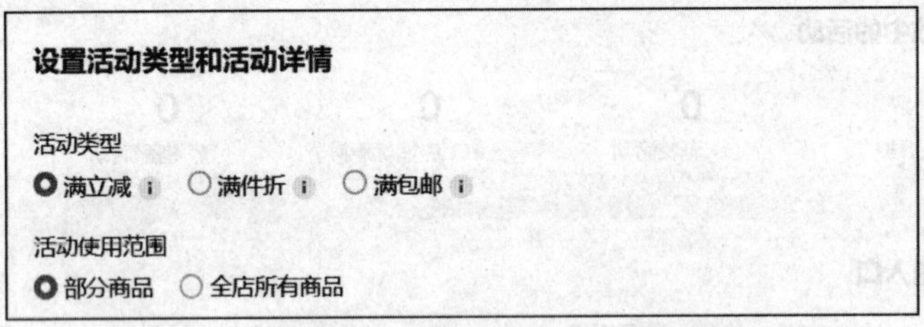

图 4-9 满立减活动类型及使用范围设置

都会加入满立减活动中。而选择"部分商品"则是针对部分商品进行设置，只需选择指定商品即可设置好针对部分商品的满立减活动。定向商品的满立减活动将可以帮助获得关联销售、搭配减价、提升客户订单金额等效果。

无论设置范围是"部分商品"还是"全店所有商品"，都可以选择两种不同的满减条件进行设置，分别是"单层级满减"和"多梯度满减"。选择"单层级满减"，可只设置一个条件梯度，则系统默认是单层满减。在"条件梯度1"的前提下，支持优惠可累加的功能（当促销规则为满100减10时，则满200减20、满300减30，以此类推，上不封顶），如图4-10所示。

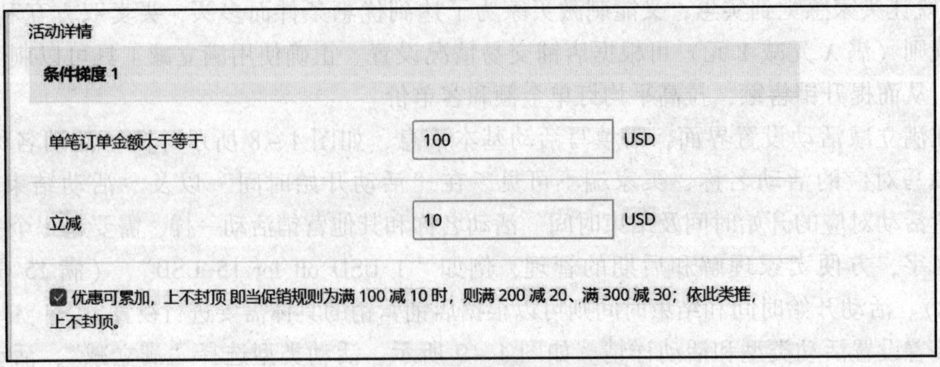

图 4-10 单层级满减设置界面

如果选择"多梯度满减",需要至少设置两个梯度的满立减优惠条件,最多可以设置三个梯度的满立减优惠条件。多梯度满减指的是不同优惠比例的阶段性满减活动,即设置时需要满足以下两个要求,第一,后一梯度的订单金额必须要大于前一梯度的订单金额;第二,后一梯度的优惠力度必须要大于等于前一梯度的优惠力度。举例说明,满减"条件梯度1"设置为:满100美元立减10美元(即9折),则满减"条件梯度2"设置的单笔订单金额必须大于100美元,假设设置为200美元,则设置对应的立减金额必须大于等于20美元(即优惠力度需要达到或超过9折)。多梯度满减设置界面,如图4-11所示。

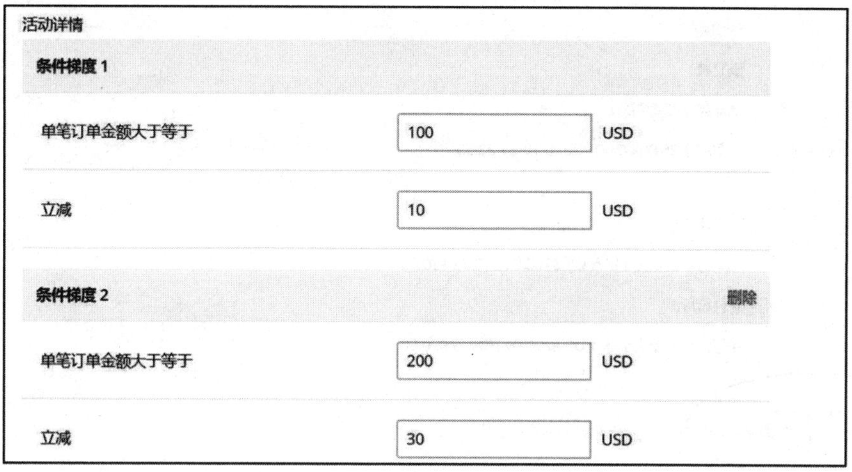

图4-11 多梯度满减设置界面

当"活动基本信息"和"活动商品及促销规则"这两部分的选项都设置好后,单击"提交"按钮,满立减活动就创建好了。需要注意的是,满立减包含产品的价格和运费,限时折扣商品是按折后的价格参与满立减活动的。

如果前面的设置范围是"部分商品",则可以通过"选择商品"或者"批量导入"点选商品,如图4-12所示。每次最多可以选择100个商品,选择次数不限;最多可导入10 000个商品。活动需要"添加商品",每次活动最多可以选择200个商品。满立减活动产品添加页面,如图4-13所示。

2. 满件折

满件折活动软件是一款店铺自主营销工具,只要开通速卖通店铺,即可免费使用。可以根据自身经营状况,对店铺设置"满X件优惠Y折"的促销规则。"满X件优惠Y折",即订单总商品达到X件数,则买家付款时享Y折优惠,卖家无须修改价格。

"满件折"活动的创建方式和基本信息的设置方法与"满立减"类似,可以根据店铺的实际需要进行设置。活动基本类型选择"满件折"。活动使用范围可选"部分商品"或"全店所有商品"。选择"部分商品",即设置了部分商品的满件折活动;选择"全店所有商品",则全店铺商品均参与满件折活动。同"满立减"活动一样,订单金额包含商品价格(不含运费),所有商品按折后价参与活动。

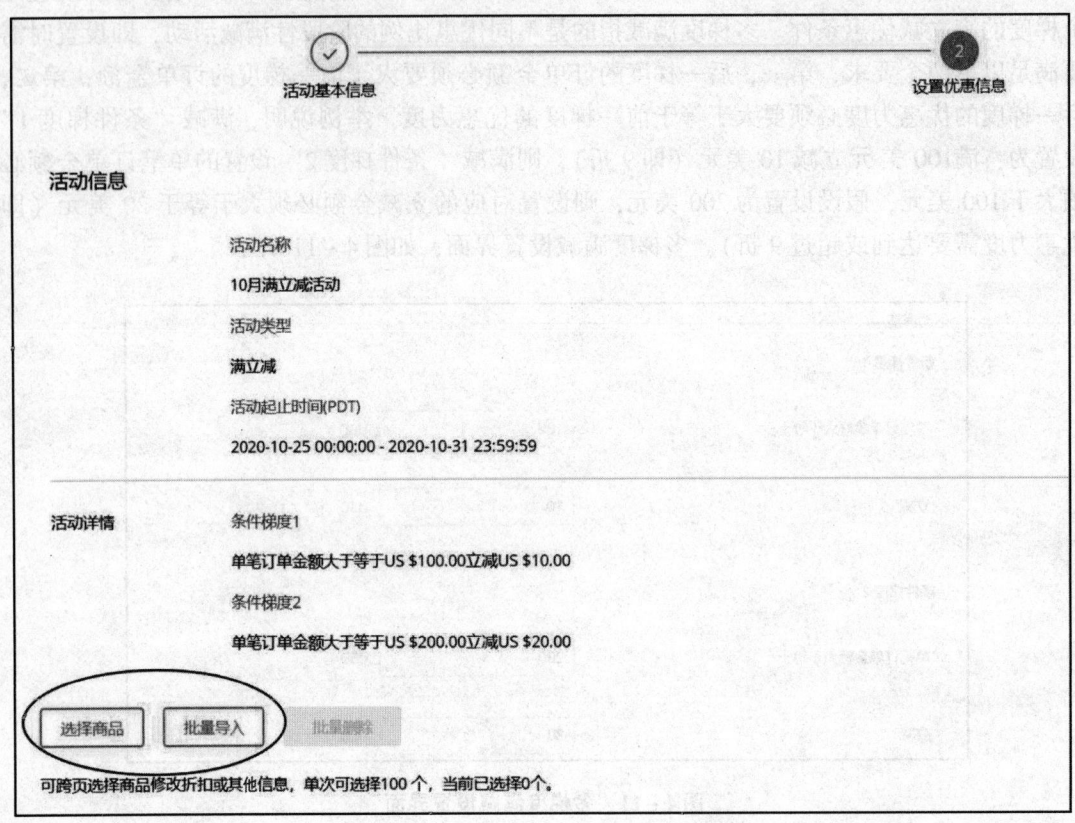

图4-12　部分商品满立减活动选择按钮

图4-13　商品满立减活动产品添加页面

满减条件设置，同样分为"单层级满减"和"多梯度满减"。"单层级满减"可只设置一个条件梯度，则系统默认是单笔订单件数条件以及立减条件。在"条件梯度1"的前提下，该类型的满减不支持优惠可累加的功能（当促销规则为满3件减10%时，则满6件仍旧是减10%）。

"多梯度满减"可设置多个条件梯度，最多可以设置3个梯度的满立减优惠条件。多个条件梯度需要满足以下条件：第一，后一梯度订单件数必须要大于前一梯度的订单件数；第二，后一梯度的优惠力度必须要大于前一梯度的优惠力度。

满件折的设置方法，如图4-14所示。

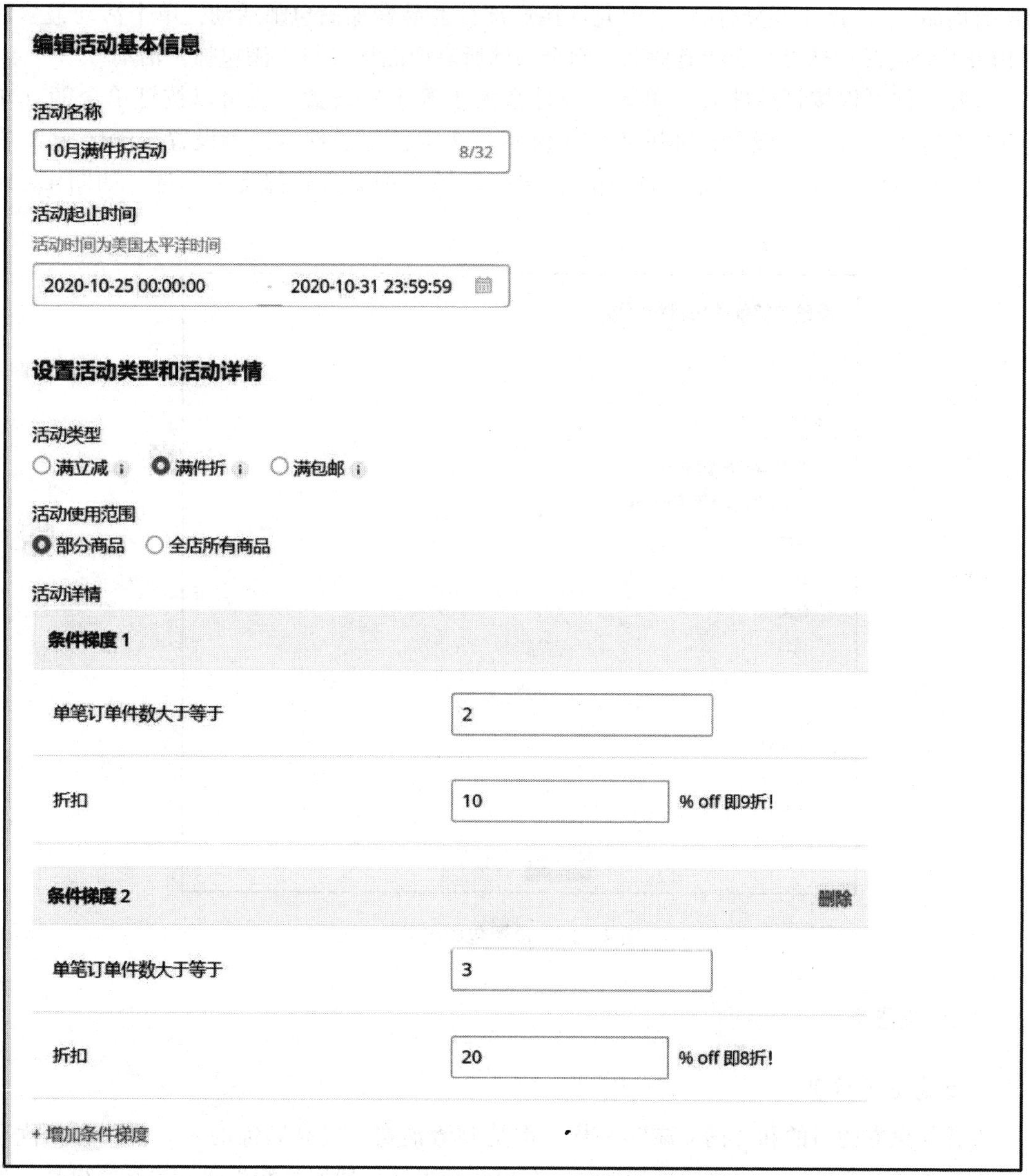

图4-14 满件折活动设置

若"满件折"活动的设置范围是"部分商品",则可以通过"选择商品"或者"批量导入"点选商品。具体设置方式可参考之前的"满立减"活动。

3. 满包邮

"满包邮"活动以包邮作为利益点,可有效提升客单价。卖家可以根据自身经营状况,对店铺设置"满 N 元/件包邮"的促销规则。买家下单时,若是订单总商品数超过了设置的 N 元/件,在买家付款时,在指定的地区范围内,系统自动减免邮费。

"满包邮"活动的创建方式和基本信息的设置方法与"满立减"类似,可以根据店铺的实际需要进行设置。活动基本类型选择"满包邮",活动使用范围可选"部分商品"或"全店所有商品"。选择"部分商品",即允许挑选部分商品参加满包邮活动,单个活动最多添加 10 000 个商品;选择全店所有商品,则全店铺所有商品均参与"满包邮"活动。

包邮条件可以按订单件数(单笔订单件数大于等于)设置,也可以按订单金额(单笔订单金额大于等于)设置,如图 4-15 所示。选定包邮条件后,可设置包邮区域 & 物流方式,系统默认展示全站成交 top 国家,包邮区域和物流方式都支持多选,如图 4-16 所示。

图 4-15 设置包邮条件

(三) 优惠券

1. 优惠券的作用

设置优惠券的目的和"满立减"一样,都是刺激消费,提高店铺的客单价。有些优惠券是没有条件限制的,可以直接抵扣现金,客户在获得之后使用其购买商品的概率很高。另外一些优惠券,需要满一定金额才可以使用,客户在购买商品时就会想办法凑满一定的金额

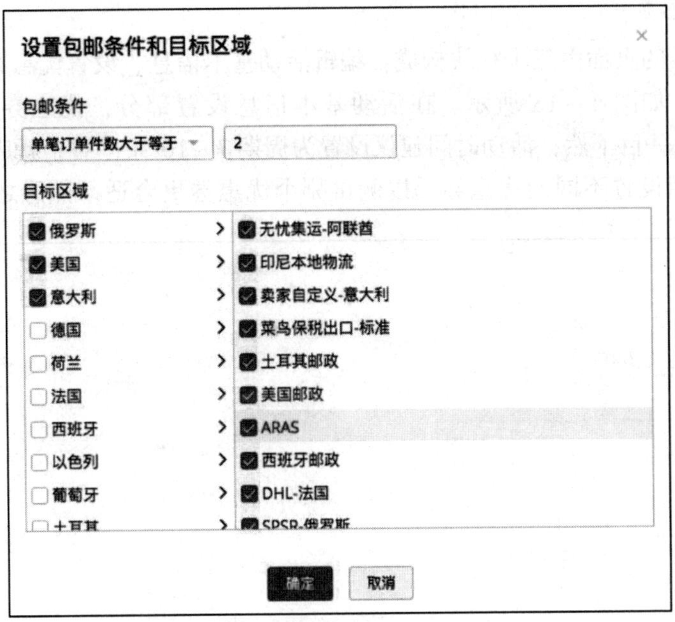

图 4-16　设置包邮区域和物流方式

去使用这个优惠券，这就达到了提升客单价的目的。设置优惠券的另一个目的是增加二次营销的机会。比如定向发放型优惠券，可以针对老客户进行发放，刺激老客户使用优惠券再次购买店铺的产品，达到二次营销的目的。

店铺优惠券主要包括领取型优惠券、定向发放型优惠券以及互动型优惠券等形式。如图 4-17 所示，单击"营销活动"→"店铺活动"，在"店铺优惠券"中单击"创建"按钮，进入创建优惠券活动的页面。

图 4-17　优惠券活动设置界面进入方式

2. 领取型优惠券

领取型优惠券的页面由三个板块构成：编辑活动基本信息、设置优惠券详细内容、设置优惠券使用规则，如图4-18所示。在活动基本信息设置部分，优惠券类型选择"领取型"。活动名称要一目了然，活动时间建议设置为周期7~10天，对于新店铺可以根据店铺的情况，每个周期设置不同的优惠券，以测试哪个优惠券更合适。熟悉之后，也可在月初

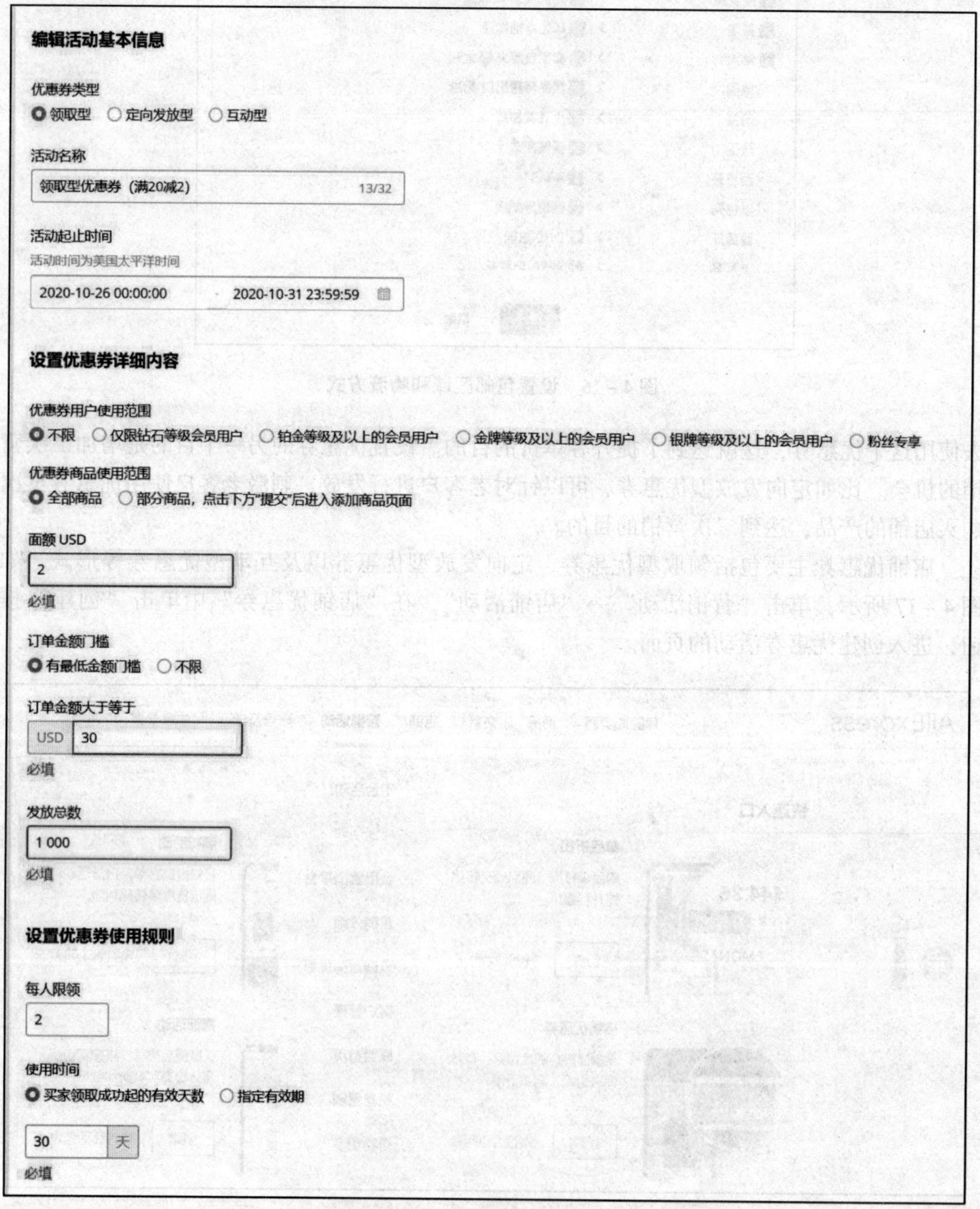

图4-18 领取型优惠券设置界面

一次设置多个优惠券,持续一个月的时间。但是优惠券的优惠幅度要事先规划好,不要和满立减活动重叠。比如,可以设置满 20 美元就可以使用的 2 美元优惠券、满 40 美元就可以使用的 3 美元优惠券、满 60 美元就可以使用的 4 美元优惠券,再设置一个满 80 美元减 5 美元的满立减活动。这样,优惠券和满立减活动就可以联合使用,又不会重叠,保证每一个幅度的客户都能够享受到优惠。

在优惠券详细内容设置部分,可以输入相应的"面额",即订单金额满足使用条件时的优惠金额,也可以理解为优惠券的优惠金额。如果店铺利润允许或是出于引流的目的,可以选择不限条件的优惠券以吸引客户。如果是需要满足一定条件的优惠券,可直接填写使用该优惠券需要满足的面额,即最低金额门槛。还可以根据不同会员等级设置优惠券(只有对应等级及以上的买家才可以看到,如设置铂金等级的,那么铂金和钻石的买家可见,金牌和银牌的买家不可见)。优惠券使用范围可以选择全店商品,也可以选择部分商品。

在优惠券使用规则设置部分,可设置相应的限领张数。使用时间设置要适当。如果设置的时间太短,客人还没使用就过期了,达不到设置优惠券的目的;如果时间太长,顾客又容易忘记使用。一般优惠券的有效期在 7~10 天比较有效。可按买家领取成功起的有效天数设置,或设置指定的有效期。

3. 定向发放型优惠券

定向发放型优惠券是除领取型优惠券之外,另一种主要的店铺优惠券。它的发放对象包括在店铺中有过交易的顾客、添加店铺的商品到购物车的顾客以及添加店铺的商品到 Wish List 的顾客。定向发放型优惠券可以实现新老买家的主动激活维护。

如图 4-19 所示,定向发放型优惠券和领取型优惠券的页面类似,也是由三个板块构成的:编辑活动基本信息、设置优惠券详细内容、设置优惠券使用规则。在活动基本信息部分,优惠券类型选择"定向发放型"。发放方式为直接发放,即直接给客户发放店铺优惠券,这时建议配合客户营销邮件,对买家进行优惠券的营销,刺激买家前来下单。活动名称同样要一目了然。需注意的是,定向发放型优惠券的活动开始时间是即时生效的,即活动提交后立即生效,生效后即可添加用户,发放优惠券。活动结束时间可以单独设置。

在优惠券详细内容设置部分,可以输入相应的"面额",即订单金额满足使用条件时的优惠金额,也可以理解为优惠券的优惠金额。可以选择不限条件的优惠券来吸引客户。如果是需要满足一定条件的优惠券,直接填写使用该优惠券需要满足的面额,即最低金额门槛。

在优惠券使用规则设置部分,可设置相应的限领张数。使用时间为指定有效期,设置原理和领取型优惠券类似。三个部分都设置好后,单击下方"提交"按钮,完成设置。

设置完成后,回到店铺优惠券列表页,在页面右上方,单击"发送定向优惠券",如图 4-20 所示。在生成的活动页面中单击"添加用户发放优惠券"按钮,进入发送定向优惠券设置页面,单击"选择客户"按钮,选择发放客户,如图 4-21 所示。

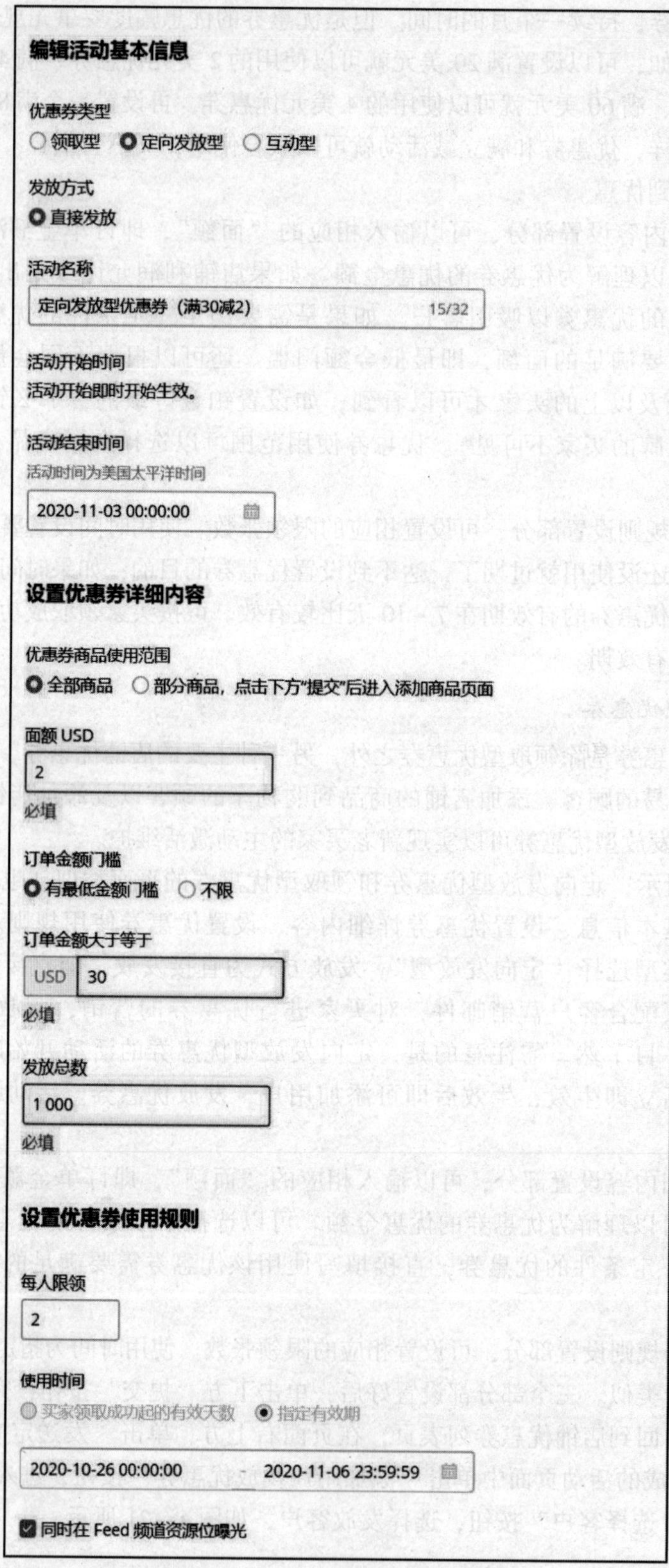

编辑活动基本信息

优惠券类型
○ 领取型　● 定向发放型　○ 互动型

发放方式
● 直接发放

活动名称
定向发放型优惠券（满30减2）　　　15/32

活动开始时间
活动开始即时开始生效。

活动结束时间
活动时间为美国太平洋时间
2020-11-03 00:00:00

设置优惠券详细内容

优惠券商品使用范围
● 全部商品　○ 部分商品，点击下方"提交"后进入添加商品页面

面额 USD
2
必填

订单金额门槛
● 有最低金额门槛　○ 不限

订单金额大于等于
USD 30
必填

发放总数
1 000
必填

设置优惠券使用规则

每人限领
2

使用时间
○ 买家领取成功起的有效天数　● 指定有效期
2020-10-26 00:00:00　-　2020-11-06 23:59:59

☑ 同时在 Feed 频道资源位曝光

图 4-19　定向发放型优惠券设置界面

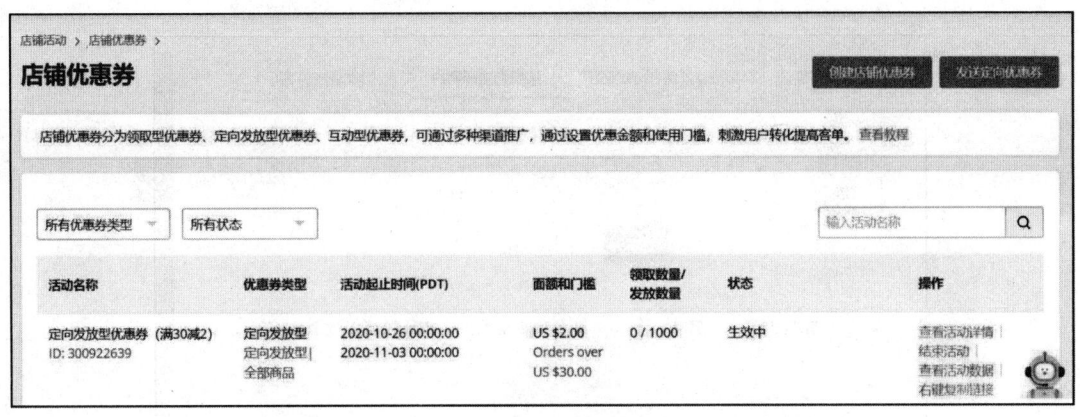

图 4-20　优惠券列表页面

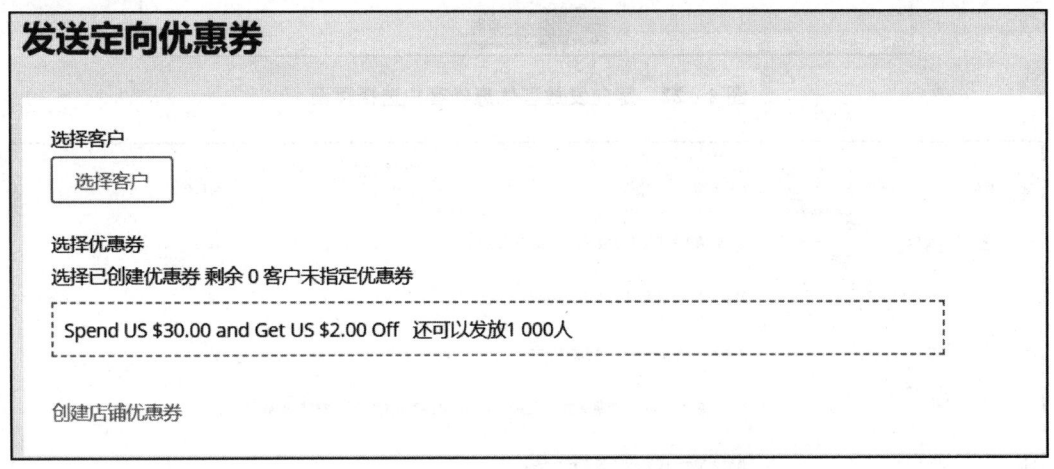

图 4-21　发送定向优惠券设置页面

如图 4-22 所示，在客户选择界面中，可以按照不同的分类方式选择需要发放优惠券的客户。包括按分组选择客户、按成交和评价选择客户、按加购选择客户以及按加收藏选择客户。例如，按分组选择客户，可以按特定的分组规则勾选自己想要的客户分组，若要新建分组，单击"客户分组"，如图 4-23 所示。选择好客户之后，返回"发送定向优惠券"页面选择之前创建的活动，单击"确认发送"，则完成定向发送优惠券的设置，如图 4-24 所示。

4. 互动型优惠券

互动型优惠券分为金币兑换型优惠券、秒抢型优惠券、聚人气优惠券三种类型。

（1）金币兑换型优惠券

金币兑换型优惠券用于 AliExpress App 的金币频道。AliExpress 无线金币频道是目前手机 App 上高流量、高黏度频道。频道中包括各类的游戏玩法和红包优惠，吸引着全球买家回访和转化。作为一个大流量的营销平台，卖家可以通过设置店铺 Coupon 或者报名参加金币兑换商品活动来吸引更多高黏度的买家到自己的店铺里。用户在金币频道内，通过签到或者做游戏获取金币，进而通过金币来兑换相应的权益，例如店铺优惠券。因此，设置金币兑换型优惠券后，有机会参与金币频道活动。

· 131 ·

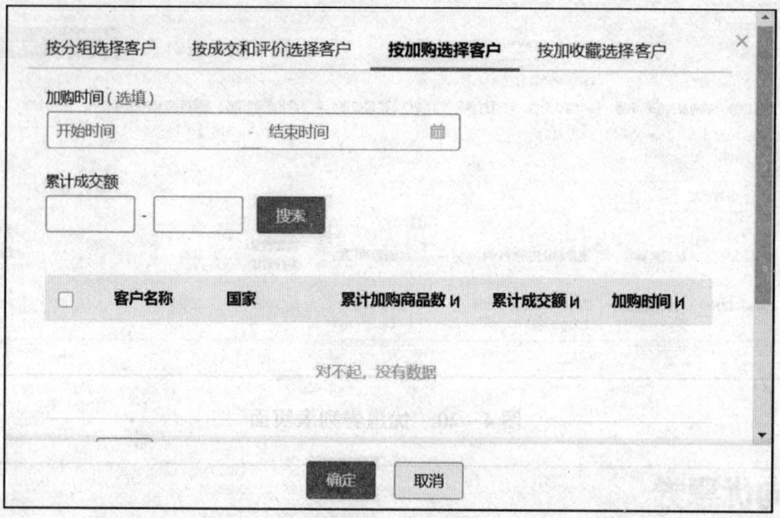

图4-22 定向发放型优惠券客户选择页面

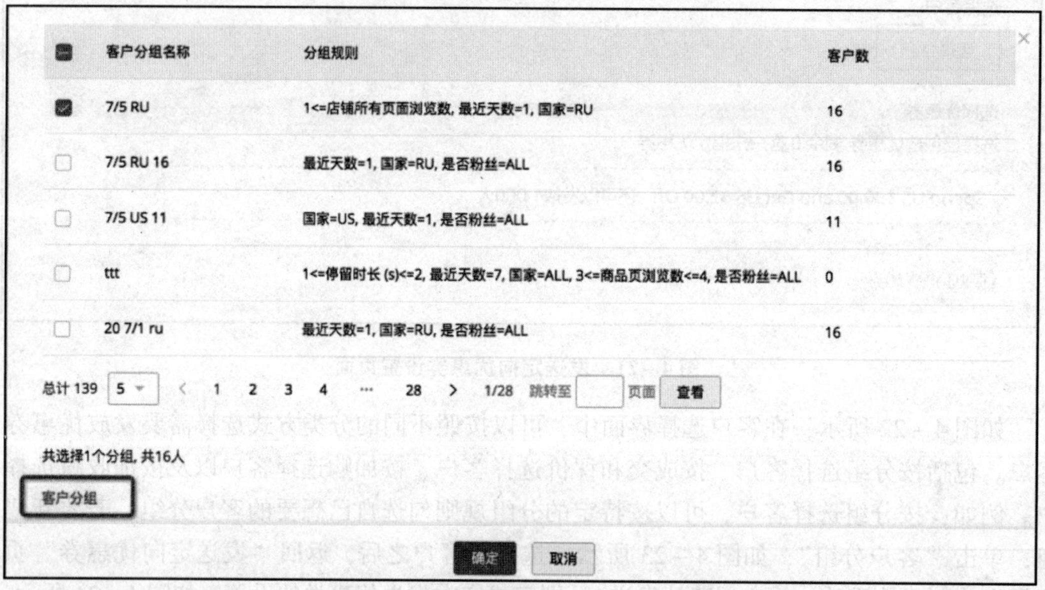

图4-23 按分组选择定向优惠券发放客户

需要注意的是，金币兑换型优惠券默认商品使用范围为全部商品。金币兑换型优惠券的使用门槛条件必须为1:3以下，即Coupon订单金额与Coupon面额之比小于等于3，例如，优惠券面额为10，那么优惠券订单门槛最高为30，最低不限。

金币总换型优惠券设置方式，如图4-25所示。

（2）秒抢型优惠券

秒抢型优惠券是通过无门槛的大额店铺优惠券吸引买家到店，可有效提高买家的活跃度。秒抢型优惠券是平台发起、商家参与的活动，该类活动不会主动在店铺中呈现，会在平台活动中不定时获得曝光。

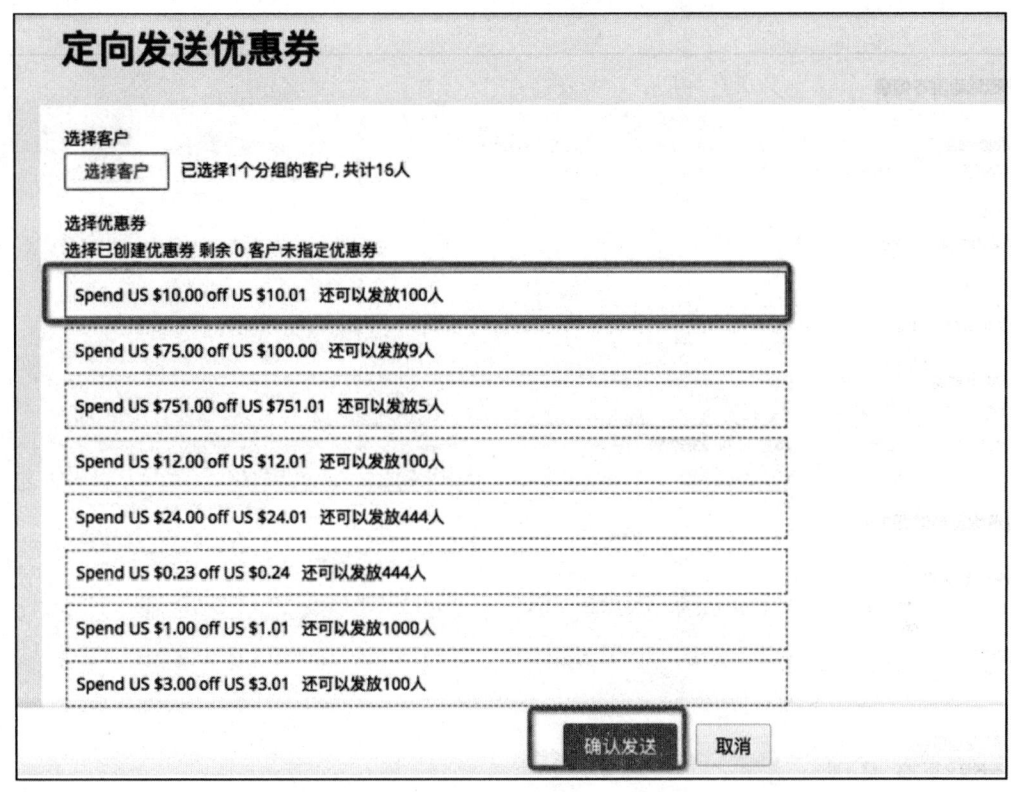

图 4-24 定向发送优惠券

需要注意的是,活动的开始时间只可选择每天的美国时间 2 点、8 点、14 点和 20 点,结束时间为开始时间后 2 小时。秒抢型优惠券具体设置方式,如图 4-26 所示。

(3) 聚人气优惠券

聚人气优惠券可以通过买家人传人的形式快速给店铺带来新流量,买家分享、邀请其他买家帮其领取,即可获得此店铺优惠券。聚人气优惠券是平台发起、商家参与的活动,因此该类活动不会主动在店铺中呈现,会在平台活动中不定时获得曝光。需要注意的是,聚人气优惠券商品使用范围为全部商品,优惠券在买家使用条件的设置上是不限的,即无门槛要求。聚人气优惠券的具体设置方式,如图 4-27 所示。

不论是聚人气优惠券还是秒抢型优惠券,或已有的领取型优惠券、定向发放型优惠券,买家都可以同时领取多张,但是在一次下单时只能使用其中的一张。卖家需要合理地计算店铺利润,才能获得好的流量和转化效果。

5. 搭配活动

搭配销售可以将店铺商品进行组合销售,刺激转化,提高客单价。新版搭配销售去掉了算法搭配折扣比例,卖家可以编辑算法创建的搭配套餐,进行自主定价。

如图 4-28 所示,登录"我的速卖通",单击"店铺活动",在"搭配活动"中单击"创建搭配套餐"。接着在出现的页面上选择主商品和搭配的子商品。如图 4-29 所示,可以选择 1 个主商品和 1~4 个子商品,同时设置搭配价。一个商品最多可以在 3 个搭配套餐

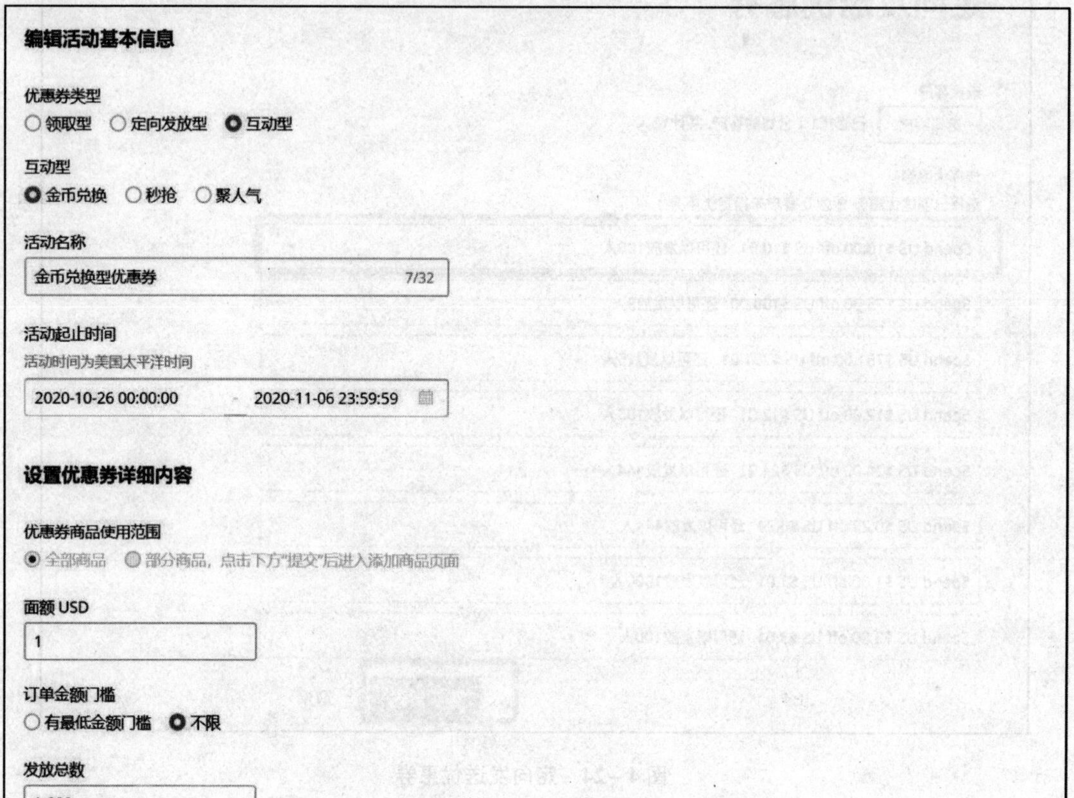

编辑活动基本信息

优惠券类型
○ 领取型 ○ 定向发放型 ● 互动型

互动型
● 金币兑换 ○ 秒抢 ○ 聚人气

活动名称
金币兑换型优惠券   7/32

活动起止时间
活动时间为美国太平洋时间
2020-10-26 00:00:00 — 2020-11-06 23:59:59

设置优惠券详细内容

优惠券商品使用范围
● 全部商品 ○ 部分商品,点击下方"提交"后进入添加商品页面

面额 USD
1

订单金额门槛
○ 有最低金额门槛 ● 不限

发放总数
1 000

设置优惠券使用规则

每人限领
1

使用时间
● 买家领取成功起的有效天数 ○ 指定有效期
30 天

ⓘ 您设置的优惠券信息将在金币频道向买家用户展示,买家用户可通过点击"金币兑换"来领取优惠券。

图 4-25　金币兑换型优惠券设置

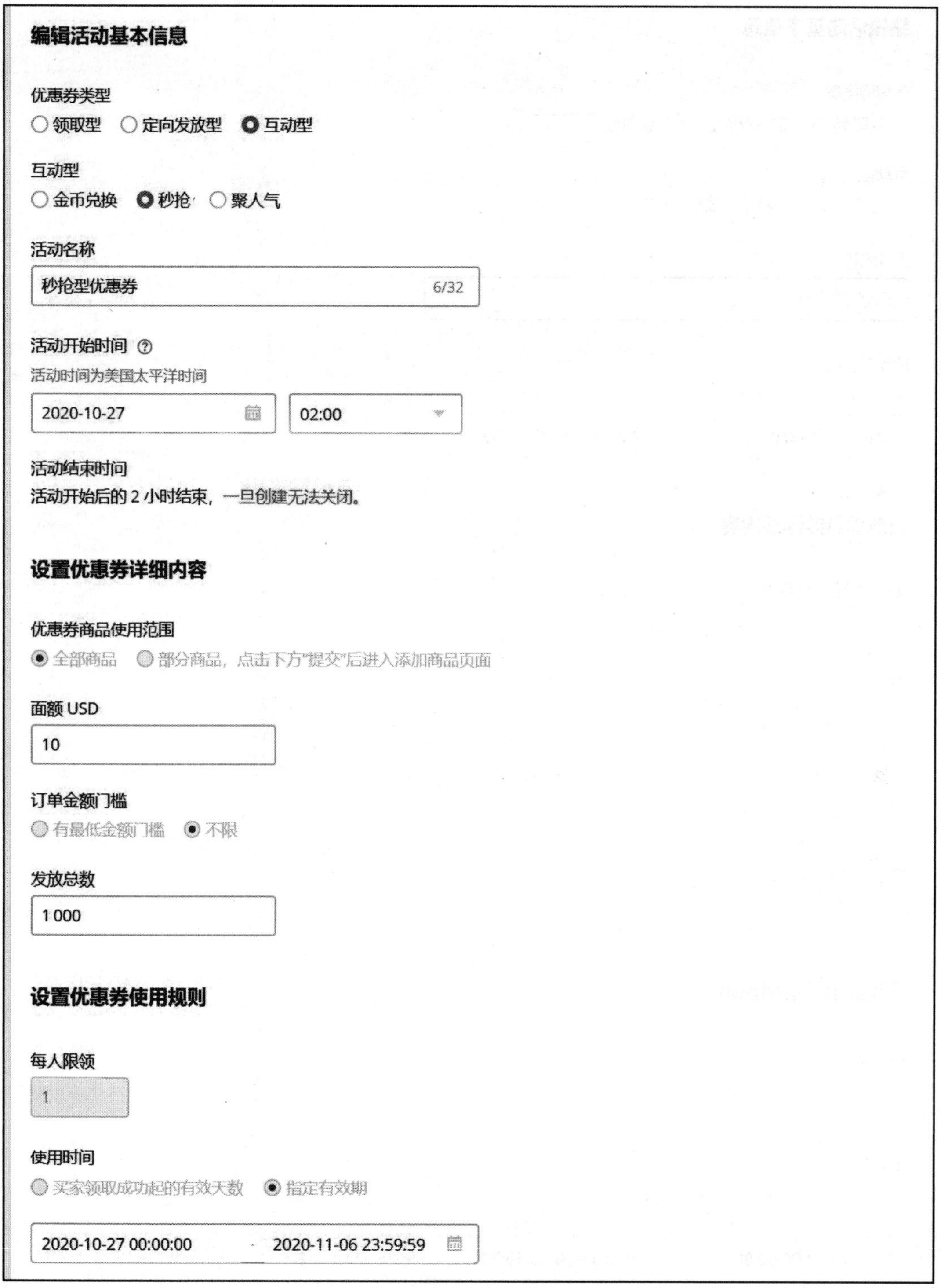

图 4-26 秒抢型优惠券设置

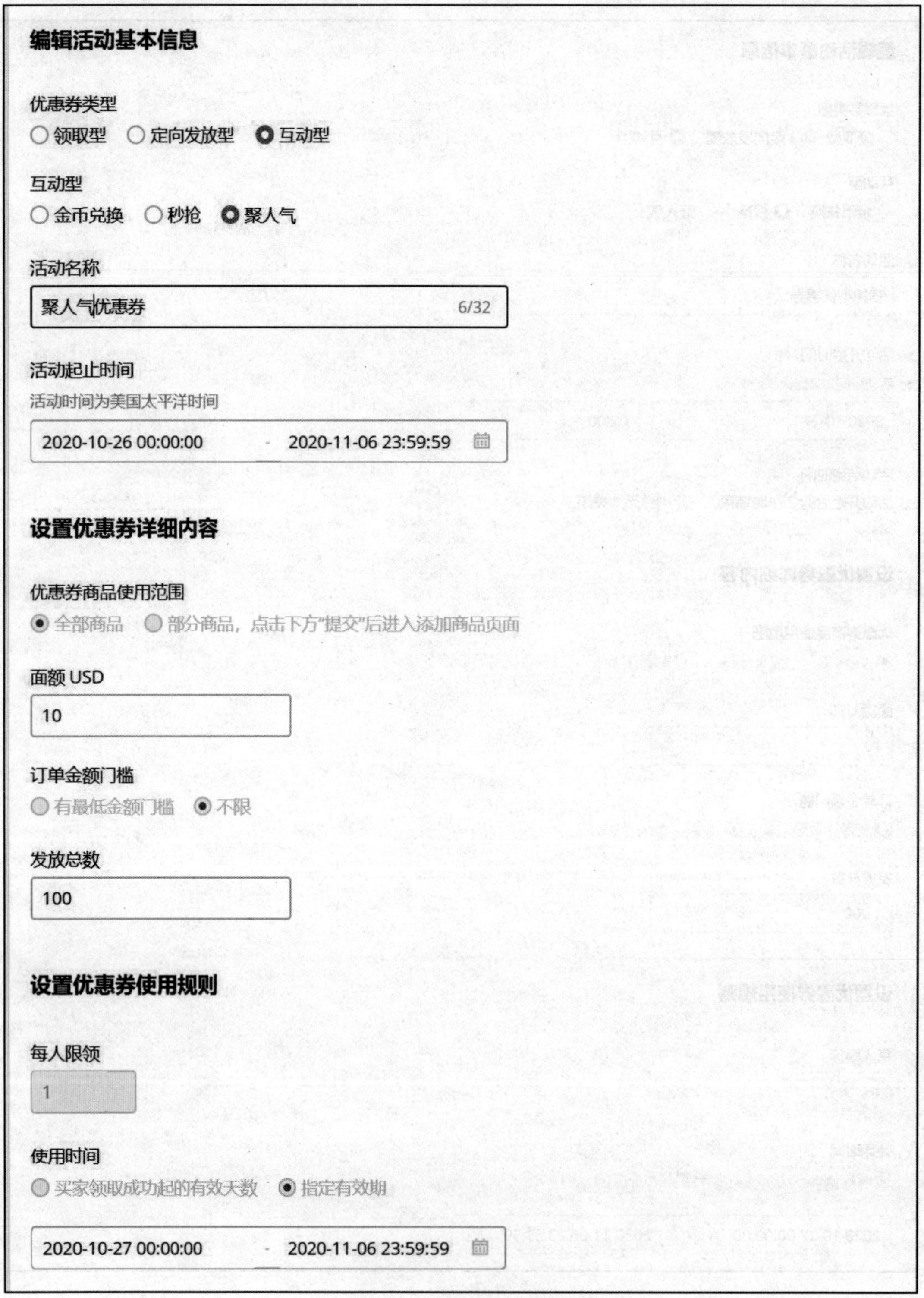

图 4-27 聚人气优惠券设置

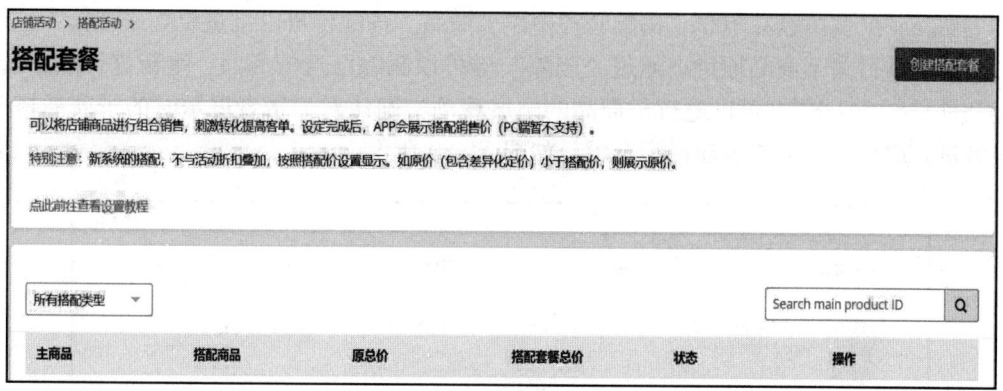

图 4-28 搭配活动入口

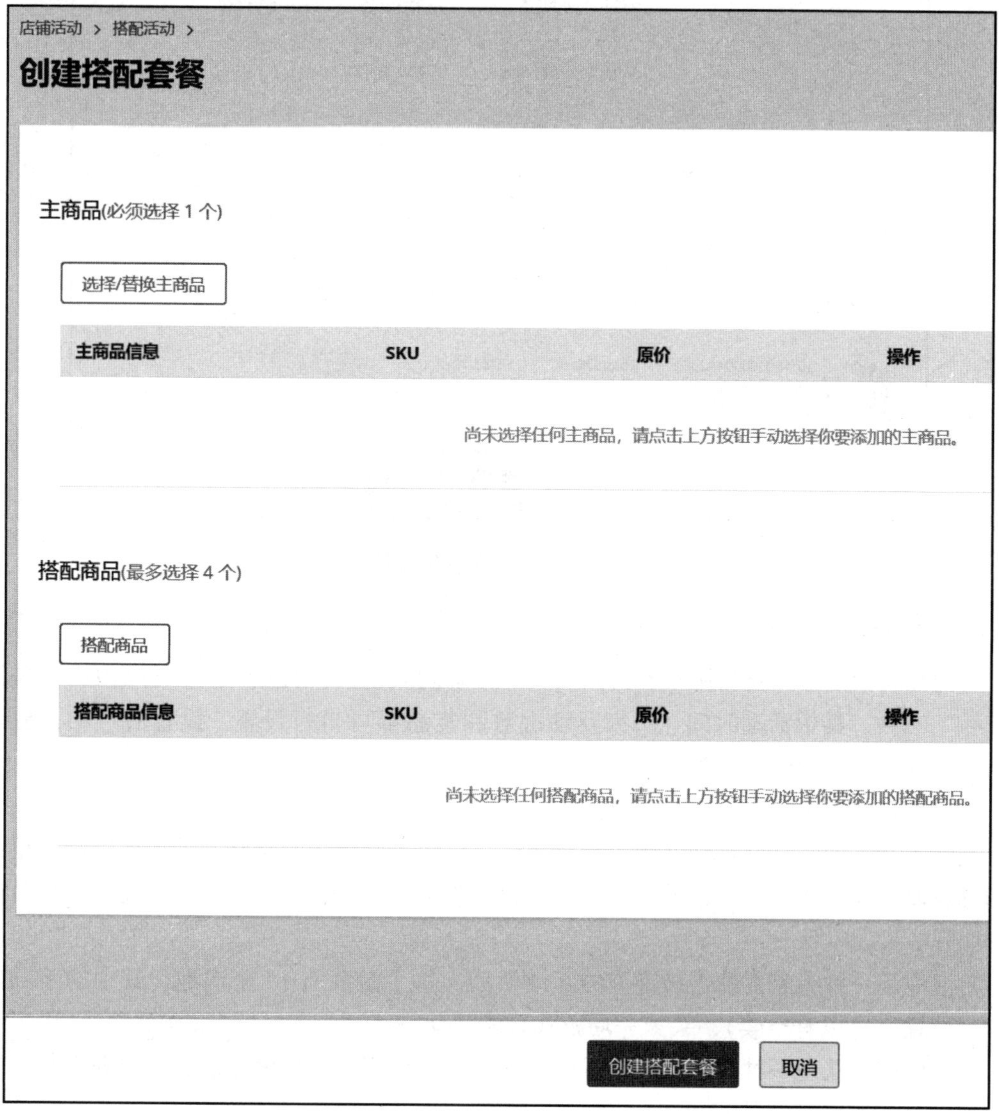

图 4-29 选择主商品和子商品

中作主商品，最多可以在100个搭配套餐中作子商品。搭配价可以批量设置或者单个进行设置，搭配价不可大于商品原价。通过"删除"键可以删除已选的商品，重新进行商品选择。通过"前移""后移"，可以进行子商品的顺序移动，确认对消费者展示时的子商品搭配顺序。编辑完成后，可提交创建搭配套餐，如图4-30所示。

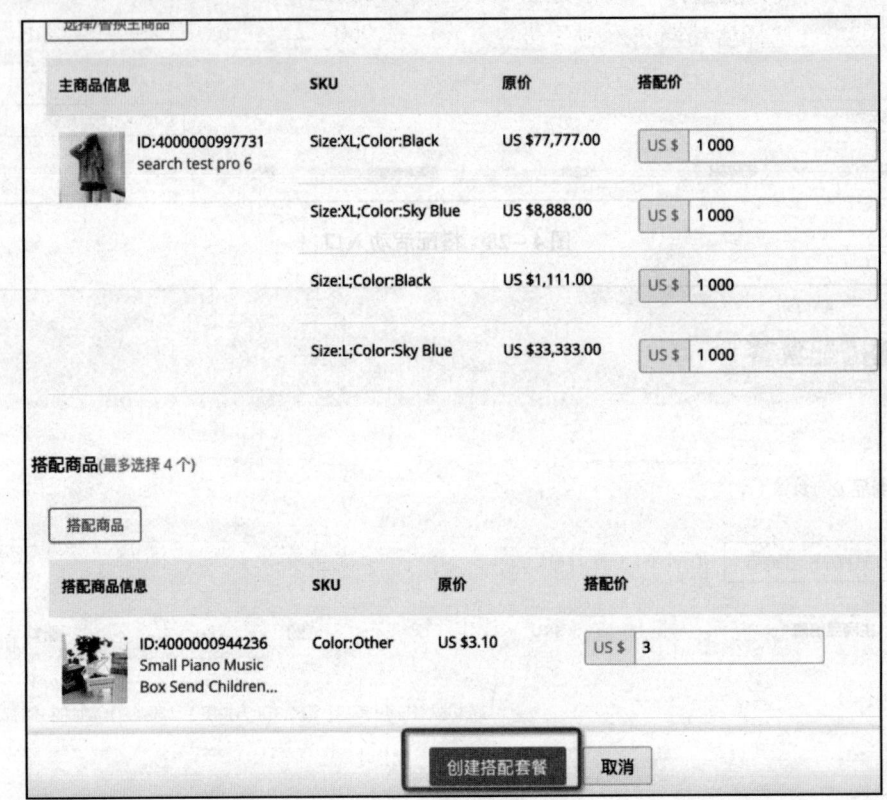

图4-30 设置搭配套餐

6. 互动活动

店铺互动活动分为互动游戏和拼团两类。互动游戏包括："翻牌子""打泡泡""关注店铺有礼"三种，其中活动时间、买家互动次数和奖品都可自行设置，设置后选中，放入粉丝趴Store Club帖子中，可快速吸引流量到店。

（1）互动游戏介绍

翻牌子是一种九宫格互动活动，有8张牌，对应8个不同的奖励，买家可以通过单击不同的牌获取不同的奖品，其中的奖励由卖家自行设置（可以有空奖），一个买家一次只能单击一张牌。

打泡泡是一种买家射箭击破泡泡的互动活动，每个游戏有18个泡泡，其中的奖励由卖家自行设置（可以有空奖），买家一局游戏只能互动一次。

关注店铺有礼是一种卖家自行设置的互动活动，买家收藏店铺之后，可以获得相应的奖励，奖励由卖家自行设置。

（2）互动游戏设置

如图 4-31 所示，登录卖家后台，单击"营销活动"→"店铺活动"→"互动活动"，进入创建页面后，选择"创建互动游戏"。在设置页面上可以进行相关互动游戏信息的设置。活动名称不超过 32 个字符，只供查看，不展示在买家端。活动起止时间为美国太平洋时间，最长支持设置 180 天的活动，且取消每月活动时长、次数的限制；活动时间开始时，活动即生效。每次只能选择一种游戏互动类型。互动次数可选择活动期间限制每天互动次数（1~100），也可选择活动期间限制互动总数（1~1 000）。"翻牌子"和"打泡泡"支持自主上传背景图。互动游戏的设置方式，如图 4-32 所示。

图 4-31 创建互动游戏

互动游戏可自行设置相应的奖励，所设置的店铺优惠券只有和店铺互动活动相符合才可以创建。创建时可以添加多个奖励，如果发放金币，那么可制定不同的金币面额，并且明确总的金币发放数量（金币：平台对卖家进行的奖励，只有在特定的活动中才会对卖家发放。具体可在"查看金币账户"中进行查看，日常卖家是不会获得金币的）。

互动活动过程中，如果奖品已经发放完了，可以随时进行奖品的替换；系统会默认有一个空奖，当店铺的奖励发放完毕时，发给买家空奖。

二、联盟营销

（一）联盟营销的概念

速卖通联盟营销是一种"按效果付费"的推广模式。参与联盟营销的卖家，只需为联盟网站带来的成交订单支付联盟佣金。联盟营销为店铺带来站外的流量，只有成交才需付费。加入速卖通联盟之后，商品除了在现有的渠道进行曝光外，站内会在速卖通的联盟页面或渠道得到额外曝光，站外会输送联盟流量，带来的用户下单后，卖家才需要支付佣金。加入联盟营销无需预先支付任何费用，推广过程完全免费。

联盟营销

（二）加入和退出联盟营销

如图 4-33 所示，单击"营销活动"→"联盟看板"，勾选"我已阅读并同意此协议"，然后单击"下一步"按钮，进入联盟佣金设置比例页面。设置好佣金比例后，单击"加入联盟计划"按钮，就成功加入了速卖通联盟营销，如图 4-34 所示。一旦加入联盟，整店

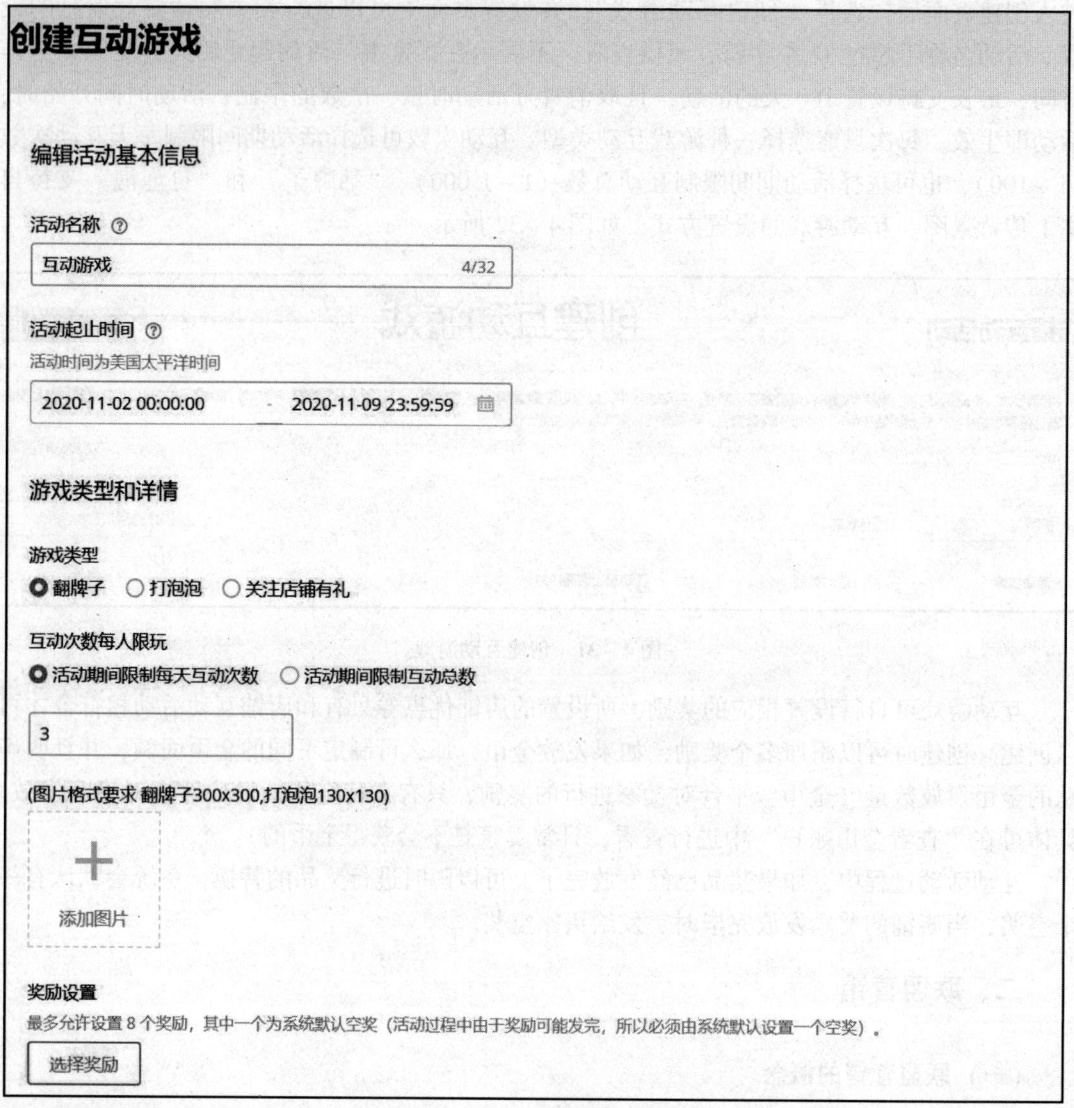

图 4-32 互动游戏设置

所有商品就都变成了联盟商品。同时，系统会自动根据店铺设置的默认联盟佣金比例为店铺所有的商品设置联盟佣金。如果希望推广的效果更好，建议根据产品的利润空间调整联盟佣金比例。

加入联盟推广 15 天后，卖家可以退出。请注意，卖家退出联盟后创建的订单将不再收取联盟佣金。若订单在卖家退出之前创建，并且是联盟订单，则这部分订单交易结束后仍要收取联盟佣金。单击链接可退出联盟营销：https://afseller.aliexpress.com/affiliate/exit.htm，如图 4-35 所示。从退出的那天开始计算，15 天后可以再次申请加入。

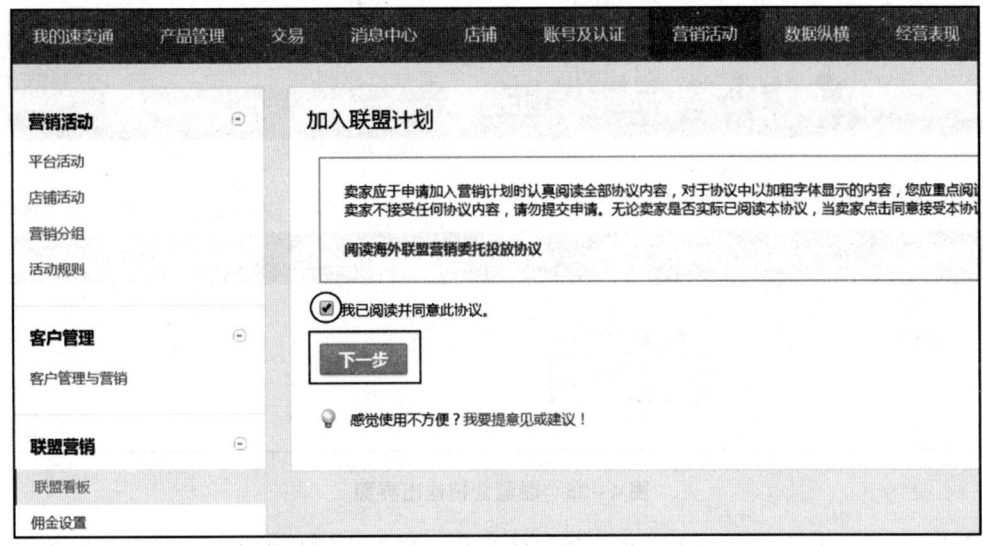

图 4-33 联盟营销加入方式

图 4-34 联盟佣金设置界面

(三) 联盟营销的商品推广策略

联盟支持按全店铺、类目、单个产品（主推、爆品）设置佣金比例，进行重点推广。全店铺是指加入联盟后，整店铺的默认佣金比例，默认3%。类目是指针对某个类目去设置不同的佣金比例，不同行业、门槛不一致。比如，箱包类目的佣金比例门槛值为5%，消费电子类目的佣金比例门槛值为3%。按照主推或爆品设置，即针对店铺里的某些商品可以去设置重点推广的佣金比例。

图 4-35 联盟营销退出界面

爆品是指商家想要在短期重点提高销量的商品,每个店铺最多可以设置 1 000 个。商家可以针对推广情况设置,该数量仅表示上限,不表示必须添加到 1 000 个。建议选取店铺优质商品进行添加,设置具备竞争力的佣金率,在商品的价格上也需要有竞争力,再结合店铺的推广活动以及优惠券等,以加大吸引买家的力度。主推产品是指商家想要长期重点推广的商品,每个店铺最多可设置 60 个。

爆品和主推产品,本质上都是对单品的推广方式。爆品的优势在于,在流量渠道后台有单独的爆品物料专区,在承接阵地上爆品也会优先推荐。两者可以是同一个商品。不同产品的佣金比例关系为:爆品≥主推产品≥类目≥默认。

对于店铺已经热卖的商品,可参考保守的佣金策略,主打维稳,参考爆品起值 8% ~ 9%;对于转化效果好但流量还较低的商品,或近期网站的搜索走势呈上升趋势的潜力爆品,可以设置中等佣金率,大约 20%;对于应季新品、清仓品可采取前期激进+后期保守的佣金策略。前期激进的佣金策略用联盟来测款,佣金率可设到 30% 及以上,每周关注推广数据,有效果之后可酌情调整佣金,同时用站内关键词竞争+活动等方式补足流量。

(四)联盟营销的推广计划

联盟营销的推广计划包括:单品营销计划、买家权益计划、主推计划、店铺通用计划。

1. 单品营销计划

单品营销计划是联盟推出的帮助店铺推广重点单品、打造确定性流量的推广方式,拥有联盟商家专属阵地曝光流量、专属站外渠道推广动力,以及优质营销资源加持。

设置上可以自主选择商品,也可以单击"手动添加商品",勾选"仅显示平台推荐商品"进行添加,如图 4-36 所示。平台推荐商品是基于买家的浏览订购数据与店铺内商品的销量转化情况,结合推荐的"添加后有机会获得更多流量和成交"的商品。卖家可结合营销品报表关注该部分商品的流量和成交变化。每日更新,但结合店铺的情况,每日更新出的商品量略有不同,建议至少每周关注一次。

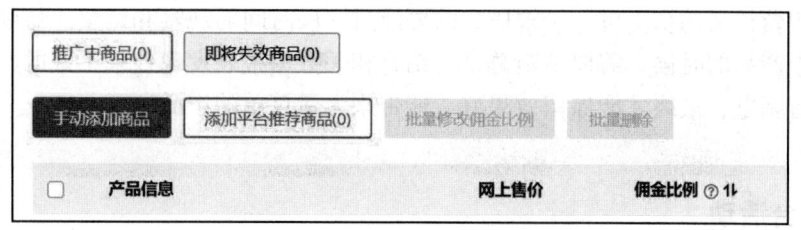

图 4-36　单品营销计划设置

2. 买家权益计划

买家权益计划是联盟基于推广中买家反馈的需求而推出的帮助商家更好地推爆商品的一种计划。

在商品的选择上，一般选择有推爆潜力的商品，比如店铺高转化商品，店铺或平台热搜、高增长趋势的商品。佣金设置方面，在所有站内和站外的流量分配场景中，会遵循优质品高佣金、高曝光原则。目前，权益计划的佣金会自动同步店铺设置的各类计划中的最高佣金。即如果仅将某商品设置为营销计划，该商品的佣金设置为 8%，则联盟会自动同步该佣金比例及买家权益，面向站外推广。推广渠道方面，可以自主选择全部或部分联盟渠道投放。建议结合优惠力度和推广商品决定，如无特殊要求，建议选择联盟全渠道投放。

3. 主推计划

店铺加入联盟，则全店铺所有商品都将加入联盟推广，店铺中任一商品通过联盟渠道成交，都会支付佣金。为了保证主推商品有好的推广效果，建议选取店铺优质商品进行添加（即商品品质好、有销量、好评率高，商品描述质量高等），同时设置具有竞争力的佣金率。

4. 店铺通用计划

加入联盟后，整店铺的商品都会通过联盟的全球营销矩阵进行推广。可以针对不同类目设置不同的佣金比例。如果希望针对部分重点商品进行确定性流量设置，可以移步到单品营销计划去设置。相应类目的佣金可进行相应的添加或修改，如图 4-37 所示。

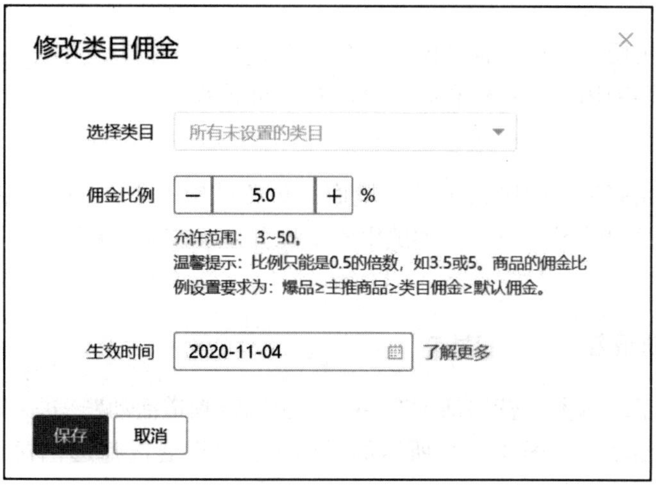

图 4-37　类目佣金设置

进行联盟营销活动切不可急于求成，需要经过一段时间的观察和调整。特别是在设置联盟爆品或主推产品的时候，需要不断总结，结合相关数据报表发现效果不好的产品，将其替换掉，或进行调整，最终才能保留效果好、能带来大量订单的产品。

三、平台活动

平台活动是阿里巴巴速卖通面向卖家推出的免费推广服务，是速卖通效果最为明显的营销利器之一。它能够帮助店铺实现高曝光率、高点击率、高转化率等一系列目标。在店铺发展的各个阶段，效果都是立竿见影的。

平台活动

（一）常见平台活动类型

常见的平台活动有 Flash Deals（含俄罗斯团购）、金币频道、品牌闪购频道、拼团频道、试用频道。

1. Flash Deals（含俄罗斯团购）

Flash Deals 是速卖通平台为更好地提升活动流量、给产品带来更多的曝光位、提升用户体验而推出的活动。本频道在 PC 端和无线端同时拥有海量入口，将会聚集最大的活动曝光，是平台的爆品中心，帮助卖家打造店铺爆品。新版包含俄罗斯团购普招爆品团活动。

2. 金币频道

App 端的权益频道，利用金币带来的权益吸引买家定期回访。卖家可报名提交商品参加活动，审核通过的商品将展现在速卖通 App 的金币频道，供买家用金币兑换。

3. 品牌闪购频道

头部品牌的营销阵地，潜力品牌的孵化器。速卖通会定期推出不同主题及针对不同类目品牌商品的限时限量活动。此活动的入选品牌商品能享受 PC 端及无线端首焦最大的曝光倾斜。

4. 拼团频道

拼着一起买，更便宜。可结合站内外综合营销活动，获取社交流量。通过拼团营销活动设置更低的折扣，驱动用户在站外和好友分享并共同下单。

5. 试用频道

速卖通无线试用频道是中国最大的跨境商品免费试用中心，100% 买家原创，360 度全面实拍，客观描述试用情况。通过提供试用商品吸引买家进店并关注宝贝，为品牌快速入市提供帮助。

（二）平台活动报名

如图 4-38 所示，单击"营销活动"→"平台固定频道活动"，进入活动报名页面，选择想要报名的平台活动；在图 4-39 所示的界面上，可以通过筛选栏找到符合条件的平台活动。

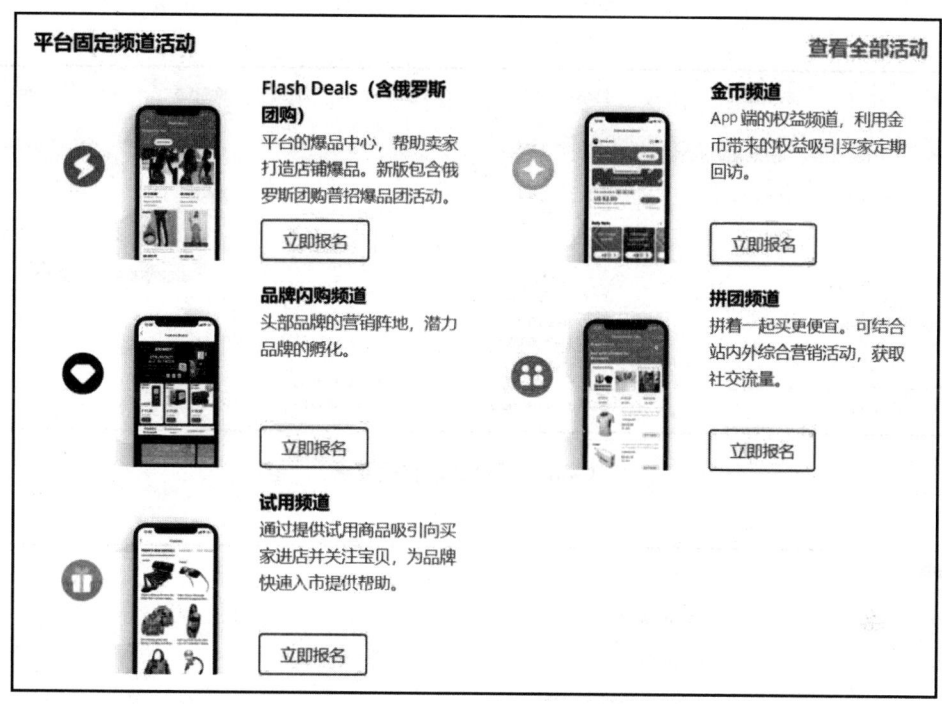

图4-38 平台活动报名界面

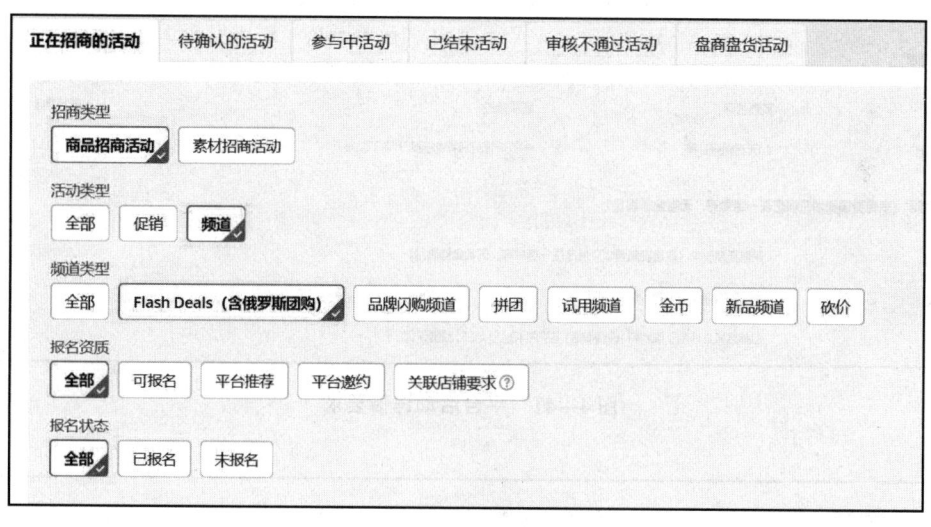

图4-39 平台活动条件筛选

查看活动报名要求,找到符合要求的活动进行报名。符合要求时,"我要报名"的按钮即显示为可点;若不符合要求,"我要报名"不可点,且在下方会显示"不符合资质原因"。点击查看原因,可以根据实际情况进行调整,如图4-40所示。单击"查看活动详情"后,即可以看到所有的活动要求。只有满足所有的要求,才可以进行报名,如图4-41所示。

如图4-42所示,选择符合条件的平台活动,单击"立即报名"按钮进行报名。

活动名称	活动类型	招商时间	展示时间	报名状态	操作
新版Flash Deals（含俄罗斯团购）频道爆品团日常招商活动					
俄罗斯团购爆品团1072期	俄罗斯团购	2020-11-02 00:00:00 2020-11-08 23:59:59	2020-11-18 00:00:00 2020-11-22 23:59:59	未报名 不符合资质 ▼	查看活动详情
FD限时抢购招商Global活动					
Flash Deals-限时抢购招商Global-11月9日-0点场	Flash Deals	2020-10-30 09:00:00 2020-11-05 00:00:00	2020-11-09 00:00:00 2020-11-09 00:59:59		
Flash Deals-限时抢购招商Global-11月10日-0点场	Flash Deals	2020-10-30 09:00:00 2020-11-05 00:00:00	2020-11-10 00:00:00 2020-11-10 00:59:59	不符合资质 ▼	

活动资质要求	我的资质
90天店铺好评率	⊗ 不符合

查看更多资质要求

图 4-40 平台活动资质要求

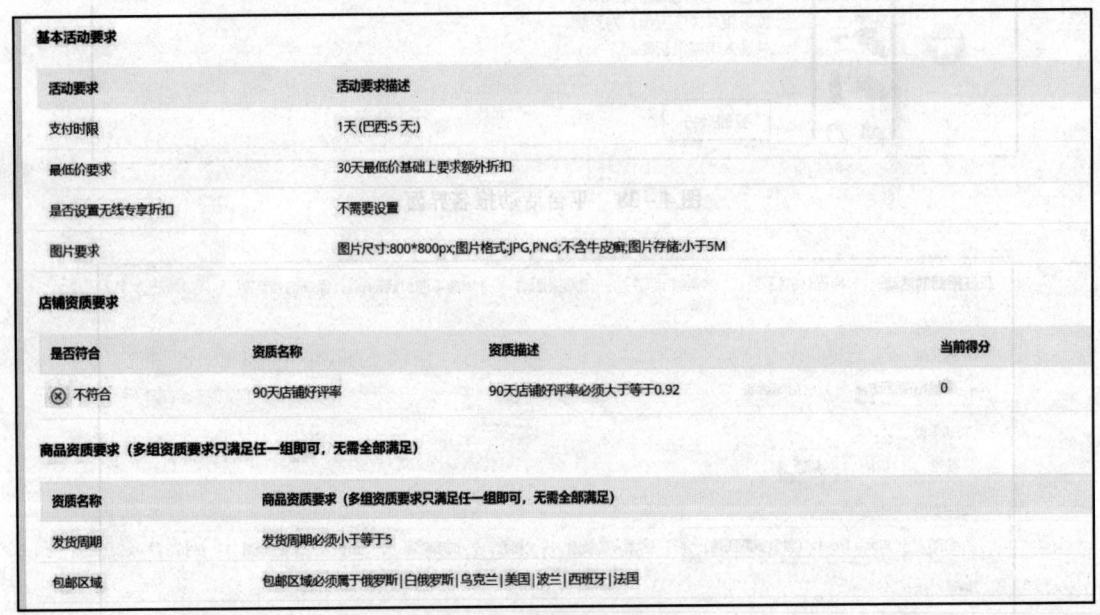

图 4-41 平台活动详情要求

| 测试活动-test-店铺的优惠券4 | Flash Deals | 2019-07-29 06:04:00
2019-08-26 00:00:00 | 2019-08-27 00:00:00
2019-09-03 00:00:00 | 未报名 | 立即报名 |
| 测试活动-test-店铺的优惠券3 | Flash Deals | 2019-07-29 06:00:00
2019-08-26 00:00:00 | 2019-08-27 00:00:00
2019-09-03 00:00:00 | 未报名 | 立即报名 |

图 4-42 平台活动报名

添加要报名活动的商品，设置活动基本信息（含折扣率、库存等）。设置完毕后，单击下方"全部提交报名"按钮，等待活动审核，如图 4-43 所示。

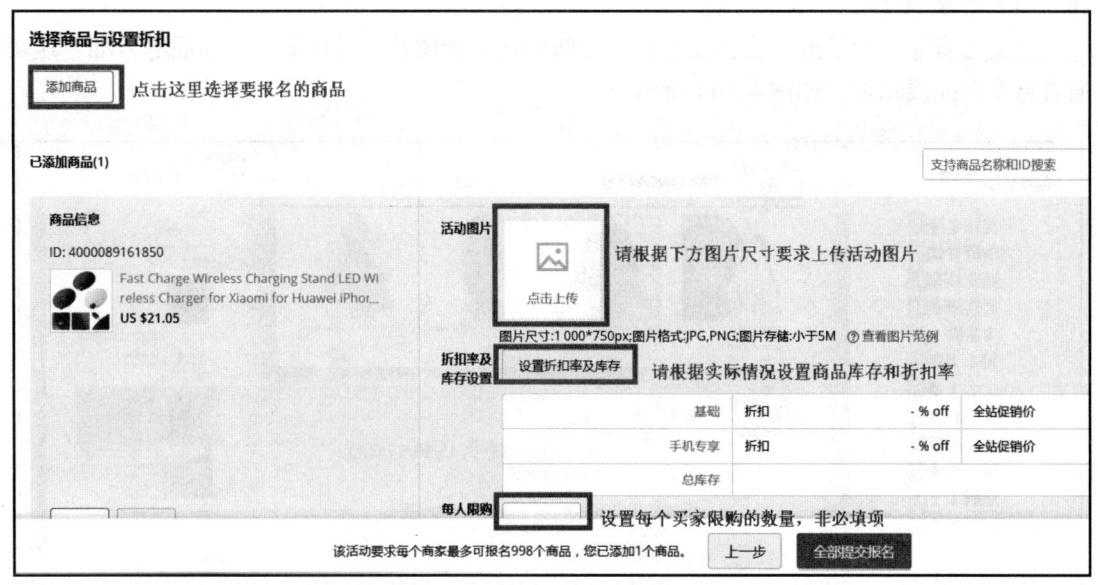

图 4-43 符合平台要求的商品活动设置

第二节 速卖通直通车

速卖通直通车,又名竞价排名、P4P(Pay for Performance),是速卖通平台的全球在线推广服务,可以让店铺的产品在多个关键词的黄金位置免费优先排名展示。只有当买家对该产品产生兴趣并点击进一步了解详情时,系统才会对这次点击进行扣费。如果买家仅仅是浏览,并没有点击产品进行察看,则不扣费。该服务旨在帮助卖家迅速精准定位海外买家,扩大产品营销渠道。

速卖通直通车

通过直通车服务可以甄选出商业价值最大、潜在买家最多、性价比最高的特定关键词,并竞争这些关键词下的产品核心展示位置,从而获得最先被展示在搜索结果页面的机会,持续吸引目标买家关注,提升洽谈接触与成交概率。

一、直通车的规则

(一)展示规则

目前直通车展示位分为 PC 端和移动端。

PC 端的展示位在主搜页和搜索页底部的智能推荐位,PC 主搜页中,60 个商品为一页,直通车展示位从第 5 位起,隔 4 个有一个直通车展示位,即第 5/10/15/20/25/30/35/40/45/50/55/60 位。其中,主搜页展示位上的商品会有"AD"字体显示。

移动端的展示位含 App 端和手机网页端,移动端主搜页中,20 个商品为一页,直通车展示位在第一页中从第 3 位起,隔 7 个有一个直通车展示位,即第 3/11/19 位;从第二页起,位于第6/16位。

速卖通直通车商品展示位会随着商品更新变化有所调整,具体需以实际展示为准。速卖通直通车商品展示位,如图4-44所示。

图4-44 速卖通直通车商品展示位

(二)排序规则

直通车的排序取决于直通车的投放方式。目前,直通车有关键词投放和商品推荐投放两种方式。

关键词投放的排序与推广评分和关键词出价有关,推广评分与关键词出价越高,排名靠前的机会越大。

商品推荐投放与商品的信息质量、商品出价、商品是否满足浏览买家的潜在需求有关,商品的信息质量越高,商品出价越高,商品与买家的潜在需求越匹配,在相关推荐位的展示机会也就越大。

(三)扣费规则

速卖通直通车是按点击计费的,展现不计费。

当买家搜索了一个关键词,且设置的推广商品符合展示条件时(推广商品选择的关键词与买家搜索的关键词相关),该商品就会在相应的速卖通直通车展示位上出现。当买家点击了推广的商品时,就会进行扣费。

点击花费会受推广评分的影响,且不会超过为关键词所设定的出价。推广商品与相关关键词的推广评分越高,所需要付出的每次点击花费越低,因此,实际的点击花费往往要低于出价。

实际点击扣费不会超过出价。每次发生扣费时,系统会根据对应展示所监控到的关键词出价人数等情况,自动计算出保持关键词排名所需的最低价格。由于商品排名与推广评分及出价两个因素有关,商品推广评分越高,实际点击扣费就越低。

二、直通车的推广方式

目前直通车的推广方式有两种,一种是专为打造爆款的重点推广计划,另一种是方便测品的快捷推广计划,如图4-45所示。两种方式各有优点且都带有自动选品的功能,系统会根据近期数据展示表现不错的商品,更加方便选品。

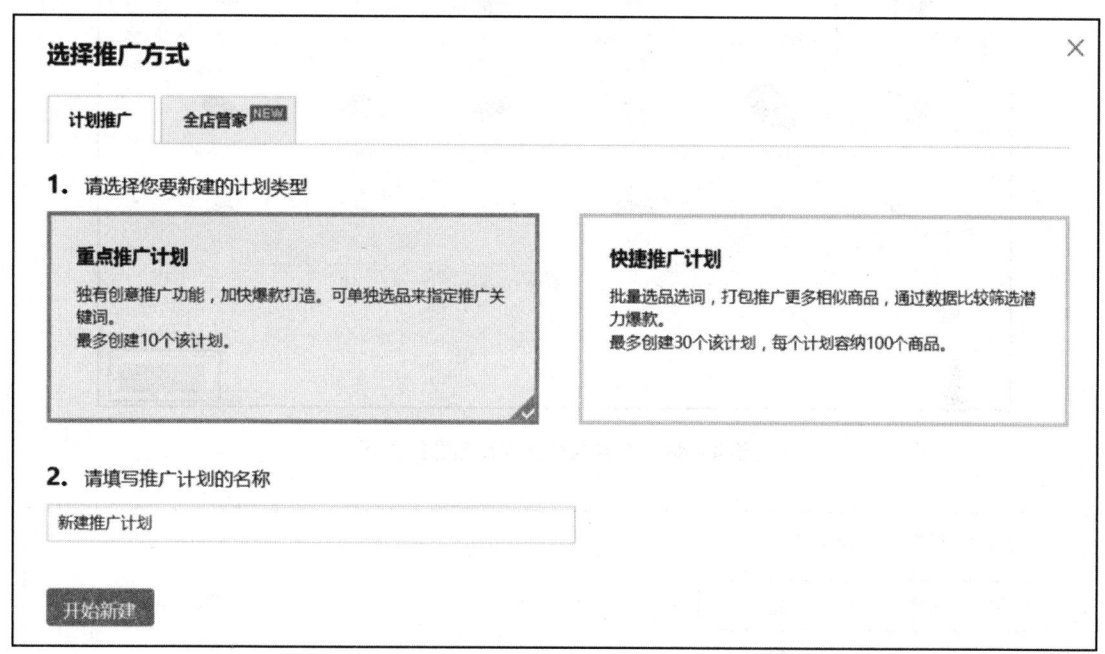

图4-45　直通车的推广方式

(一) 直通车重点推广计划

重点推广计划独有创意推广功能,可加快爆款打造,可单独选品,确定推广关键词。如图4-45所示,选择"重点推广计划",填写推广计划的名称,单击"开始新建",进入推广商品选择页面。如图4-46所示,选择需要推广的商品,单击"下一步",进入推广关键词选择页面。

如图4-47所示,可以参考系统推荐关键词的相关指标选择适合的关键词进行添加,也可选择"搜索相关词"维度搜索相关关键词进行添加,或是选择"批量加词"维度手动填写关键词进行添加。在页面下方选择关键词出价方式,之后单击"下一步",完成重点推广计划的设置。

在完成界面还可以单击"开通商品推荐投放",进入"商品推荐投放设置"页面完成相应设置,如图4-48、图4-49所示。

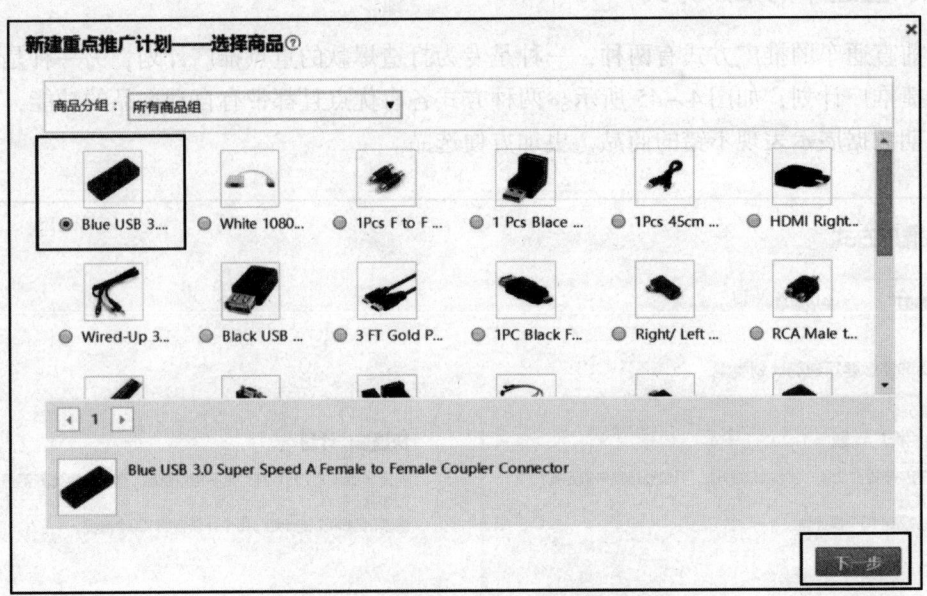

图4-46 重点推广计划商品选择界面

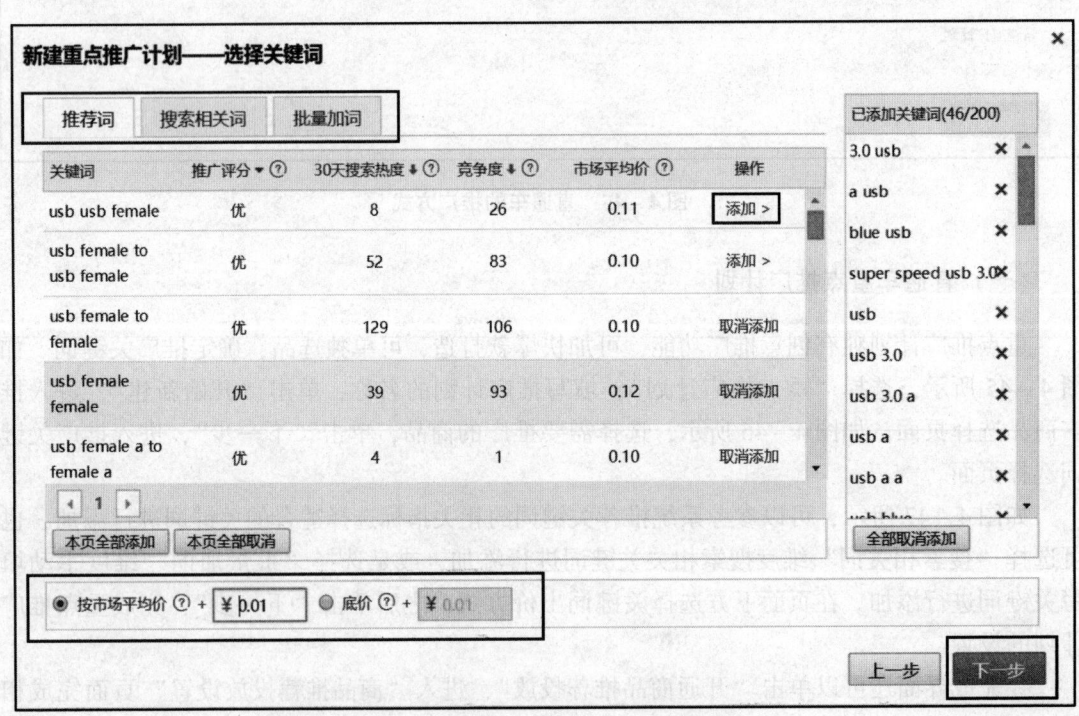

图4-47 重点推广计划商品关键词设置界面

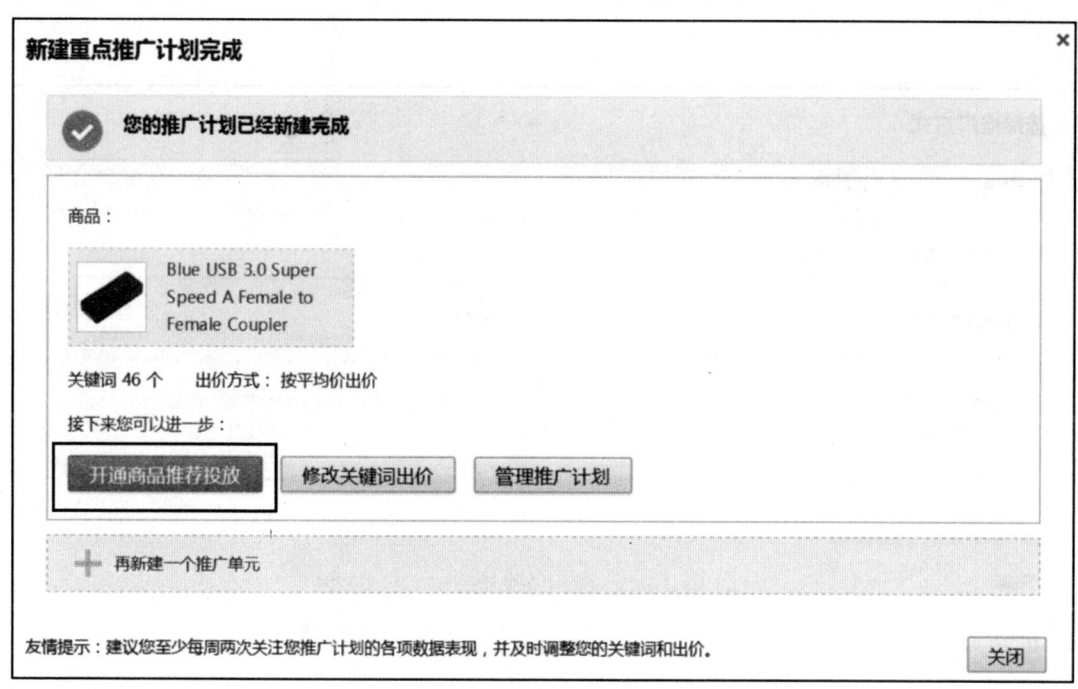

图 4-48　新建重点推广计划完成界面

图 4-49　商品推荐投放设置界面

(二) 直通车快捷推广计划

快捷推广计划可以批量选品选词,打包推广更多相似商品,通过数据比较筛选潜力爆款。选择"快捷推广计划",填写推广计划的名称,单击"开始新建",进入推广商品选择页面,如图 4-50 所示。选择需要推广的商品,单击"下一步",进入推广关键词选择页面,如图 4-51 所示。

和重点推广计划一样,可以参考系统推荐关键词的相关指标选择适合的关键词进行添加,也可选择"搜索相关词"维度搜索相关关键词进行添加,或是选择"批量加词"维度手动填写关键词进行添加。在页面下方选择关键词出价方式,之后单击"下一步",完成快捷推广计划的设置,如图 4-52 所示。

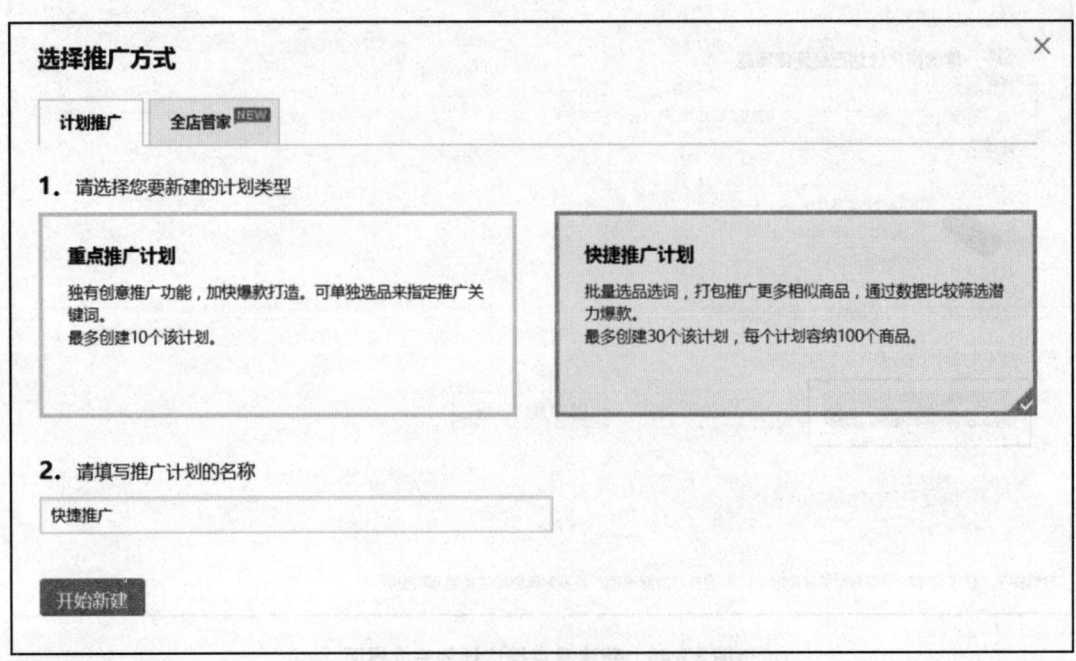

图4-50 直通车快捷推广计划选择

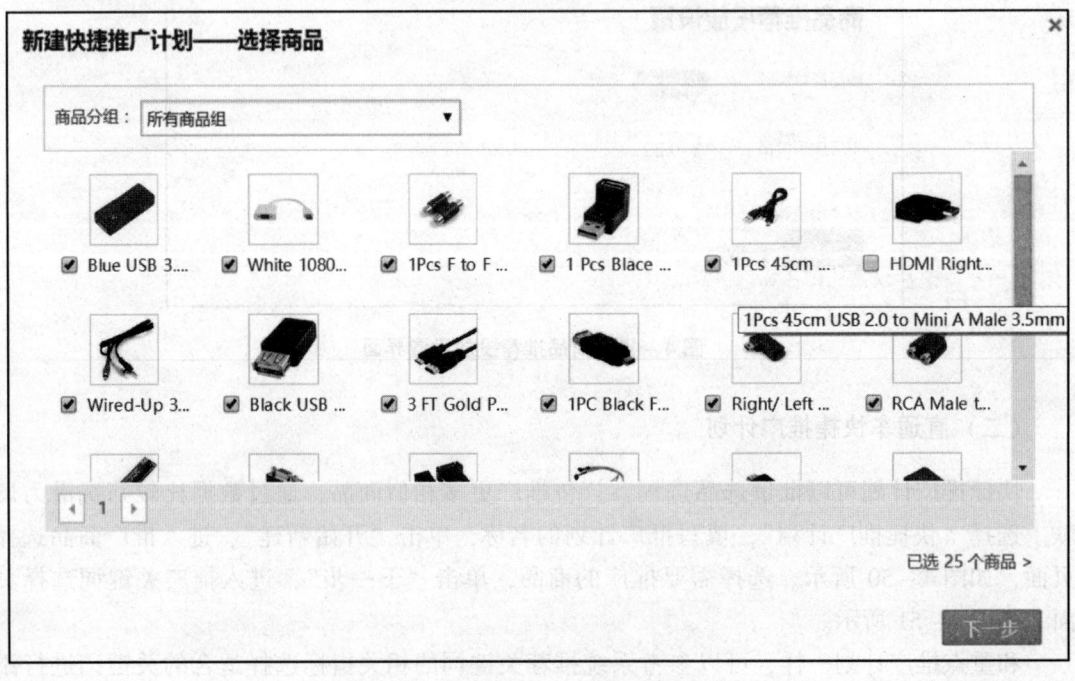

图4-51 快捷推广计划商品选择界面

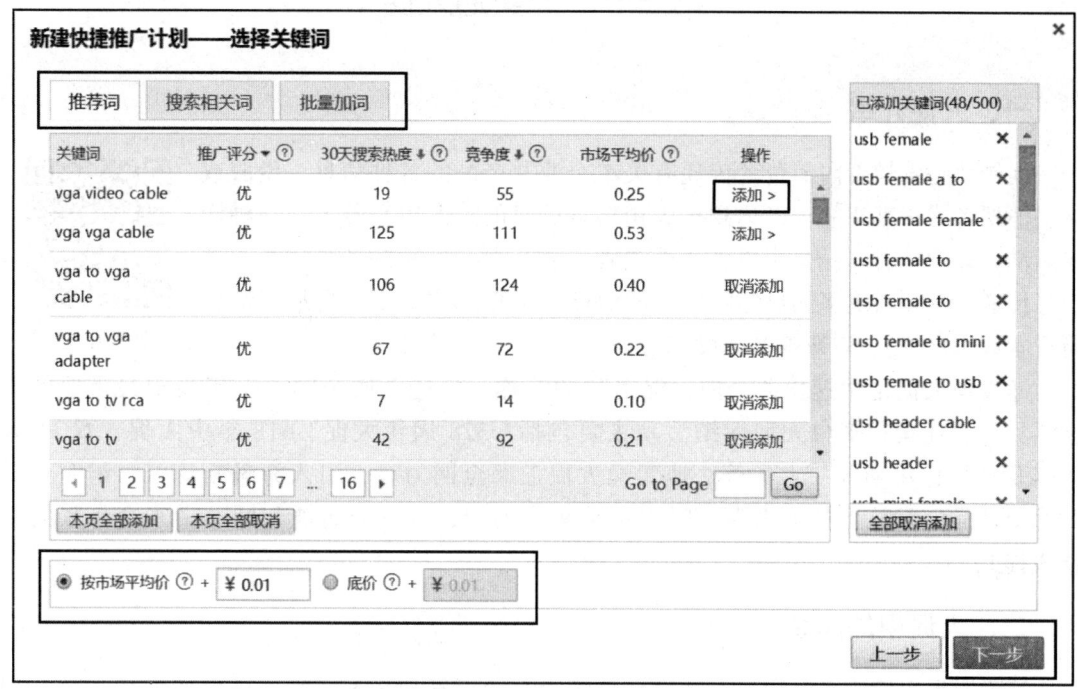

图 4-52　快捷推广计划商品关键词设置界面

在快捷推广计划完成界面还可以单击"开通商品推荐投放",进入"商品推荐投放设置"页面完成相应设置,如图 4-53 所示。

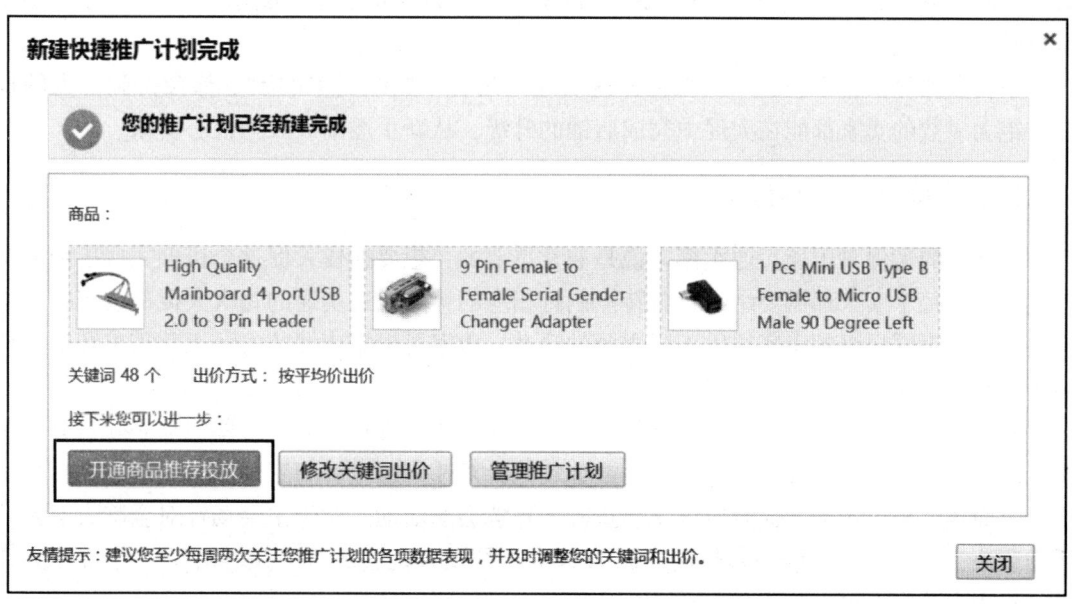

图 4-53　新建快捷推广计划完成界面

第三节 速卖通大促

一、大促介绍

促销就是营销者向消费者传递有关本企业及产品的各种信息,说服或吸引消费者购买其产品,以达到扩大销售量的目的。促销实质上是一种沟通活动,即营销者(信息提供者或发送者)发出刺激消费的各种信息,把信息传递给一个或更多的目标对象(即信息接受者,如听众、观众、读者、消费者或用户等),以影响其态度和行为。

速卖通大促

速卖通大促是"速卖通全网大促销"的简称,是速卖通全网站一年当中最重要的事件。目前,速卖通平台大型促销活动主要包括:328 周年大促、618 年中大促、双 11 大促以及"黑色星期五"大促等。速卖通大促汇聚全网力量,引入海量新流量,组织上千万优惠产品,发放大量优惠券,吸引买家集中消费,可以为店铺和网站带来交易额的跨越式提升。

二、大促中的卖家

速卖通每一年的大促都在不断刷新着纪录,给买家和卖家带来不一样的惊喜。以 2019 年速卖通双 11 为例,全天交易共覆盖全球 230 余个国家和地区,无线订单成交占比超过 62.3%。在全球经济增长持续放缓、复苏进程缓慢的大背景下,海外"剁手党"双 11 平均成交单价较上一年同期逆势增长 28.3%。开场仅 13 分钟,平台产生的交易额即超过上一年第一小时交易额总量;开场 19 小时 29 分 11 秒,平台成交额已全面超过上一年 48 小时的交易总额。

平台数据显示,每经过一次大促,速卖通网站各个层级卖家的数量都会得到巨大的提升。绝大多数的卖家都能在大促中完成店铺的升级,从新手逐渐成长为核心卖家。

三、大促计划的制订

速卖通的大促对于速卖通卖家来说是非常重要的,想要抓住大促这个机会完成店铺的跨越式增长,每个卖家都需要结合自身特点制订相应的计划。速卖通的每次大促都会有不同的玩法,针对不同层级的卖家提供不同主题的活动,卖家可根据店铺的实际运营需求和资格报名参加相应的活动。

一般来说,速卖通大促的活动会针对不同层级的店铺进行划分。有些活动必须是有注册商标的品牌商家才可以报名,有些活动或会场只针对速卖通金牌商家开放。对于绝大多数中小卖家而言,报名参加大促时应该学会正确地甄选会场活动。对于主会场针对金牌大卖家的活动玩法,中小卖家不用去凑热闹,因为基本上是没有机会的。但是,对于一些行业分会场,小卖家是完全可以分享的。

在大促时,卖家应该对自己店铺的商品进行比较清晰的分层,要清晰地规划出引流款、利润款、活动款、联盟款。对于参加大促的产品,一定要预留足够的利润空间,报上活动后才不至于亏损。对于大促主打的活动款选品，一定是商业属性上有竞争力的产品，也就是多 SKU、有市场特性、其他卖家没有、历史转化率较优的产品。商品的优化也十分重要，商品标题要能很好地体现促销信息、商品的主要卖点信息。商品的关键属性也需要尽可能填写完整。速卖通大促时，系统会通过抓取关键属性的方式来提取全站商品，展示到相关页面，因此，商品标题中的信息和属性信息的完整是十分重要的。对店铺内的商品还必须做好关联营销和交叉推荐，将访问商品详情页的流量尽可能转化为实际的订单。

此外，每次的大促活动是将店铺老客户唤回的最好时机。可将店铺的优惠信息结合平台的优惠政策提前传递给老客户，将老客户的购买行为尽可能地锁定在自己的店铺中。最后，店铺的装修和页面的设计要跟大促氛围相结合，为客户营造浓烈的购物氛围。

第四节 SNS 营销

SNS，全称 Social Networking Services，即社会性网络服务，专指旨在帮助人们建立社会性网络的互联网应用服务。SNS 的另一种常用解释：全称 Social Network Site，即"社交网站"或"社交网"。SNS 营销指的是，利用这些社交网络建立产品和品牌的群组、举行活动、利用 SNS 分享的特点进行病毒营销之类的营销活动。

SNS 营销

现在的跨境电子商务行业正朝着本地化、社交化、移动化三个方向发展。利用社交网站引流已经成为速卖通店铺获取用户流量的重要渠道之一，因此，全面了解国外社交网站与速卖通店铺运营的关系就显得十分重要。

一、海外社交网站的分类

社交网站的本质是帮助我们更方便地建立人与人之间的联系。国内的用户会通过微信、微博等工具实现社交功能。而速卖通的买家基本都是国外的用户，他们也有属于自己的社交平台，这些都可以帮助人们建立更方便的联系。

社交网站通常可以分成两种类型：

第一类是建立人与人之间基于熟人之间强关系的社交网站，这类网站的特点在于，能够帮助我们把线下真实的社交关系通过社交平台来进行线上的连接，例如即时通信工具。

第二类是建立人与人之间基于共同内容及兴趣爱好的关系的社交网站，比如一些视频网站和细分论坛，就属于建立内容与人的关系的社交平台。

例如，国外用户要找朋友聊天可以通过即时通信工具实现，这是基于熟人之间强关系的社交方式。但同时，这些用户也会在视频网站上观看各类视频内容，对于同一个视频内容感兴趣的用户会聚集在视频下面留言，参与互动讨论，表达自己的观点。这时，这个视频网站就成了一个基于视频内容的社交网站，是通过用户共同的兴趣爱好来建立人与人之间的联系的。

二、基于社交网站的速卖通营销

如果在速卖通店铺里购买过商品的用户也是国外社交平台的用户，就可以利用国外社交平台庞大的用户流量及较高的客户黏性来帮助速卖通店铺更好地维系这些客户，让其成为店铺的忠实客户。

作为一些以兴趣类话题和内容为主的社交媒体和传播平台，一般对其目标用户有着较高的黏性。基于社交媒体这个属性，如果速卖通店铺的产品有较多的新闻素材和领袖资源可利用，就可以借助这些新闻内容和领袖资源来做联合引流。

对于一些速卖通最主要的买家市场，在进行 SNS 营销的时候需要重点关注。例如，在俄罗斯的一些社交网站上，速卖通平台会投入大量的精力进行推广，每个月都会有巨大的流量从中国进入俄罗斯的社交网站。大量的中国速卖通卖家则可以通过这些重点国家的社交平台与客户进行互动交流。

可以利用速卖通的社交推广平台，通过与网红/达人合作，在海外社交平台上进行品牌宣传和商品推广，从而提升消费者对品牌/店铺的认识和对商品的种草，以此促进实际的购买。

第五节　视觉营销

一、视觉营销的定义及重要性

（一）视觉营销的定义

视觉营销是营销技术中的一种方法，更是一种可视化的营销体验，主要指通过视觉达到产品营销或品牌推广的目的，即通过视觉的冲击和审美体验提高顾客（潜在的）兴趣，达到对产品或服务的推广。

（二）视觉营销的重要性

网店视觉营销是营销中必不可少的手段之一，是利用色彩、图像、文字等造成冲击力，吸引潜在顾客的关注，以此增加产品和店铺的吸引力，从而达到营销制胜的效果。视觉营销的作用是多吸引顾客关注，从而提升网店的流量，刺激其购物欲望，从而使目标流量转变为有效流量。在吸引别人眼球的同时，还可以塑造自己网店的形象，这样能够让网店的有效流量再次转变为忠实流量。

电商行业先天的局限性决定了用户在购买商品时，不能像在线下实体店那样通过多种感官去感受和体验商品。对于电商行业来说，在视觉、听觉、嗅觉、味觉、触觉这五种感官中，绝大多数情况下能利用的就是视觉。这是因为在电子商务的环境中，用户对商品信息的认知更多的是通过观看面前的屏幕获得的，也就是通过视觉的方式去感知商品。因此，对于电商企业来说，视觉营销的重要性是显而易见的。

二、视觉营销实施的原则

（一）目的性

速卖通网店本身就是虚拟的店铺，吸引客户购买的兴趣点也就是那么几个，其中视觉上的冲击是整个环节里面最重要的部分。所以，首先就需要把图片摆放合理，例如，宝贝主图要选择简单明了的图片，第一印象很好，下面促成购买就比较简单了。下一步要分析目标客户群的需求，针对产品属性和特色用最明确的图片表达出来，让别人一眼就能看出效果并产生购买的欲望。接下来做好店招，利用好广告，让买家记住店铺，刺激买家的眼球。对于分类也要做好视觉营销，不要让买家去找店铺的产品，卖家需要主动将产品明晰地分类。

（二）审美性

始终要注重视觉感受。速卖通店铺的商品图片或装修不应该一成不变，即使第一次做的视觉效果比较好，产生了销量，但久而久之，店铺也会给人造成一种审美疲劳，让人"无心下手"购买。一定要在定期的活动中重新进行店铺布置，让客户每次来都有一个很好的心情。这样，更容易形成一种购买的良性循环。

（三）实用性

在视觉营销的实用性上，首先要注意视觉应用的统一，不要把店铺里的装修弄得五花八门，比如这个版块是幼稚可爱型的装扮，另一个版块却是低调成熟的风格，这样的风格往往会让客户觉得很不专业。此外，要利用巧妙的文字或者图片说明让客户熟悉店铺的操作功能，了解产品的结构。如果产品线紧密结合，就一定要注意环环相扣，具有实用性，不能让商品东一个栏目、西一个栏目。否则，不仅客户购买很费劲，还会导致店铺的销售额提升很"费劲"。其实，实用性就是满足顾客的需求，提高可操作性。

本 章 小 结

速卖通平台为卖家提供了丰富的营销活动及营销工具，可以帮助卖家实现吸引新用户、提高营业额、维系老用户、树立店铺品牌形象等多项功能。

店铺自主营销是速卖通店铺开展营销活动的主要工具，包括单品折扣活动、满减活动、优惠券、搭配活动、互动活动等。其中，限时限量折扣可以帮助店铺实现推新品、打造爆款和清库存等功能；单品折扣能够快速提高店铺的销量和信用，提高店铺的综合曝光度；满立减活动可以刺激买家多买，从而提升销售额，拉高平均订单金额和客单价；设置优惠券的一个目的和满立减一样，也是刺激消费，提高店铺的客单价，而另一个目的则是增加二次营销的机会。

速卖通联盟营销是一种"按效果付费"的推广模式。参与联盟营销的卖家只需为联盟网站带来的成交订单支付联盟佣金。联盟营销为店铺带来站外的流量，只有成交才需付费。

平台活动是阿里巴巴速卖通面向卖家推出的免费推广服务，是速卖通效果最为明显的营销利器之一，能够帮助店铺实现高曝光率、高点击率、高转化率等一系列目标。

速卖通直通车则是速卖通平台的全球在线推广服务，可以让店铺的产品在多个关键词的黄金位置免费优先展示，持续吸引目标买家关注，提升洽谈接触与成交概率。

速卖通大促是平台最为重要的促销活动，能够汇聚全网力量，引入海量新流量，组织上千万优惠产品，发放大量优惠券，吸引买家集中消费，为店铺和网站带来交易额的跨越式提升。

而针对速卖通的买家基本都是国外的用户这一特点，平台卖家可以利用国外的社交平台与国外的用户建立更方便的联系，以实现 SNS 营销的目的。

此外，速卖通店铺还应该注重视觉营销，通过优化图片和商品页面，利用旺铺装修功能，使店铺和商品能够吸引更多用户的关注。

关键术语

速卖通营销　单品折扣活动　满立减　满件折　优惠券　平台活动　联盟营销　速卖通直通车　大促　SNS 营销

配套实训

1. 完成单品折扣活动的设置：设置活动时间，添加活动商品，设置活动商品的折扣、库存数量、限购数量。

2. 设置商品营销分组，利用营销分组设置商品折扣。

3. 完成满立减活动的设置：设置活动时间，选择满立减活动类型（全店铺满立减或商品满立减，如果选择商品满立减需添加具体商品），选择满减条件（多梯度满减或单层级满减），设置满减金额，多梯度满减需设置多个梯度的满减金额。

4. 完成优惠券的设置：分别完成定向发放型优惠券、领取型优惠券和金币兑换型优惠券的设置。

5. 完成联盟营销的设置：加入联盟计划，设置佣金比例，添加爆品、主推商品。

6. 完成直通车的基本设置：开通直通车，分别选择重点推广计划和快捷推广计划，选择推广的商品，选择相应商品的推广关键词，设置关键词推广价格，开通商品推荐投放。

课后习题

一、选择题

1. 以下说法错误的是（　　）。
A. 店铺活动可以提高转化率　　　　　　B. 店铺活动可以提高客单价
C. 店铺活动没有作用，只是好看　　　　D. 店铺活动可以增加二次营销机会

2. 产品原价 10 美元包邮，店铺设置限时折扣 10%、满立减 2～5 美元，在没有其他优惠的情况下，用户需支付的金额是（　　）。
A. $10　　　　B. $5　　　　C. $2　　　　D. $7

3. 不考虑其他因素情况下，假设店铺目标销售价为 $10，设定 20% 折扣，则上架时价格应为（　　）。
A. $10　　　　B. $12　　　　C. $8　　　　D. $12.5

4. 关于满立减活动，哪些描述是不正确的？（　　）

A. 活动类型有全店铺满立减和商品满立减

B. 限时折扣商品按折后价参与

C. 商品满立减订单金额包含运费

D. 满立减和优惠券可以叠加使用

5. 联盟营销中需要设置最高佣金比例的是（　　）。

A. 爆品　　　　　B. 主推产品　　　　　C. 类目　　　　　D. 默认

二、填空题

1. 可提升客单价的店铺自主营销方式包括＿＿＿＿＿＿＿＿＿＿＿＿、＿＿＿＿＿＿＿＿＿＿＿＿＿＿＿＿＿＿。

2. 速卖通直通车的推广方式包括＿＿＿＿＿＿＿＿＿＿、＿＿＿＿＿＿＿＿＿。

3. 速卖通店铺自主营销活动设置的时间都是以＿＿＿＿＿＿＿＿＿＿时间为基准的。

4. 社交网站通常可以分成两种类型：第一种是＿＿＿＿＿＿＿＿＿＿＿＿＿＿，第二种是＿＿＿＿＿＿＿＿＿＿＿＿＿＿＿。

参考答案

第五章

速卖通数据分析

学习目标

知识目标：

（1）了解数据分析的重要性。

（2）熟悉生意参谋的主要模块组成。

（3）了解行业数据的作用及相应指标的含义。

（4）了解店铺经营数据的作用及相应核心指标的含义。

技能目标：

（1）学会使用生意参谋各模块查看或查找相应的指标数据。

（2）掌握利用数据分析进行选品的思路和流程。

（3）学会通过分析店铺经营的核心指标数据，发现店铺的问题。

第一节 数据分析概论

数据分析是指用适当的统计分析方法对收集来的大量数据进行分析，提取有用信息，对数据加以详细研究、概括和总结的过程。对于速卖通平台而言，数据分析表面上是枯燥的数字和线条组成的图表，实质上却贯穿于平台应用的方方面面。数据分析可帮助速卖通店铺的经营者提取有用的信息，作出准确的判断，以便采取适当的行动。

一、数据分析的作用

速卖通平台上拥有不同类型、不同等级且数量庞大的店铺。每家店铺的规模不同，经营的商品类目也千差万别，经营的方式自然也不可能一样。初级卖家关注的重点在于如何选择商品、编辑商品页面、采购、发货等；进阶卖家关注的重点则会是如何做好客户服务，做好店铺营销活动，保持店铺销售的平稳增长；而超级买家则要注重整合供应链，提高库存周转，提升议价能力，建立品牌意识。

正确的决策可以帮助店铺顺利地实现上述过程，但正确的决策并不是凭空想象出来的，而是需要数据分析的支持。对于速卖通店铺，数据分析的重要性在于能够将整个店铺的运营建立在科学分析的基础上，能够将各种指标定性定量得分析出来，从而为决策提供最准确的参考。

二、数据分析的内容

旧版本的速卖通平台拥有强大的数据分析工具——数据纵横。数据纵横中包含庞大的行业数据和卖家店铺的所有数据，可以通过图表的形式直观分析，也可以利用 Excel 的公式及数据透视表功能进行统计分析，为店铺的成长提供帮助。

数据纵横提供的数据分析主要包含两个部分：商机发现和经营分析。商机发现是针对行业数据的分析，速卖通卖家可以利用这些数据了解行业动态，进行店铺选品的参考，让店铺发展起来。经营分析则是针对店铺经营状况的分析，卖家可以根据繁多的数据指标，针对店铺和产品进行优化，开展营销活动，为店铺成长提供动力。

随着平台的更新升级，原有的数据分析工具"数据纵横"也将逐渐被新的数据平台"生意参谋"所取代。生意参谋属于数据纵横的升级版，但从本质上又区别于数据纵横。生意参谋是阿里巴巴重兵打造的首个商家统一数据平台，面向全体商家提供一站式、个性化、可定制的商务决策体验。集成了海量数据及店铺经营思路，不仅可以更好地为商家提供流量、商品、交易等店铺经营全链路的数据披露、分析、解读、预测等功能，还能更好地指导商家的数据化运营。

生意参谋将逐步迭代替换数据纵横，将生意参谋在数据领域的实践经验赋能给速卖通商家，为商家提供更好的数据服务。等生意参谋完善后，数据纵横会进行下线处理。数据纵横的买家数是 App 端与非 App 端直接累加，生意参谋的买家数是 App 和非 App 去重统计，统计逻辑不一致。相比之下，生意参谋更能代表店铺真实的买家数和客单价。生意参谋的意义就在于将有用的数据提供出来，能进一步地为卖家运营提供相应的数据支持，方便卖家进一步的运营。

第二节　生意参谋重点内容

生意参谋新版上线后，会取代数据纵横的一级菜单位置。商家进入商家后台后，直接会看到生意参谋，菜单结构如图 5-1 所示。在生意参谋每个页面的右上角，仍然有"返回数据纵横"的入口。平台会不断优化生意参谋的版块和功能，待生意参谋功能较为全面和完善后会下线数据纵横。具体替换时间需要视项目开发进展而定。

一、首页

生意参谋首页提供多个数据模块的整体数据展示。卖家可以快速查看并了解店铺运营过程中的各项主要数据指标的概况。主要展示模块包括实时概况、整体看板、流量看板、转化看板、客单看板、物流看板等。主要数据指标含义如表 5-1 所示。

图 5-1 生意参谋菜单结构

表 5-1 生意参谋主要数据指标含义说明

指标	说明
浏览量	浏览店铺页面和商品页面的次数
访客数	浏览店铺页面和商品页面的访客数，注意访客数只对当天的数据进行去重，多天的数据直接加和
跳失率	只访问了一个页面的访客数占所有访客数的比例
人均浏览量	人均浏览的页面数
平均停留时长	每个页面平均停留的时间，单位为秒
客单价	店铺整体成交金额除以店铺成交的买家数
加收藏夹人数	添加收藏夹的访客数
加购人数	添加购物车的访客数
下单转化率	下单买家数除以访客数
支付转化率	支付买家数除以访客数
支付金额	支付订单的金额加和
新访客占比	第一次访问该卖家的访客数占比

续表

指标	说明
新买家占比	第一次在该卖家下单的买家数占比
下单买家数	下单的买家去重后的数量
支付买家数	支付的买家去重后的数量
访客数占比	指统计时间段内行业访客数占上级行业访客数的比例
浏览量占比	指统计时间段内浏览量占上级行业浏览量的比例
支付金额占比	指统计时间段内行业支付成功金额（排除风控审核的订单金额）占上级行业支付成功金额（排除风控审核的订单金额）的比例
支付订单数占比	指统计时间段内行业支付成功订单数（排除风控审核的订单）占上级行业支付成功订单数（排除风控审核的订单）比例
供需指数	指统计时间段内行业下商品指数/流量指数。供需指数越小，竞争度越小
成交指数	在所选行业及所选时间范围内，累计成交订单数经过数据处理后得到的对应指数。成交指数不等于成交量，指数越大成交量越大
浏览 – 支付转化率排名	在所选行业及所选时间范围内，产品词的购买率排名
竞争指数	在所选行业及所在时间范围内，产品词对应的竞争指数。竞争指数越大，竞争越激烈

实时概况主要功能是为了帮助卖家更好地了解店铺的实时动态、访客行为，以进行实时策略与营销。数据显示时间按照美国太平洋时间（GMT – 8）计算，每 5 分钟自动更新一次数据。主要数据包括实时访客数、支付买家数、支付主订单数、浏览量等信息。店铺层级显示全店近 30 天支付金额在店铺同行同层级下的排名。

整体看板共提供了近 20 个店铺核心指标数据，包括支付金额、店铺访客数、支付转化率、客单价、浏览量、加购人数等，如图 5 – 2 所示。数据统计显示时间可按日、周、月切换，对应的趋势图也分别展示日、周、月的趋势图。图标数据可切换到表格，趋势图会变成表格，方便商家查看数据，同时提供数据下载功能。数据保存时长一般为最近 13 个月的数据，建议卖家可以每个月定期下载历史数据保存。

图 5 – 2 整体看板

流量看板提供页面的来源构成数据，可以帮助卖家了解用户访问店铺或商品的主要来源渠道，如图 5-3 所示。展示数据指标包括跳失率、人均浏览量、平均停留时长等。必须切换 App 和非 App 才有流量来源分析，因为 App 和非 App 的来源是不同的，无法直接加和。点击流量分析，可以跳转到流量分析页面。

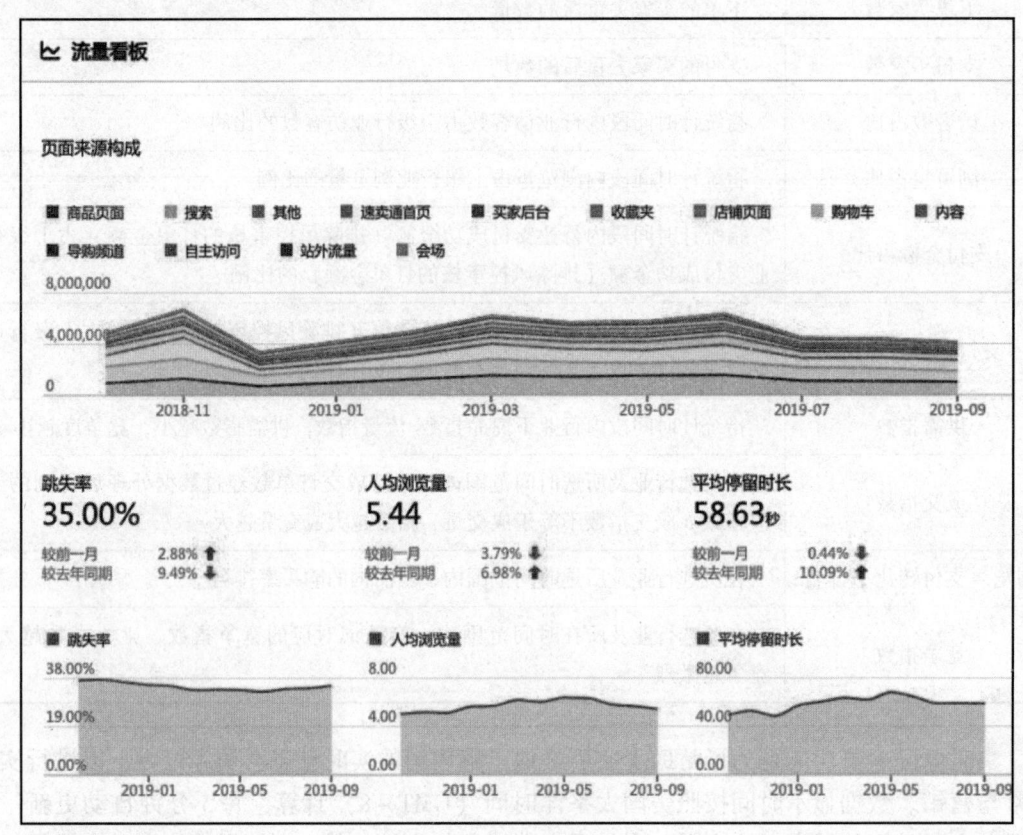

图 5-3 流量看板

物流看板可以帮助卖家了解物流服务商的相关数据指标以选择适合的物流发货方式，如图 5-4 所示。常用服务商选取的是商家发货量最大的前五名，然后按照不同的考核指标分别给出排名。点击物流分析，可以跳转到物流概况页面。

二、流量模块

流量模块的主要作用是让卖家能够对自己店铺的流量进行整体的把握，对流量趋势有整体的判断。流量模块包括流量看板、店铺来源和商品来源三个部分。

（一）流量看板

流量看板包括流量总览和国家排行。流量总览可以按日、周、月不同的实时维度提供相应时间周期内的店铺流量数据，包括访客数、浏览量、跳失率、人均浏览量、平均停留时长、新访客数、新访客占比。各项指标数值下方小字体的百分率数值则表示该指标和特定时间段上一个周期同比的波动幅度，如图 5-5 所示。

第五章 速卖通数据分析

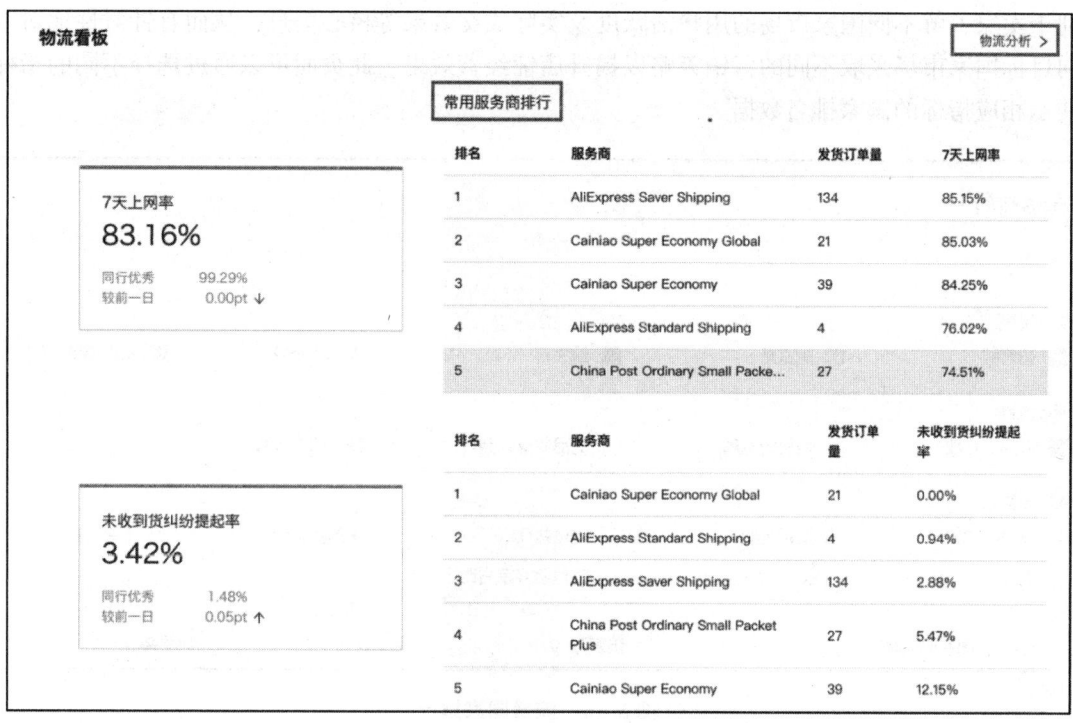

图 5-4 物流看板

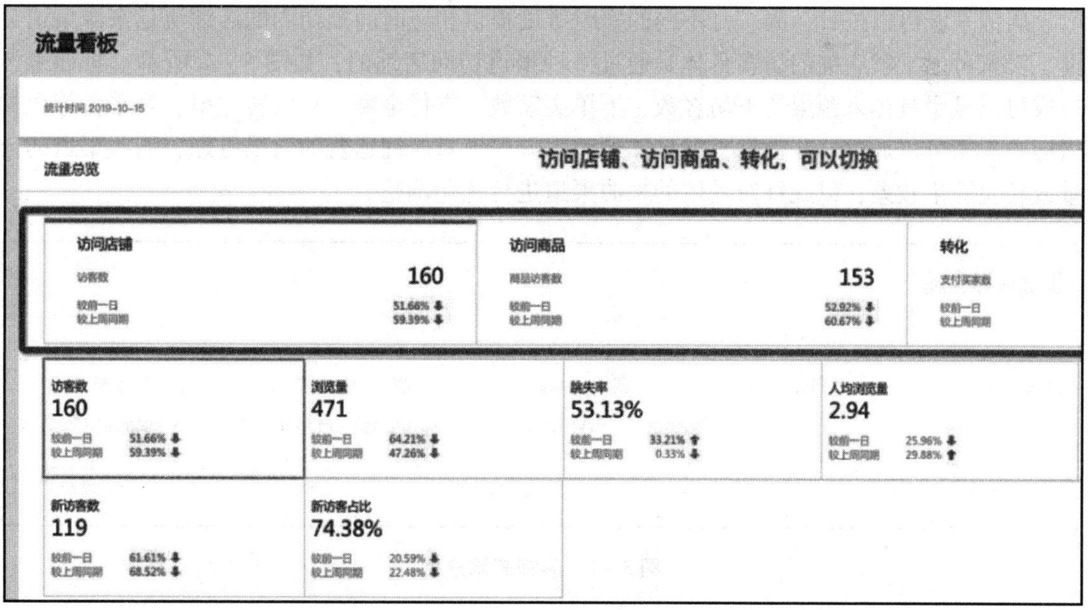

图 5-5 流量总览

流量看板的另一部分是国家排行,可查看不同的流量数据指标,如图5-6所示。这有利于卖家了解不同国家市场的用户活跃度及实际成交效果等核心信息,从而有针对性地对不同目标国家市场采取不同的营销策略以提升店铺经营效果。此页面可以通过选择不同的指标展示相应指标的国家排名数据。

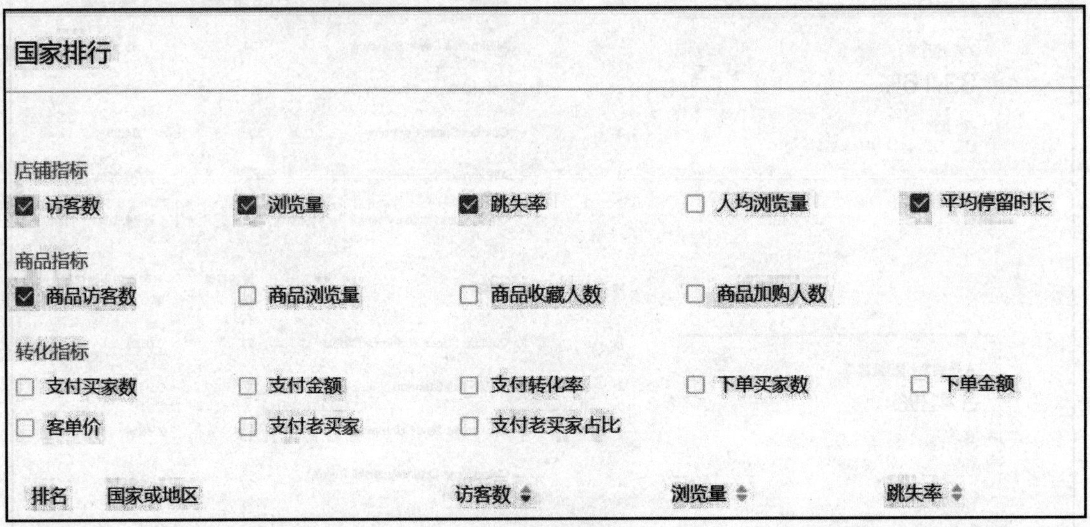

图 5-6　流量国家排行

(二)店铺来源和商品来源

店铺来源可以按日、周、月不同的实时维度提供相应时间周期内的店铺流量来源渠道数据。卖家可以了解店铺的访客具体是通过哪种渠道访问店铺的,如图5-7所示。页面来源构成可以显示具体来源渠道下访客数、下单买家数、支付金额、支付转化率、客单价等数据指标。卖家可以通过这些数据掌握具体哪些来源渠道对店铺运营的效果更好,哪些渠道的流量或转化效果较差,以此针对具体的来源渠道进行优化调整。

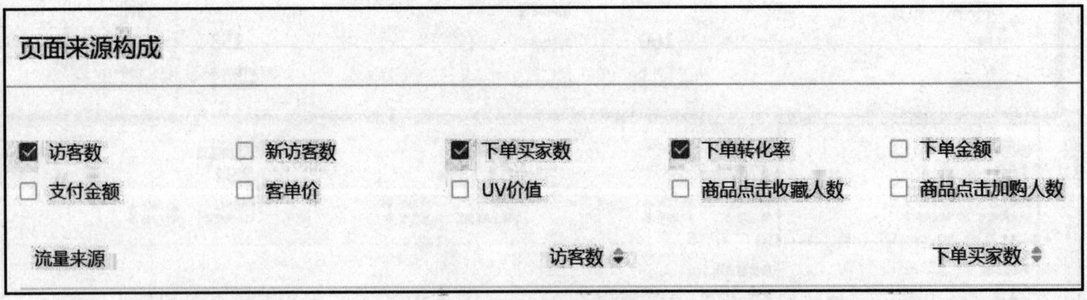

图 5-7　店铺来源分析

商品来源部分,同时满足有流量和有订单的商品才会出现在商品来源分析的排行榜里面,点击商品来源,可以查看单个商品的流量来源。卖家可以直观地了解买家访问该商品的具体渠道来源以及每种方式所占的比例。点击具体的来源方式可对应显示通过此种渠道访问该商品后买家的具体去向及行为占比。

三、品类模块

品类模块展示店铺商品品类的排行数据，有利于帮助卖家了解店铺中哪些商品卖得最好，哪些商品适合进一步打造成爆款，哪些商品可以创造更多的利润，又有哪些商品销量较差需要进行优化调整。品类模块包括实时播报、商品排行和单品分析。

（一）实时播报

如图 5-8 所示，实时播报会显示店铺特定时间段内多个核心指标的具体数值及同比变化趋势。继续提供实时与历史数据对比的功能，但是历史数据只保存近 90 天的数据。如需要查看更多历史数据，可以到生意参谋首页进行全店日、周、月维度的数据查看。需要注意的是，由于汇率问题，实时数据会与离线数据有误差，核对精准数据，建议以离线数据为准。与数据纵横对比，还增加了实时国家排行的功能，如图 5-9 所示。这样可以帮助卖家了解来自不同国家的客户数据，并以此针对具体的国家市场开展营销活动或进行经营策略的优化。

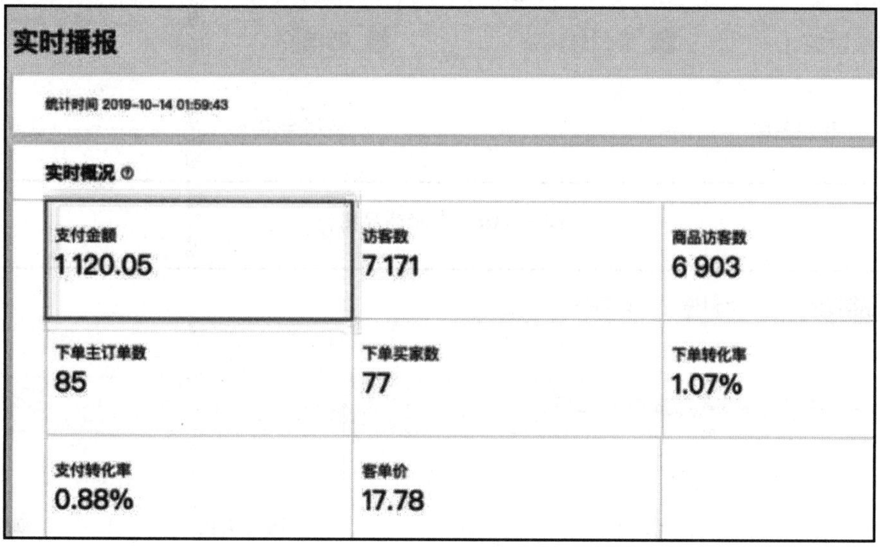

图 5-8　品类实时播报数据

实时商品排行部分提供更稳定的实时数据，分别提供支付榜和访客榜排名前 500 的商品数据，如图 5-10 所示。如果要查看实时的其他商品分析，可以到"单品分析"菜单搜索查看。在单品分析可以看到实时商品的核心指标与趋势图。

（二）商品排行

实时播报展示实时商品排行，而商品排行则展示离线商品排行，提供所选时间范围内有销量或访客的所有商品，如图 5-11 所示。

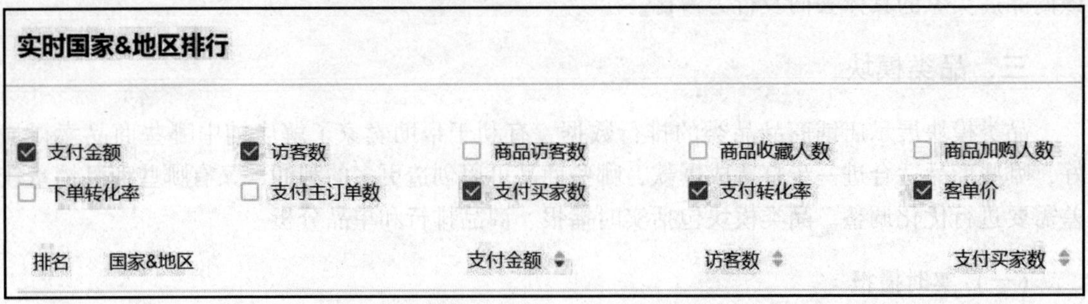

```
实时国家&地区排行

☑ 支付金额      ☑ 访客数       □ 商品访客数      □ 商品收藏人数     □ 商品加购人数
□ 下单转化率    □ 支付主订单数  ☑ 支付买家数      ☑ 支付转化率      ☑ 客单价

  排名    国家&地区              支付金额 ⇅           访客数 ⇅              支付买家数 ⇅
```

图 5-9　品类国家排行数据

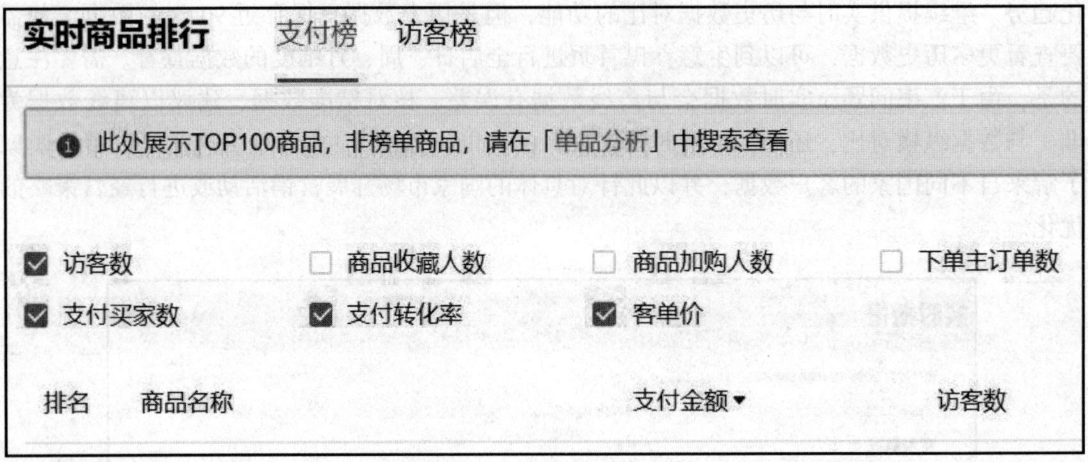

```
实时商品排行    支付榜  访客榜

  ⓘ 此处展示TOP100商品,非榜单商品,请在「单品分析」中搜索查看

☑ 访客数       □ 商品收藏人数   □ 商品加购人数    □ 下单主订单数
☑ 支付买家数   ☑ 支付转化率     ☑ 客单价

  排名    商品名称                                支付金额▼              访客数
```

图 5-10　实时商品排行

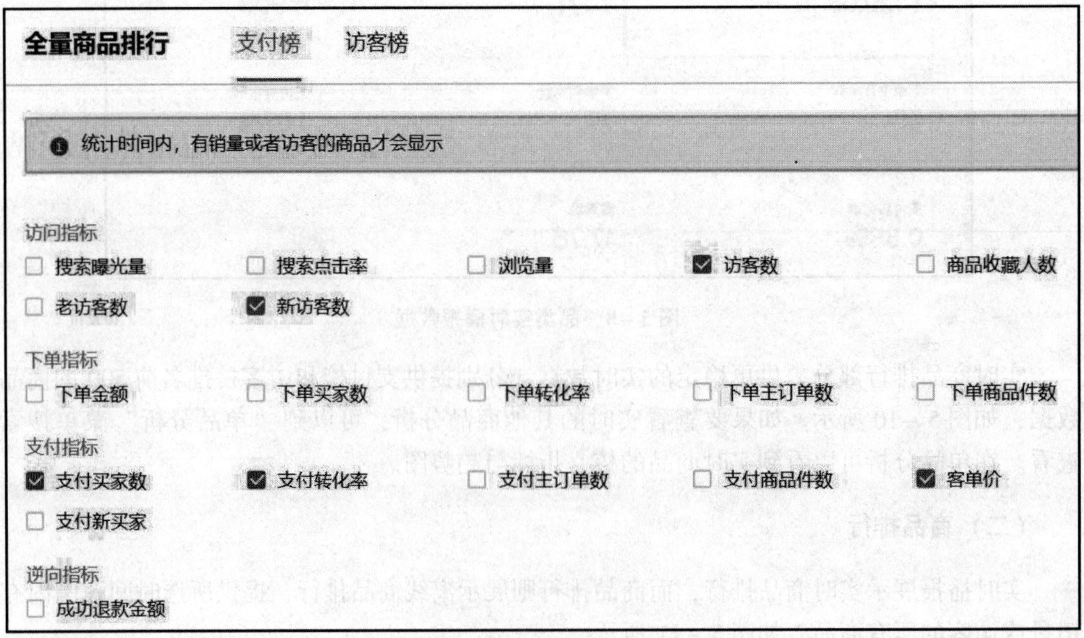

```
全量商品排行    支付榜  访客榜

  ⓘ 统计时间内,有销量或者访客的商品才会显示

访问指标
□ 搜索曝光量    □ 搜索点击率    □ 浏览量        ☑ 访客数         □ 商品收藏人数
□ 老访客数      ☑ 新访客数

下单指标
□ 下单金额      □ 下单买家数    □ 下单转化率    □ 下单主订单数    □ 下单商品件数

支付指标
☑ 支付买家数    ☑ 支付转化率    □ 支付主订单数  □ 支付商品件数    ☑ 客单价
□ 支付新买家

逆向指标
□ 成功退款金额
```

图 5-11　商品排行数据

展示方式与原数据纵横有所区别，数据纵横只能展示搜索曝光量 TOP 1 000 的商品，且国家下拉框只有 5 个国家。而生意参谋展示有销量或交易的所有商品，且国家下拉框有 30 个国家。但是，由于生意参谋商品＋国家维度的数据量比数据纵横大，生意参谋的指标不能手动排序，所以做成了支付榜、访客榜这两个榜单。在此页面上可以跳转进入"单品分析"界面查看单品的趋势图、SKU 分析等。

（三）单品分析

如图 5 – 12 所示，可以通过搜索商品 ID 进入单个商品的分析，也可以通过单击"商品排行"菜单进入"单品分析"界面。单品分析提供单种商品实时、日、周、月时间维度的数据和趋势图，展示的核心指标数据包括支付金额、访客数、支付转化率、客单价、成功退款金额等，如图 5 – 13 所示。

图 5 – 12　单品分析入口

图 5 – 13　单品分析数据展示界面

如图 5 – 14 所示，单品分析还提供商品的 SKU 分析。例如某款服装类商品包含不同颜色和不同尺码，SKU 分析可以针对每种组合提供详细数据，让卖家了解此款商品哪种颜色或是哪个尺码的成交数据更好，流量更高。

四、物流数据模块

（一）物流概况

物流概况数据能够帮助卖家了解店铺订单的物流处理情况，掌握店铺商品物流时效的动态变化及客户对物流服务的体验情况。

如图 5 – 15 所示，物流单量部分可以根据选择的日期，展示对应订单最近的物流履行情况，包括四个主要环节：支付量、发货量、上网量和签收量。同时，提供日、周、月时间维度的数据筛选和趋势图。

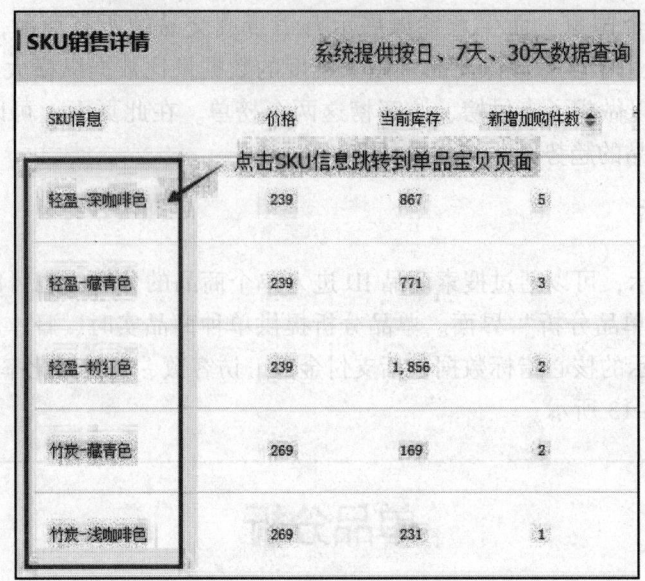

图 5-14 商品 SKU 分析

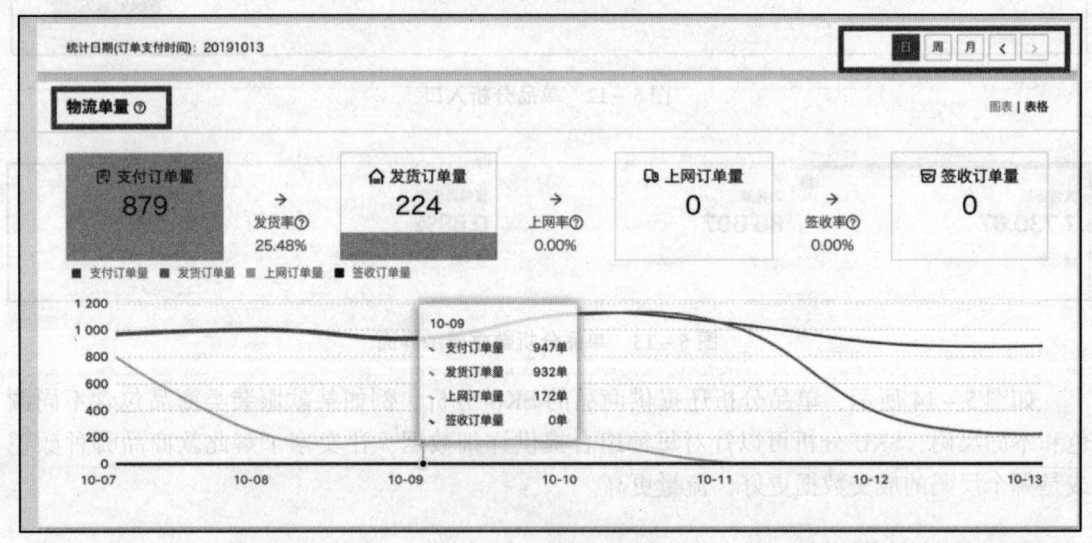

图 5-15 店铺物流单量数据

还可以根据前台考核指标，展示店铺的物流表现和同行业优秀、平均水平（主营二级类目相同的店铺）的对比数据。主要包括物流时效部分的三个上网率指标，7 天/72 小时/48 小时上网率（如图 5-16 所示），物流体验部分的两个体验指标：物流 DSR、未收到货纠纷提起率（如图 5-17 所示）。

（二）物流分布

物流分布提供日、周、月时间维度的数据筛选，还提供 30 个主要收货地国家（地区）维度的数据筛选。可以从物流服务商、商品类目和收货地国家（地区）三个维度来查看每

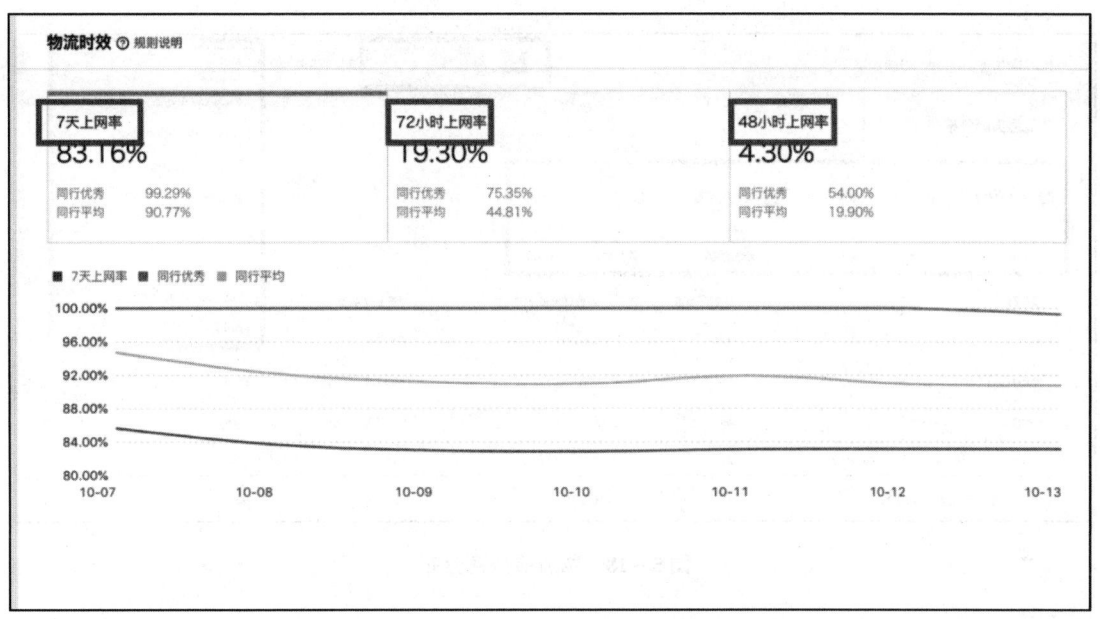

图 5–16　店铺物流时效数据

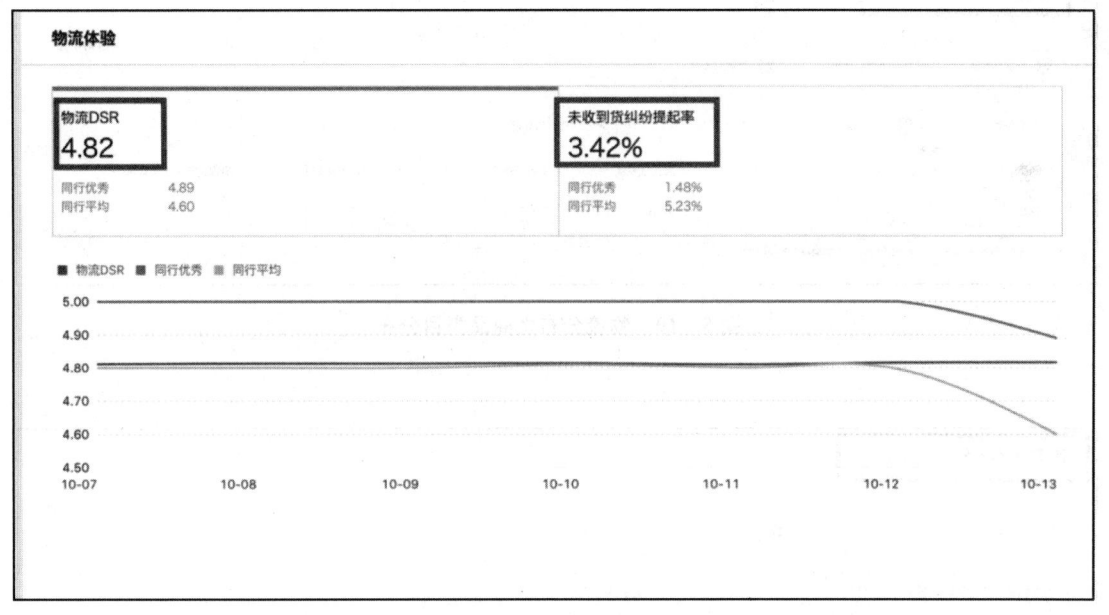

图 5–17　店铺物流体验数据

个指标各个维度的表现，如图 5–18 所示。由于维度丰富、数据量较大，目前日数据仅开放最近 2 周，但月数据可看近 6 个月。涉及的主要指标包括发货订单量、上网订单量、签收订单量、平均到货时长、7 天上网率、物流 DSR、未收到货纠纷提起等，如图 5–19、图 5–20 所示。

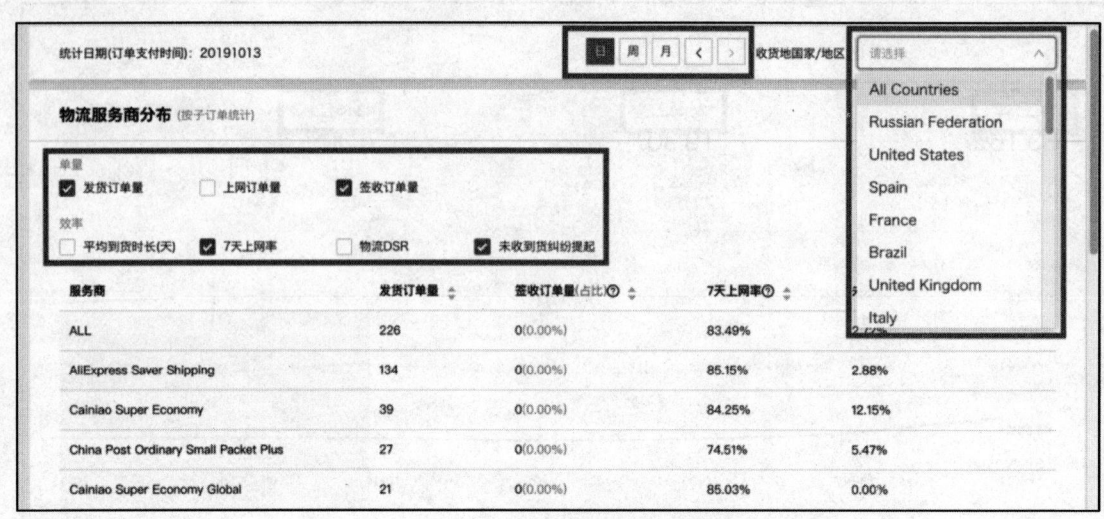

图 5-18 物流服务商分布

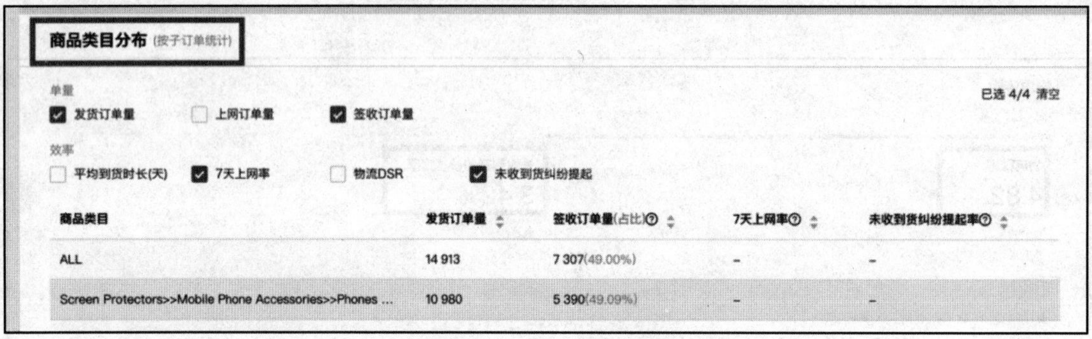

图 5-19 物流分布之商品类目分布

图 5-20 物流分布之国家（地区）分布

五、市场数据模块

行业数据可以帮助卖家了解所在行业的整体流量、成交转化情况以及市场规模,是卖家进行类目选品、调整经营策略的有效工具。市场数据包括市场大盘、国家分析、搜索分析。

(一) 市场大盘

市场大盘部分可以选择相应的行业类目,可查看该行业类目的流量、成交转化和市场规模变化数据及趋势图,了解该行业市场行情的变化情况。可按不同的时间维度进行查看,包括7天、30天的数据,也可按具体的日、月、周查看数据。行业趋势的数据指标包括访客指数、浏览商品数、商品浏览量、供需指数、客单价、商品加购人数、加收藏人数。点击相应指标可查看对比同周期的数据趋势变化,也可选择不同的行业类目进行对比,如图5-21所示。

图5-21 行业趋势

如图5-22所示,选择相应的行业类目,能查看"行业构成"这个模块,显示的是所选行业大类下的细分子行业数据,包括搜索指数、交易指数、在线商家占比、供需指数、父类目金额占比、客单价等信息。从中可以发现相应行业的一些规律和变化特点,卖家在选择经营类目的时候就可以加强某个行业的投入或避开一些竞争太过激烈的红海行业。

行业构成

排名	行业	搜索指数	交易指数	在线商家占比	供需指数	父类目金额占比	客单价	操作
1	Fashion Jewelry 较前7日	721 087 +18.68%	10 004 868 +65.10%	89.54% -0.01%	974 +25.30%	63.37% -5.62%	9.60 -7.07%	趋势
2	Fine Jewelry 较前7日	392 775 +21.75%	5 579 953 +98.80%	19.44% +0.99%	1,225 +26.00%	21.58% +32.23%	19.83 +1.07%	趋势
3	Jewelry Making 较前7日	324 971 +24.13%	2 923 134 +84.28%	23.05% +0.13%	882 +28.68%	6.58% +14.43%	11.79 +4.71%	趋势
4	Customized Jewelry 较前7日	279 376 +27.10%	1 807 666 +23.02%	6.51% +1.24%	1,607 +29.25%	2.73% -45.40%	14.18 -36.98%	趋势
5	Jewelry Packaging & Display 较前7日	225 514 +20.55%	1 817 764 +64.91%	20.79% +0.10%	616 +24.21%	2.76% -6.76%	14.50 -12.28%	趋势
6	Jewelry Tools & Equipments 较前7日	201 395 +20.02%	1 889 361 +76.63%	10.82% +0.56%	825 +23.40%	2.96% +5.71%	13.39 -1.76%	趋势
7	Smart Jewelry 较前7日	39 985 +16.90%	116 821 +52.75%	0.91% 0.00%	630 +18.96%	0.02% 0.00%	21.22 -27.58%	趋势

图 5 – 22 行业构成

选择相应的行业类目，可以查看所选行业类目的国家构成数据，包括该行业下不同国家的相应核心指标，如图 5 – 23 所示。从图中可以看出，各类指标占比最高的国家是俄罗斯，这意味着该行业类目下俄罗斯的买家就是最主要的潜在目标群体，对于经营该类目的速卖通店铺来说就可以考虑通过营销手段重点开拓俄罗斯的市场。

国家构成

排名	国家&地区	访客指数	浏览商品数	商品浏览率	供需指数	客单价	商品加购人数	加收藏人数	操作
1	俄罗斯 较前7日	537 047 +25.43%	4 832 899 +26.73%	23.62% +3.64%	433 +38.93%	5.61 +38.86%	1 661 251 +71.11%	689 724 +30.13%	趋势
2	西班牙 较前7日	275 203 +18.73%	2 407 048 +23.76%	20.97% +3.50%	214 +30.27%	10.81 +17.37%	379 085 +56.33%	133 899 +27.82%	趋势
3	法国 较前7日	241 771 +18.31%	2 158 061 +27.68%	18.54% +3.92%	198 +24.73%	15.43 +13.37%	311 750 +44.65%	106 419 +30.63%	趋势
4	波兰 较前7日	220 677 +32.95%	1 881 848 +52.69%	21.23% +7.82%	147 +53.53%	8.06 +19.58%	334 374 +117.83%	125 403 +53.26%	趋势
5	美国 较前7日	212 873 +9.93%	2 426 026 +21.68%	19.86% +3.98%	152 +15.21%	38.76 +11.44%	460 642 +31.00%	165 887 +15.57%	趋势
6	巴西 较前7日	162 613 +27.41%	1 218 637 +35.72%	17.14% +3.82%	108 +39.61%	38.98 -14.42%	98 841 +72.52%	48 550 +30.56%	趋势
7	乌克兰 较前7日	158 514 +27.75%	1 458 570 +36.78%	19.49% +2.15%	100 +42.78%	7.42 +29.72%	174 002 +85.28%	96 445 +42.24%	趋势
8	荷兰 较前7日	134 062 +7.07%	1 116 159 +17.04%	17.18% +3.00%	93 +8.99%	13.13 +19.04%	103 302 +21.49%	44 232 +12.01%	趋势
9	意大利 较前7日	130 431 +12.78%	1 276 269 +28.50%	19.85% +3.93%	84 +21.44%	13.38 +29.40%	105 495 +40.78%	44 945 +23.81%	趋势
10	以色列 较前7日	117 985 +16.31%	939 806 +23.08%	18.52% +1.48%	77 +25.94%	15.68 +12.81%	85 706 +48.92%	23 809 +18.02%	趋势

图 5 – 23 国家构成

（二）国家分析

国家分析包括机会国家、单国家分析、商品研究三个模块。

如图 5－24 所示，机会国家展示所在行业相应国家的 GMV（成交金额）及增长指数，包括高 GMV 高增速国家、高 GMV 低增速国家、低 GMV 高增速国家、低 GMV 低增速国家。卖家可以以此了解特定行业类目的国家市场行情，哪些国家的购买能力更强，哪些国家市场具有更强的发展前景。

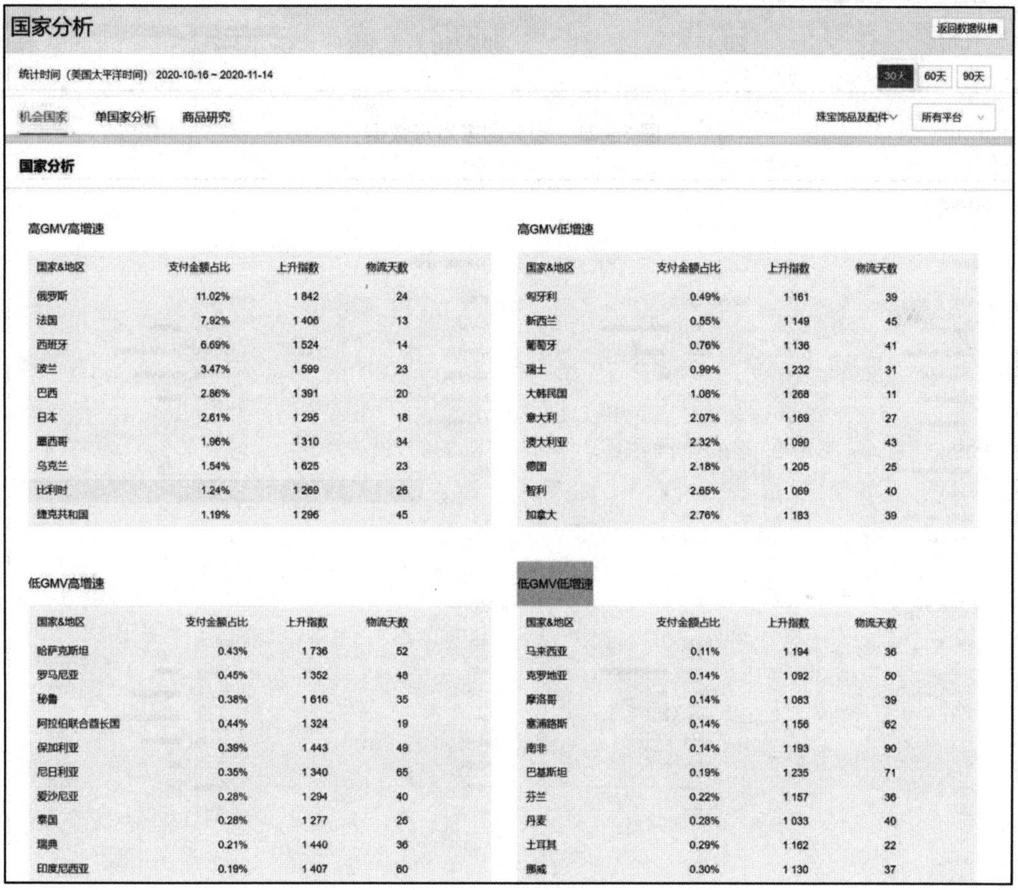
国家分析

返回数据纵横

统计时间（美国太平洋时间）2020-10-16 ~ 2020-11-14

30天　60天　90天

机会国家　单国家分析　商品研究

珠宝饰品及配件　所有平台

国家分析

高GMV高增速

国家&地区	支付金额占比	上升指数	物流天数
俄罗斯	11.02%	1 842	24
法国	7.92%	1 406	13
西班牙	6.69%	1 524	14
波兰	3.47%	1 599	23
巴西	2.86%	1 391	20
日本	2.61%	1 295	18
墨西哥	1.96%	1 310	34
乌克兰	1.54%	1 625	23
比利时	1.24%	1 269	26
捷克共和国	1.19%	1 296	45

高GMV低增速

国家&地区	支付金额占比	上升指数	物流天数
匈牙利	0.49%	1 161	39
新西兰	0.55%	1 149	45
葡萄牙	0.76%	1 136	41
瑞士	0.99%	1 232	31
大韩民国	1.06%	1 268	11
意大利	2.07%	1 169	27
澳大利亚	2.32%	1 090	43
德国	2.18%	1 205	25
智利	2.65%	1 069	40
加拿大	2.76%	1 183	39

低GMV高增速

国家&地区	支付金额占比	上升指数	物流天数
哈萨克斯坦	0.43%	1 736	52
罗马尼亚	0.45%	1 352	48
秘鲁	0.38%	1 616	35
阿拉伯联合酋长国	0.44%	1 324	19
保加利亚	0.39%	1 443	49
尼日利亚	0.35%	1 340	65
爱沙尼亚	0.28%	1 294	40
泰国	0.28%	1 277	26
瑞典	0.21%	1 440	36
印度尼西亚	0.19%	1 407	60

低GMV低增速

国家&地区	支付金额占比	上升指数	物流天数
马来西亚	0.11%	1 194	36
克罗地亚	0.14%	1 092	50
摩洛哥	0.14%	1 083	39
塞浦路斯	0.14%	1 156	62
南非	0.14%	1 193	90
巴基斯坦	0.19%	1 235	71
芬兰	0.22%	1 157	36
丹麦	0.28%	1 033	40
土耳其	0.29%	1 162	22
挪威	0.30%	1 130	37

图 5－24　机会国家数据

单国家分析展示选定行业类目下具体国家的数据指标，如图 5－25 所示。其中买家属性部分展示该国家支付买家的城市分布占比、子订单均价分布占比、购买次数分布占比、年龄分布占比以及性别分布占比，如图 5－26 所示。此外，在页面下方还可以提供该国家的汇率、温度与降水、节日数据，如图 5－27 所示。

商品研究模块展示所选行业类目下买家的行为特征数据，包括买家等级分布、购买次数分布、网购偏好、下单支付时间分布，如图 5－28 所示。卖家可以通过选定买家的国家 & 地区、性别、年龄、子订单均价等不同指标展示具体目标客户群体的行为特征数据，以此掌握特定消费群体的动向并开展相应的营销活动。

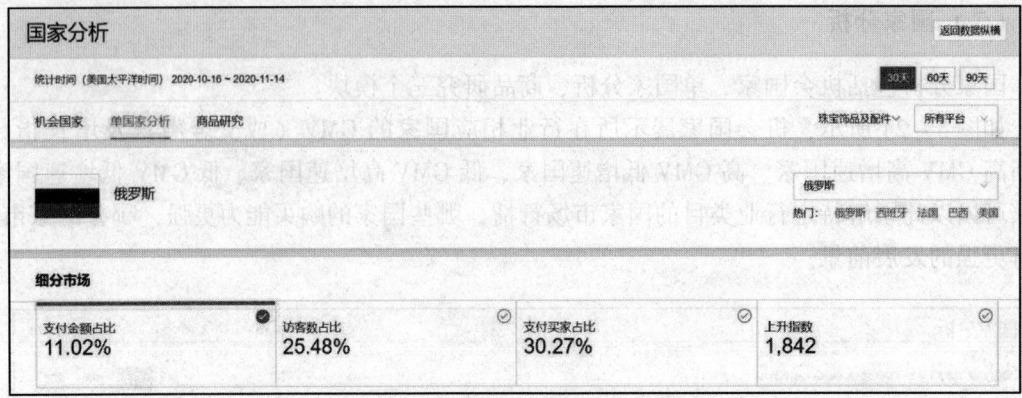

图 5-25 细分国家市场数据

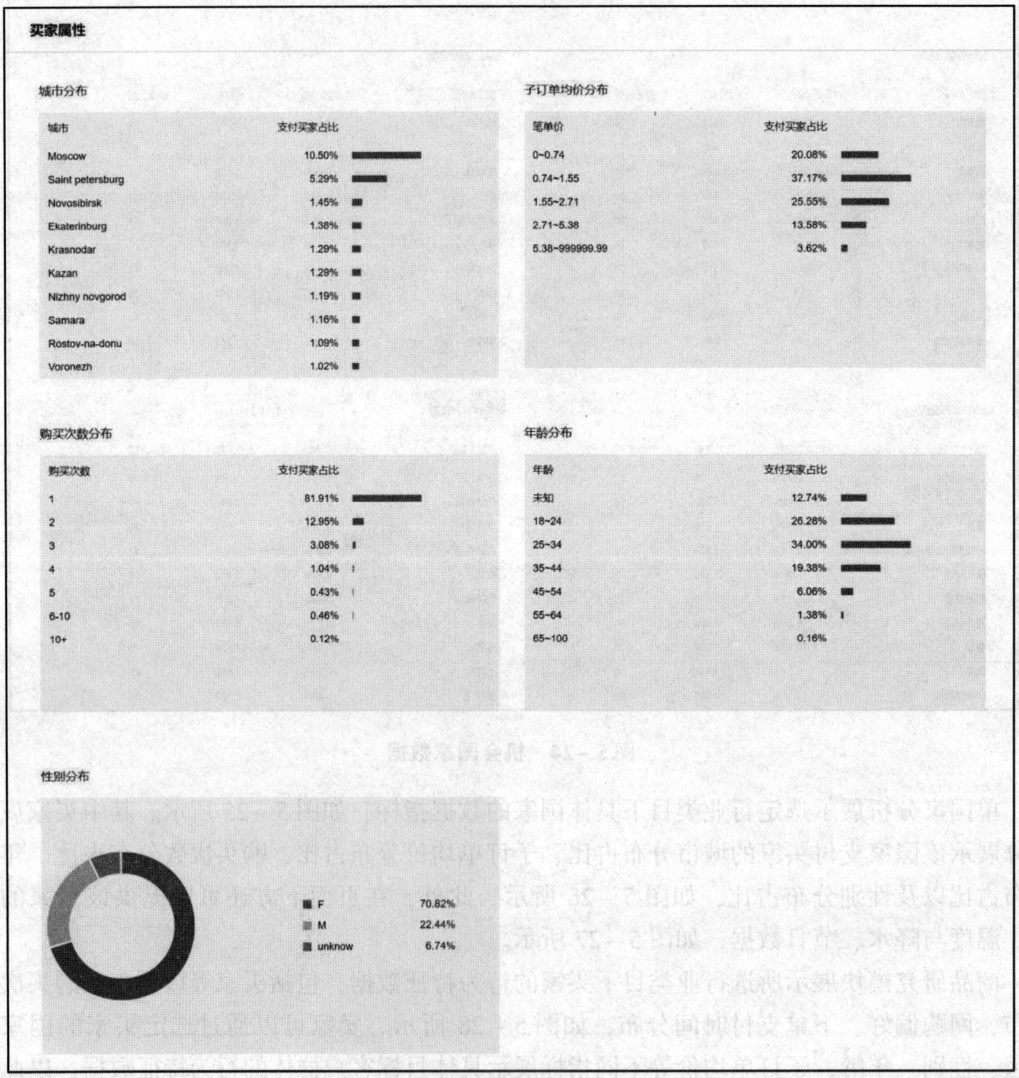

图 5-26 买家属性数据

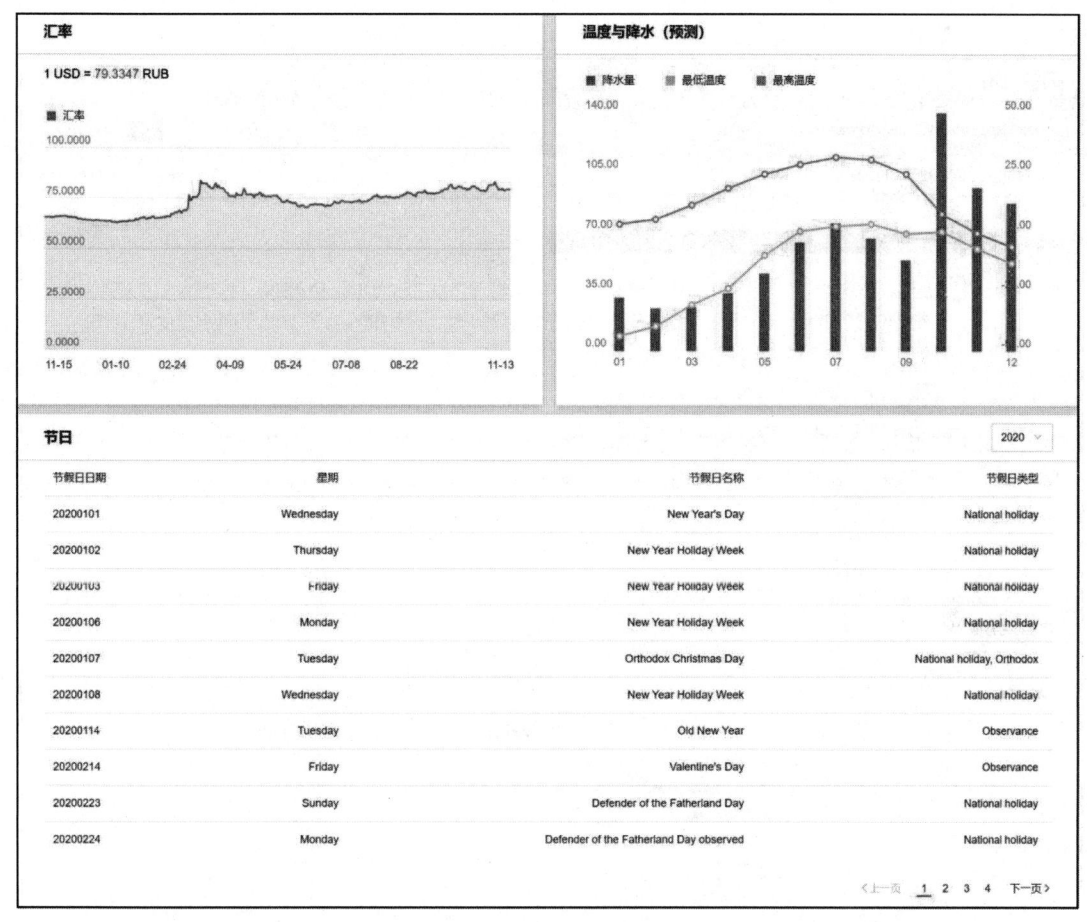

图5-27 国家汇率、温度与降水、节日数据

(三) 搜索分析

速卖通商品的标题是系统在排序时对于关键词进行匹配的重要内容，专业的标题能增加商品的曝光度和卖家的可信度。"生意参谋"中的"搜索分析"能够提供速卖通平台完整的搜索词分析数据库，能帮助卖家更有针对性地填写和优化自己的产品标题和关键词，也有利于建立直通车关键词词库。搜索分析包括三类关键词的分析：热搜词、飙升词、零少词。

1. 热搜词

如图5-29所示，单击"生意参谋"→"搜索分析"，选择热搜词维度，然后选择相应的行业、国家和时间，界面会显示对应的热搜词及相关的指标信息。卖家可以通过观察分析找出适合的词作为标题的关键词，因此热搜词又可以被认为是"标题利器"。

2. 飙升词

飙升词是时间段内搜索量提升很快的词。如图5-30所示，单击"生意参谋"→"搜索分析"，选择飙升词维度，然后选择相应的行业、国家和时间，界面会显示对应的飙升词及相关的指标信息。

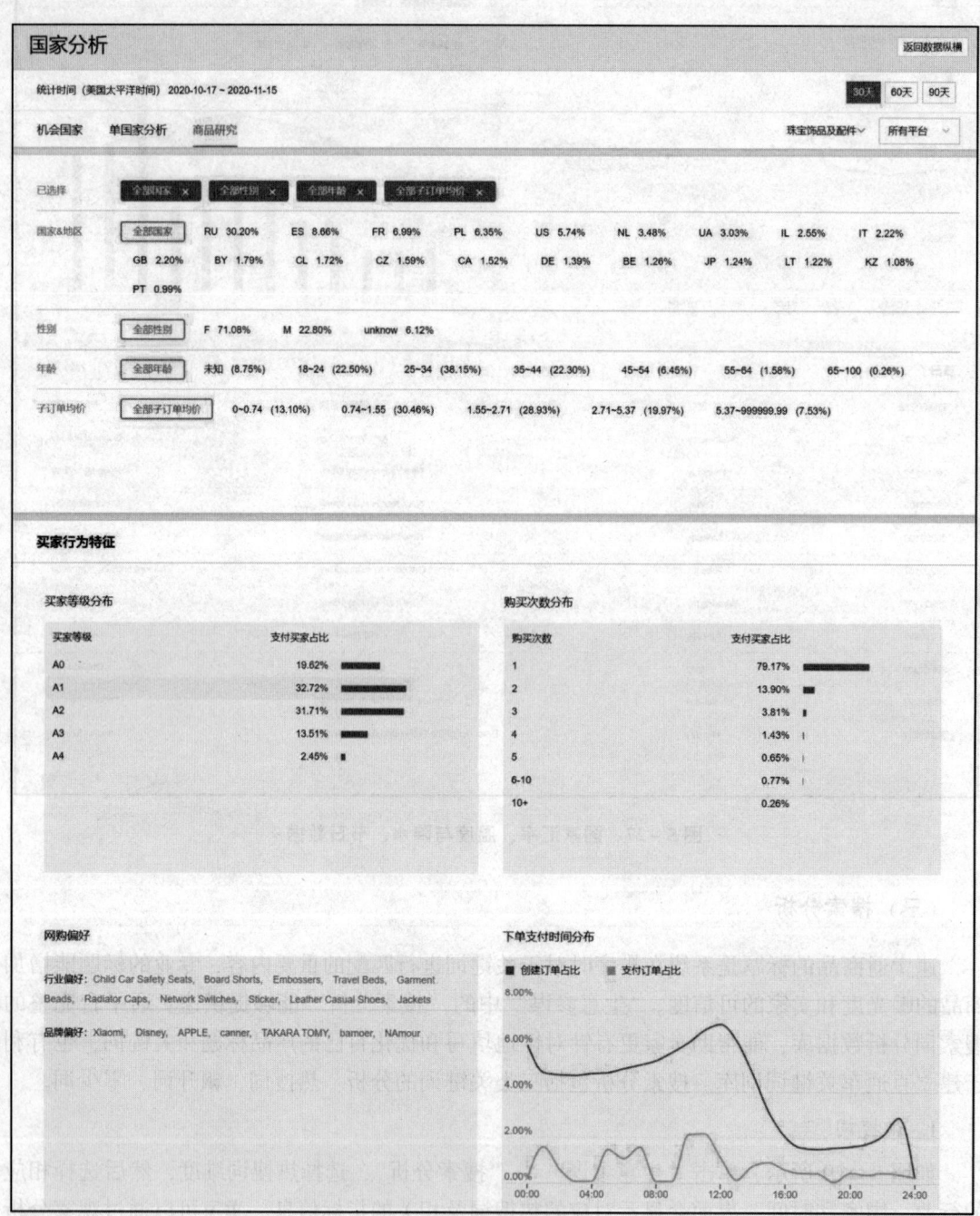

图 5-28 买家行为分析

搜索分析

搜索词		是否品牌原词 ⓘ	搜索人气	搜索指数 ⇵	点击率 ⇵	支付转化率 ⇵	竞争指数 ⇵	Top3热搜国家
серьги	查看商品	N	454 072	4 576 054	32.13%	0.80%	11.76	俄罗斯 乌克兰 白俄罗斯
серьги 2020 тренд	查看商品	N	193 938	1 754 575	33.86%	0.91%	9.26	俄罗斯 乌克兰 白俄罗斯
сережки	查看商品	N	183 369	1 683 594	33.85%	0.98%	13.72	俄罗斯 乌克兰 白俄罗斯
кольцо	查看商品	N	212 537	1 516 349	33.12%	0.77%	10.34	俄罗斯 乌克兰 白俄罗斯
кольца	查看商品	N	172 224	1 117 776	34.27%	0.79%	9.84	俄罗斯 乌克兰 白俄罗斯
earrings	查看商品	N	130 617	1 108 751	32.42%	1.03%	49.54	美国 波兰 英国

图 5 – 29　热搜词分析

搜索分析

搜索词		是否品牌原词 ⓘ	搜索指数 ⇵	搜索指数飙升幅度 ⇵	曝光商品数增长幅度 ⇵	曝光商家数增长幅度 ⇵
парные браслеты с замком	查看商品	N	13 429	44 075.00%	5 403.01%	4 024.11%
свечи	查看商品	N	3 810	16 800.00%	125.76%	141.18%
tennis	查看商品	N	31 847	15 012.73%	18 369.15%	13 378.21%
bra	查看商品	N	3 273	12 357.14%	8 060.00%	7 050.00%
cuisine outils accessoire	查看商品	N	3 197	12 071.43%	4 700.00%	4 700.00%
для крыс	查看商品	N	9 637	12 014.29%	3 808.57%	3 454.55%
telephone	查看商品	N	4 132	10 890.00%	554.84%	342.11%
Диплом	查看商品	N	2 389	10 533.33%	3 910.00%	4 354.55%

图 5 – 30　飙升词分析

在销售过程中，如果大部分卖家都想用最热搜的关键词，就有可能造成关键词严重同质化，导致关键词竞争度变高，搜索到的概率反而就小了。这时可以考虑应用更多飙升词来替换原有的关键词，进行标题的优化，避免关键词同质化的现象。因此，飙升词又可以被认为是商品标题的"优化工具"。

3. 零少词

零少词是指竞争度比较低的词，并且能够精确匹配到的产品是非常少的。如图 5 – 31 所示，单击"生意参谋"→"搜索分析"，选择零少词维度，然后选择相应的行业、国家和时间，界面会显示对应的零少词及相关的指标信息。对于零少词来说，要运用到普通产品的标题中是比较难的，但可以作为商品"蓝海开发"的参考。

图 5-31　零少词分析

如图 5-32 所示，单击每个搜索词后面的"查看商品"按钮能显示与该关键词相匹配的商品，单击具体商品可跳转至该商品的详情页面。

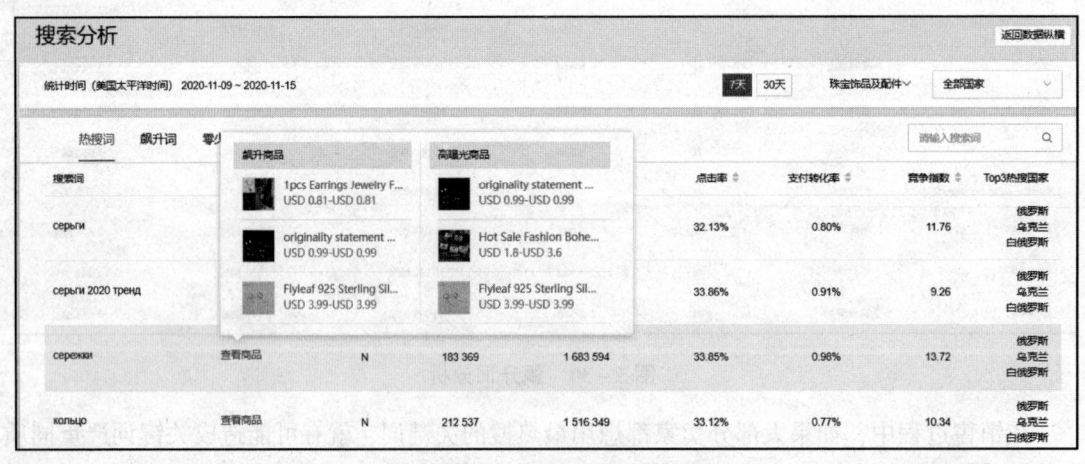

图 5-32　查看关键词对应商品

六、帮助中心

由于新版生意参谋在原有数据纵横的基础上进行了较大的更新，造成部分数据的展示方式及使用方法和原数据纵横存在较大的差异。卖家可以通过帮助中心对新版生意参谋作进一步的熟悉和了解。

帮助中心提供详细的指标注释、来源注释、常见问题，卖家可以自助查询，也可以通过关键词搜索的方式查找具体问题的解答，如图 5-33 所示。

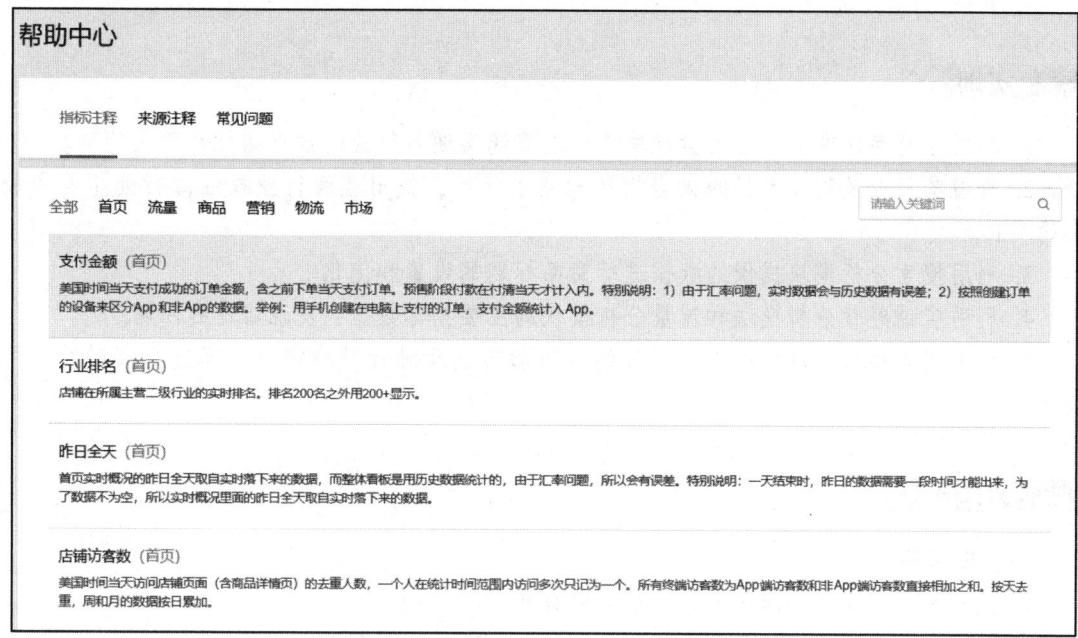

图 5-33　生意参谋帮助中心界面

本 章 小 结

　　速卖通平台上拥有不同类型、不同等级且数量庞大的店铺。每家店铺的规模不同，经营的商品类目也千差万别，经营的方式自然也不可能一样。正确的决策可以帮助店铺顺利地完成经营过程，但正确的决策并不是凭空想象出来的，而是需要数据分析的支持。速卖通平台拥有强大的数据分析工具——"生意参谋"。生意参谋中包含庞大的行业数据和卖家自己店铺的所有数据，可以通过图表的形式直观分析，也可以利用 Excel 的公式及数据透视表功能进行统计分析，为店铺的成长提供帮助。

　　速卖通生意参谋包括行业数据分析、店铺经营分析、流量分析和能力诊断等部分。行业数据分析可以帮助卖家了解所在行业的整体流量、成交转化情况、市场规模及变化趋势，其中选品专家功能能够帮助速卖通卖家选择适合经营的类目及商品，而搜索词分析能够提供速卖通平台完整的搜索词分析数据库，帮助卖家更有针对性地填写和优化自己的产品标题和关键词。店铺经营分析中的实时风暴功能是为了帮助卖家更好地了解店铺的实时动态、访客行为，进行实时策略与营销。而店铺经营概况分析则是卖家全面了解店铺各方面运营情况的重要工具。流量分析主要目标是让卖家对自己店铺的流量有一个整体的把握，对流量趋势有整体的判断，以此为依据来调整店铺的运营达到理想的效果。

关键术语

生意参谋　行业情报　流量　搜索分析　成交分析　市场大盘　实时播报　商品排行　帮助中心

配套实训

1. 利用生意参谋中的市场大盘模块选择查看速卖通各行业的数据指标及变化趋势。
2. 查看各行业及相关类目的供需指数和竞争状况，找出蓝海行业或红海行业中竞争较小的类目。
3. 利用搜索分析模块提供的数据进行商品标题的设置和优化。
4. 利用店铺经营分析模块和流量分析模块的主要指标数据，发现店铺的问题。
5. 利用实时播报模块掌握店铺经营的实时动态，及时针对特定的访客进行实时营销的设置。

课后习题

一、选择题

1. 生意参谋中哪些内容不属于店铺经营分析？（　　）
   A. 市场大盘　　　　　　　　　　B. 实时播报
   C. 单品分析　　　　　　　　　　D. 店铺来源
2. 行业情报中的数据不能选择的时间段是（　　）。
   A. 1天　　　　B. 14天　　　　C. 30天　　　　D. 90天
3. 搜索分析中不包含的维度是（　　）。
   A. 热搜词　　　　　　　　　　　B. 飙升词
   C. 零少词　　　　　　　　　　　D. 蓝海词
4. 国家分析中的商品研究展示的买家行为特征不包括（　　）。
   A. 买家等级分布　　　　　　　　B. 购买次数分布
   C. 网购偏好　　　　　　　　　　D. 城市分布
5. 下列描述不正确的是（　　）。
   A. 红海行业即现有的竞争白热化、血腥、残酷的行业
   B. 蓝海行业指那些竞争尚不大，但又充满买家需求的行业
   C. 红海行业中不包含细分的蓝海行业
   D. 供需指数越大，行业竞争越激烈

二、填空题

1. 速卖通平台提供的数据分析工具名称是＿＿＿＿＿＿＿。
2. 速卖通数据分析分为两大部分：＿＿＿＿＿＿＿和＿＿＿＿＿＿＿。
3. 生意参谋中反映行业竞争状况是否激烈的指标是＿＿＿＿＿＿＿。

4. 卖家可以通过_____模块对生意参谋作进一步的熟悉和了解。

5. 只访问了店铺一个页面就离开的次数占总进店次数的比例反映的指标是_____
_____。

参考答案

第六章

速卖通跨境支付

学习目标

知识目标：
(1) 跨境交易中，买家的支付方式。
(2) 熟悉每一种买家支付方式，能够区别它们之间的支付差异。
(3) 掌握速卖通收款账户的设置，能够区别比较美元收款账户和人民币收款账户。
(4) 了解国际支付宝对卖家的保护指南，国际支付宝相关问题。

技能目标：
(1) 了解速卖通买家的支付方式，尝试设置收款账户和进行提现操作。
(2) 掌握平台相关纠纷发生时处理的方式。

第一节 买家支付方式的介绍

第三方支付在跨境电子商务中，有极其重要的平台作用。第三方支付与本国和国外银行签署协议，为买家和卖家提供平台支持活动。银联商务、快钱等金融支付企业，支付宝、财付通为首的网络支付等非金融支付公司，均为目前发展较为强势的企业。

由于第三方支付平台为交易的支付提供了实际意义的担保，使得进出口贸易的交易有了相对便捷的途径，通过第三方支付机构的信用中介作用，降低了国内企业进入新市场的风险。

相对发展互联网比较早的北美地区，早已拥有全球发达的网上购物市场。同时，由于市场起步较早，技术发达，使得配套的电子支付方式先进快捷，消费者掌握起来比较容易，可选的方式种类较多，支付可依赖于网络、电话、邮件，等等。当然，在这样多的支付方式中，信用卡仍然是目前北美地区使用的支付方式。

一、QIWI 支付（QIWI Wallet）

QIWI 作为俄罗斯支付服务领先的提供商，是俄罗斯最大规模的自助购物终端，提供在线支付和手机支付服务。其作为俄罗斯电商渠道的网购入口，速卖通俄罗斯买家消费人群较多，同时也比较受俄罗斯买家的信赖，其具备完善的风险保障机制。依托于 QIWI bank 的 QIWI 金融集团旗下的 QIWI 电子钱包支付系统作为速卖通网站的支付方式，类似于国内支付宝。买家可以对 QIWI 进行充值，再到对应的商户网站购买产品。

买家支付的时候可以根据自身的情况，选择合适的支付方式，目前 QIWI 支持四种币别付款，分别是 USD、RUB、EUR、KZT，付款时卖家无须进行设置操作。与 PayPal 或者信用卡有 180 天的"风险观察期"相比，QIWI 拥有更为完善风险保障机制，QIWI 不存在 Chargeback 风险。只要买家通过 QIWI 支付完成，卖家收到款项以后，无须进行订单审核和风险控制就可以直接安排发货。通过 QIWI 钱包支付的话，资金审核一般在 24 小时内即可到账。但是 QIWI 也存在一些收款金额限制，其规定每笔交易额不能超过 15 000 RUB，且每日交易额不能超过 2 万美元。此外，其初始收款需要支付 4% 左右的手续费。

二、Western Union 和 T/T 银行汇款支付

Western Union，即西联汇款，是美国数据公司（FDC）的子公司，是世界上领先的特快汇款公司。其拥有全球最先进的电子汇兑金融网络，代理网点遍布全球将近 200 个国家和地区。中国农业银行、中国光大银行、中国邮政储蓄银行、中国建设银行、浙江稠州商业银行、吉林银行、哈尔滨银行、福建海峡银行、烟台银行、龙江银行、温州银行、徽商银行、浦发银行等多家银行是西联汇款中国的合作伙伴。西联汇款 1 万美元以下业务不需提供外汇监管部门审批文件；汇款在 10 分钟之内就可以到账，简便快捷。而普通国际汇款需要 3 至 7 天才能到账，2 000 美元以上还须外汇监管部门审批。

三、T/T（Telegraphic Transfer）电汇

T/T 电汇是指汇出行应汇款人申请，拍发加押电报/电传或 SWIFT 给在另一国家的分行或代理行（即汇入行）指示解付一定金额给收款人的一种汇款方式。

这两种都是国际贸易的主流方式，主要用于大额度的交易。买家采取该方式付款后，订单完成，速卖通就会将美元直接支付给卖家。但其中会有汇款转账的手续费用，因此收到的金额与买家支付的金额会有出入。买家采用该种方式，卖家到银行提现也需要手续费用。

四、Yandex Money 支付

俄罗斯 Yandex 旗下的电子支付工具，买家注册后即可通过俄罗斯所有地区的支付终端、电子货币、预付卡和银行转账（银行卡）等方式向钱包内充值。但其目前只支持 RUB 一个币种，且每笔交易不得超过 10 000 美元。作为俄罗斯领先的电子支付钱包，拥有近 1 800 万

活跃用户，日交易笔数达到 15 万笔之多，品牌的认知度高达 85%。

Yandex Money 支持钱包支付和现金支付，其支付的限额在 0.01~5 000 美元，且需要同时满足全球速卖通网站和 Yandex Money 支付限额。

五、WebMoney 支付

由 WebMoney Transfer Techology 公司开发的在线电子商务支付系统。支持 USD、RUB、EUR、BYR 等货币支付。其初始手续费一般为 3%，后期可根据交易量申请进行手续费调整。其支付系统可以在包括中国在内的全球 70 多个国家使用，因此，很多国际性网站使用它向用户收款和付款。

买家在速卖通网站上，这种支付的消费额度在 0.01~5 000 美元，根据不同的买家身份，支付的额度也不相同。不过对于商户来说，WebMoney 账户需要较长的申请周期，但是如果遇到一个好沟通且效率高的客服，一个月内可申请下来。如果买家使用 WebMoney 支付后，发生退款，退款一旦被 WebMoney 受理后，就会立刻到账。如果退款的申请被国际支付宝受理，国际支付宝将会把退款请求提交给 WebMoney 处理，也可以即刻到达买家的账户。

六、DOKU 支付

DOKU 是印度尼西亚的在线支付公司，因为其收费合理、服务便捷，合作机构覆盖了多数的线上+线下商家和银行。目前已知的数据显示，DOKU 与印度尼西亚 15 个主要的银行合作，为 2 万多商户提供数字支付的服务。作为印度尼西亚收费电子钱包，用户可以通过自动提款机和信用卡对其电子钱包进行充值。在印度尼西亚境内支持钱包、网银、ATM 和便利店支付。其支付限额是 1~2 000 美元。

七、TEF 支付

巴西 TEF 支付与 EBANX 合作，买家通过该支付方式可以与巴西当地五家银行进行网银支付，是巴西网银类支付的一种方式，其支付限额是 1~3 000 美元，同时也需要满足速卖通网站和 TEF 支付限额。买家使用该支付方式产生退款时，由 EBANX 进行负责退款到买家账户当中。

八、Boleto 支付

Boleto 支付是一种利用 Bar Code 识别码，由巴西多家银行共同支持的一种支付方式，受巴西中央银行的监管，是巴西官方的一种支付方式，通常也是巴西公司和政府部门唯一支持的一种支付方式。客户使用这种支付方式可以到任何一家银行、ATM、指定的超市或是彩票网点进行支付。其支付限额单笔在 1~3 000 美元，且每月不超过 3 000 美元，同时需要满足全球速卖通网站与 Boleto 支付限额。Boleto 支付支持 USD、EUR、BRC 三种币种付款。一般买家在速卖通上使用该支付方式，卖家页面便会提醒"买家点击了 Boleto 支付方式，订单最长需要 5 个工作日才能付款成功，在此期间请不要修改订单价格或是联系买家催单。如果超过 5 个工作日没有显示支付成功，请联系买家确认是否付款"。使用 Boleto 支付需要进行退款时，退款跟原始的支付没有关联，需通过签发支票或银行汇款等方式手动转给消费者，Boleto 会在每次结算的时候扣除退款的金额。

九、Mercadopago 支付

Mercadopago 支付是 eBay 旗下的一家公司，作为拉丁美洲最大的支付平台，覆盖巴西、智利、阿根廷、墨西哥、哥伦比亚和委内瑞拉，向用户提供本地化的支付方式。但是在速卖通网站上，目前只支持墨西哥用户的支付。买家使用支付方式，可以在支付的时候兑换墨西哥比索，同时支付的限额根据支付方式的不同而有所差异，总体在 5～65 000 比索。

十、MoneyBookers 支付

MoneyBookers 支付是由英国和欧盟法律授权，受英国金融服务管理局（FAS）监管的一家国际领先的，支持在线支付系统和电子货币在线支付的服务商。通过该支付方式，买家可以使用超过 50 种支付方式在全球速卖通上支付货款。

十一、借记卡、信用卡支付

借记卡、信用卡支付是全球买家主流的支付方式，包括 VISA、MasterCard、Maestro。买家使用该支付方式，国际支付宝会按照买家付款当天的汇率（汇率有收单银行确定，是清算日当天的汇率，并非支付日，一般是在支付日后两个工作日清算）换算成人民币支付给卖家，如果卖家使用的是美元账户，则是将美元结算给卖家。

根据以上买家支付方式的介绍，可以看出，俄罗斯及其周边地区的支付方式主要包括 QIWI 支付、Yandex Money 支付、WebMoney 支付；巴西比较流行 Boleto 支付和 TEF 支付；拉丁美洲主要的是 Mercadopago 支付方式；印度尼西亚主要的是 DOKU 支付方式；欧洲国家流行 MoneyBookers 支付方式；全球买家较为主流的支付方式是借记卡、信用卡支付。

速卖通可选择的支付方式较多，依次为：

Global：VISA、MasterCard、Maestro（Credit card、Debit card）、Western Union、bank transfer。

Europe：QIWI WALLET、WebMoney、giropay、ideal、sofort。

Latin America：(Boleto) only for Brazil (Debito Online) only for Brazil、(mercadopago) only for Mexico。

Asia：DOKU。

由于全球速卖通覆盖多达 220 个国家和地区，所以在面向全球市场的买家的同时，首先考虑到不同国家消费者习惯的支付方式将有不同，要综合尽可能全面的支付方式，速卖通按照实际市场情况分类设计并且选择了相应的支付方式。

全球范围内的消费者买家可选择 VISA 或者 MasterCard 信用卡及 MasterCard 公司旗下的 Maestro 卡，无论是信用卡还是借记卡均可进行相应的选择。对于全球范围的消费者，Western union 国际汇款公司西联汇款，也成为一种较为常见的支付方式。当今世界领先的特快汇款公司，西联汇款有着全球最先进的电子汇兑金融网络，代理网点几乎遍布世界各地。西联公司所属美国第一数据公司 FDC。西联汇款支付方式最长花费 3～5 天时间，全球消费者还

可选择银行转账。

全球速卖通面向的是全球的消费者，那么对于欧洲的买家来说，不同国家的消费者对于在线商品选择后的支付方式并不相同。

在俄罗斯，大多数消费者会选择支付方式为其最大的第H方支付工具：QIWI Wallet，其服务类似于支付宝，是在2007年年底在俄罗斯境内实行的。还有WebMoney是由WebMoney Transfer Technology公司推出的用于在线电子商务支付系统。

在德国，Giropay作为德国本地的在线网银转账方式，成为当地消费者网购时较为常用的方式。

在荷兰，由于近几年荷兰的电子商务市场发展较快，荷兰境内的网上消费非常迅速，许多荷兰消费者也关注于跨境交易，这样可以使得荷兰的安全健康的商品远销海内外，跨境出口和进口均表现非凡。在最后支付方式的选择上，有在线转账、电子钱包、信用卡和借记卡等，其中在线转账的用户比例占到了市场份额的8%，信用卡和银行卡则占到16.1%，剩余部分是电子钱包和借记卡等。作为荷兰本地的支付方式ideal，在跨境电子商务支付中极受欢迎。使用ideal的消费者可以直接从银行账户中转款给卖家，针对荷兰的跨境电子商务业务，欧洲其他国家消费者支付时使用比较多的是Sofort。

对于在拉丁美洲的巴西，除了上述全球消费者均可以采用的信用卡及PayPal等第三方支付方式，使用比较常见的有Boleto和Debito Online。其中当买家在速卖通支付环节点击Boleto后，是需要巴西的买家去银行柜台进行付款的，中国的卖家需要过几天在后台查看资金是否已经到账。只有确定资金到账之后才能进行后续的操作。因为有一些巴西的买家，即便已经点击了Boleto付款，但是没有去银行柜台办理付款事宜，那么卖家就不能给予发送货物。

对于在拉丁美洲的墨西哥，阿里巴巴旗下全球速卖通和拉美支付公司Mercadopago合作，墨西哥的消费者将可以选择使用Mercadopago支付方式，最终在速卖通上支付购物。这是继巴西Boleto和TEF支付，速卖通对拉美地区再次增加的新的支付方式，以期扩大和方便速卖通跨境电子商务市场和消费者。

综上所述，对于跨境电子商务支付本地化显得尤为重要，因为涉及支付的最终选择，涉及每一位消费者自身利益，在选择商品时页面可以采用本土特色的排版设计，但是涉及支付则和消费者常用的银行卡（包括信用卡、借记卡、第三方支付的账号等）密不可分，许多消费者有着良好体验的时候是直接支付操作按常规进行，如果需要新选用一种支付方式，平时几乎没有使用过，那么在从注册到研究怎样使用将花费较多的时间和精力，这样许多消费者在可以从其他网站购买同类产品并且支付时，就会选择有同样竞争力的其他卖家平台进行消费。

所以除了拉美支付之外，速卖通在全球，在欧洲诸如俄罗斯、德国、荷兰均采用当地非常流行的支付方式，在亚洲印尼的消费者采用了DOKU的消费方式，可见速卖通力争做到全球支付本地化。因为作为订单生效的最后一步的支付极为关键，当消费者确定支付成功后，就会进行相应的商品的流通，如果支付没有完成，贸易最后还是没有产生。

第二节　速卖通中的收款账户设置与使用

一、收款账户的类型

在全球速卖通平台中，根据买家支付方式的不同，货款打入卖家不同的收款账户。因此，作为卖家，要设置人民币收款账户和美元收款账户两个收款账户。目前整体而言，人民币收款比例较小。

1. 买家通过信用卡的支付方式

根据国际支付渠道的不同，货款会以美元或人民币的形式进入卖家的国际支付宝账户，然后分别进行美元提现和人民币提现。

2. 买家通过 T/T 银行汇款支付方式

货款则将以美元的形式进入卖家国际支付宝账户。在设置好两种付款账户类型后，卖家收到人民币的部分是国际支付宝按照卖家支付当天的汇率（该汇率由收单银行确定，是清算天的汇率，一般在两个工作日左右，并非支付日的）将美元转换成人民币的形式支付到卖家国内支付宝或是银行账户中。普通速卖通会员的货款就是直接支付到国内支付宝。卖家收到美元的部分是直接将美元打入其美元收款账户的。设置后，在速卖通交易中的资金账户管理，速卖通账户显示如图 6-1 所示。

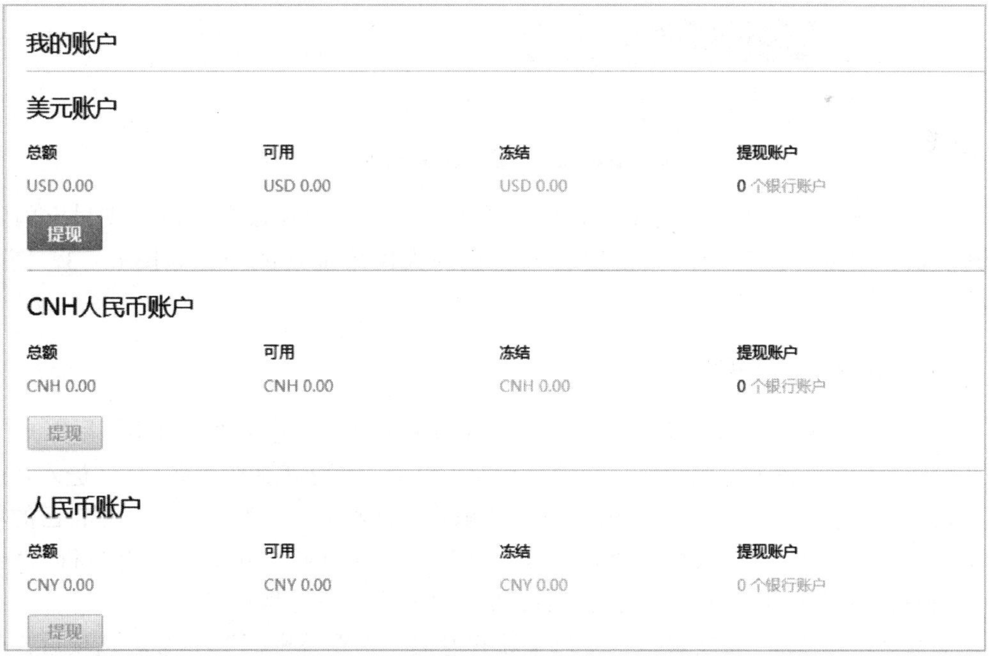

我的账户			
美元账户			
总额	可用	冻结	提现账户
USD 0.00	USD 0.00	USD 0.00	0 个银行账户
提现			
CNH人民币账户			
总额	可用	冻结	提现账户
CNH 0.00	CNH 0.00	CNH 0.00	0 个银行账户
提现			
人民币账户			
总额	可用	冻结	提现账户
CNY 0.00	CNY 0.00	CNY 0.00	0 个银行账户
提现			

图 6-1　我的账户页面

二、账户的设置

(一) 人民币收款账户绑定

登录全球速卖通,单击"交易"进入"收款账户管理"界面,选择"人民币收款账户"。如果您还没有支付宝账户,可以单击"创建支付宝账户";也可以使用已经有的支付宝,单击"登录支付宝账户"按照提示步骤进行设置,如图6-2所示。

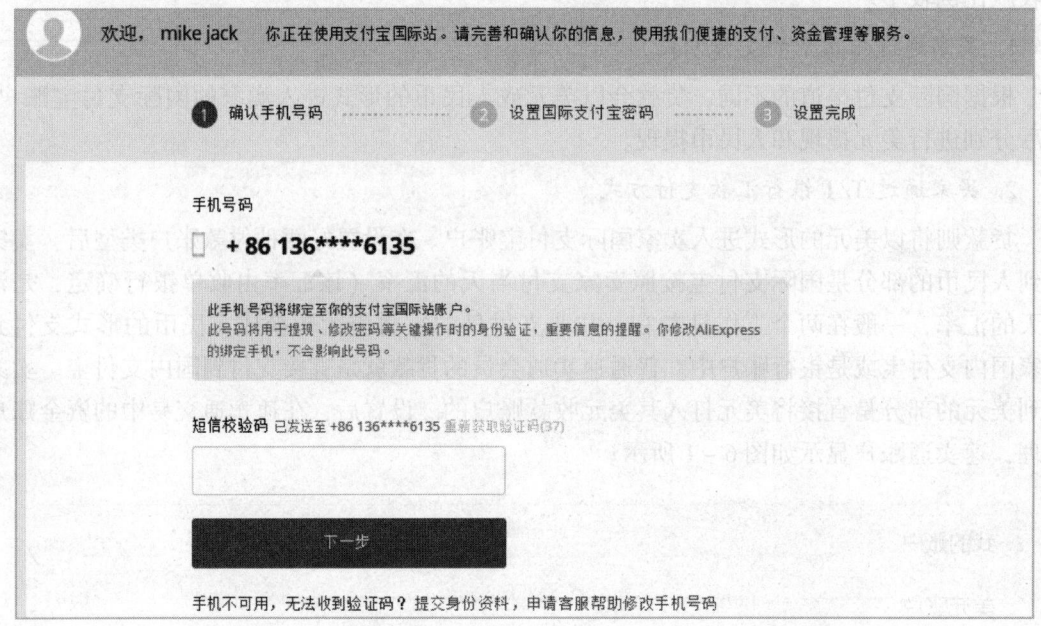

图6-2 登录支付宝账户

登录全球速卖通,选择"交易"按钮,单击"支付宝国际账户"进入支付宝国际资产管理页面,单击"提现账户"设置管理卖家的人民币提现账户,如图6-3、图6-4所示。

(二) 美元收款账户绑定

登录全球速卖通,单击"交易"进入"资金账户管理",进入"支付宝国际账户"进行资产管理的添加,进入"收款账户管理"界面,单击"创建美元收款账户"。进入新建美元账户之后,卖家可以选择"公司账户""个人账户"两种账户类型。可以根据自己的情况进行选择。选择账户后,依次填写"开户名(中文)""开户名(英文)""开户行""Swift Code""银行账号"等必填项。填写完毕后,单击"保存"按钮即可。

在支付宝登录界面,依次填写"支付宝账户姓名""登录密码"等必填选项后,单击"登录"按钮。登录成功后即完成收款账户的绑定,同时,也能对该账户进行编辑。

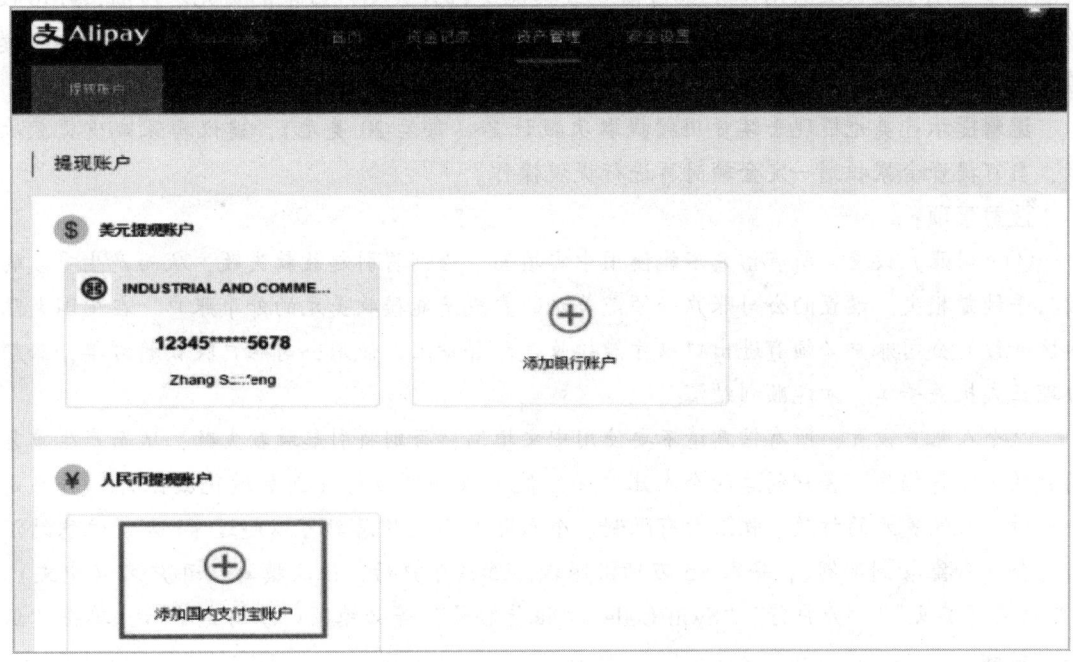

图6-3 支付宝国际账户

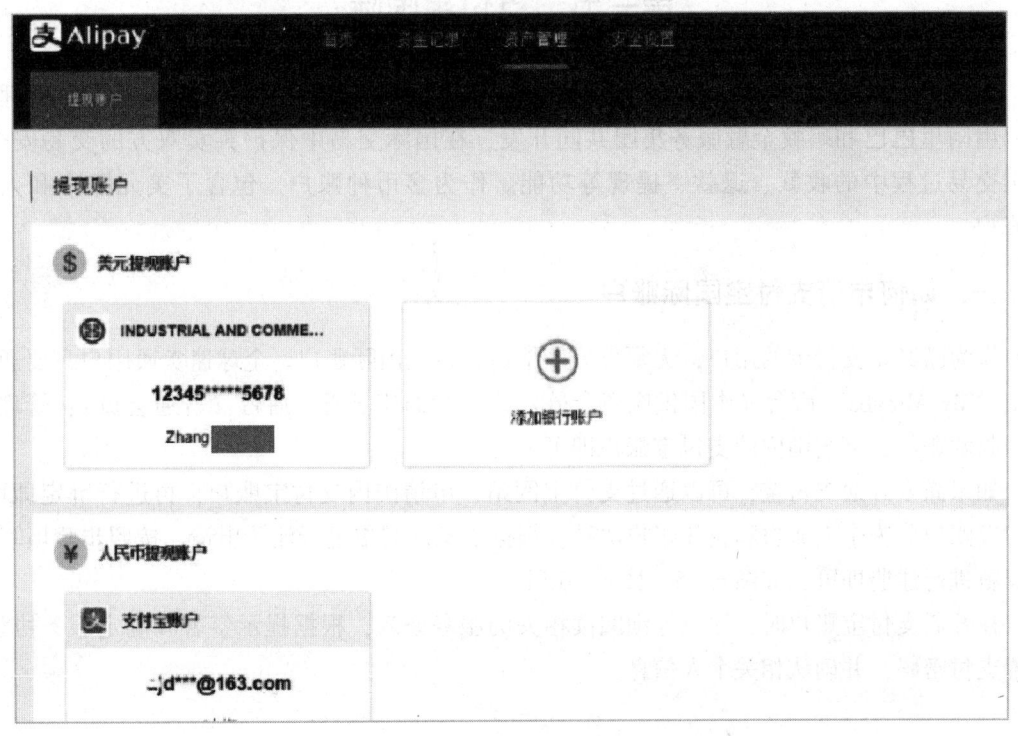

图6-4 提现账户管理

为了规避信用卡支付存在的拒付风险，目前全球速卖通平台为卖家开设了外币收款账户功能，主要用于收取买家用 T/T 银行汇款或其他支付方式支付过来的美元。目前，外币收款账户的主要功能有美元收款账户管理、T/T 汇款和退款、卖家可以查看可提款资金、提款记录。

温馨提示： 美元提现手续费用按提取次数计算（每笔 20 美元），建议卖家减少提款次数，当可提资金累积到一定金额时再进行提现操作。

注意事项：

①公司账户设置，所有信息不能使用中文填写，否则将引起放款失败，从而产生重复的放款手续费损失。设置的公司账户必须是美元账户或是能接收美元的外币账户。在中国大陆地区开设的公司账户必须有进出口权才能接收美元并结汇。使用公司账户收款的订单，必须办理正式报关手续，才能顺利结汇。

②个人账户设置，所有信息请不要使用中文填写，否则将引起放款失败，从而产生重复的放款手续费损失。客户创建的个人账户必须能接收海外银行（新加坡花旗银行）并且是公司对个人的美元的打款，收汇没有限制。个人账户年提款总额可以超过 $5 万。注意结汇需符合《外汇管制条例》，每人 $5 万结汇限额。选择账户后，依次填写"开户名（中文）""开户名（英文）""开户行""Swift Code""银行账号"等必填项。填写完毕后，单击"保存"按钮。

第三节　支付宝国际

支付宝国际是 AliExpress（速卖通）为国内卖家建立的跨境交易资金的账号管理平台。由阿里巴巴和蚂蚁金融服务集团共同开发，在国际交易中保护买卖双方的交易安全，提供交易过程中的收款、退款、提现等功能。作为多币种账户，包含了美元账户和人民币账户。

一、如何申请支付宝国际账户

作为已经是支付宝的用户，无须再另外申请支付宝国际账户。全球速卖通用户只要通过登录"My Alibaba"后台（中国供应商会员）或"我的速卖通"后台（普通会员），管理自己的收款账户，绑定国内的支付宝账户即可。

如果尚未开通支付宝，可以通过支付宝网站，申请国内支付宝账户，再进行绑定即可。支付宝账户分为个人账户和企业账户两种，根据卖家的需求进行注册申请。按照步骤填写相关资料进行注册即可，如图 6-5、图 6-6 所示。

在开通支付宝账户时，注意仔细阅读相关的服务条款，根据提示签署和确定服务协议，设置支付密码，并确认相关个人信息。

图 6-5　支付宝个人账户

图 6-6　支付宝企业账户

二、支付宝国际账户的操作

（一）支付宝国际账户的登录

步骤操作：
①登录"我的速卖通"。
②单击"交易"→"资金账户管理"→"支付宝国际账户"。
③单击"立即使用"即可登录到支付宝国际账户。

（二）支付宝国际账户信息的查询

步骤操作：
①登录"我的速卖通"。
②单击"交易"→"资金账户管理"→"支付宝国际账户"。
③进入支付宝国际账户首页，在"我的账户"中查询账户信息，包括人民币账户、美元账户下的资金信息、提现银行账户信息以及最近的资金活动记录。
④单击"查看更多"，能够分别看到人民币账户和美元账户的明细信息。

（三）支付宝国际账户的提现

支付宝国际账户的提现采用余额提现的方式，分为美元提现和人民币提现两种。美元提现是提款到卖家美元账户中，人民币提现则是提款到支付宝国内的账户中。在此之前，必须先做提现操作的设置，在支付宝国际账户页面的"我要提现"中进行提现的设置。

步骤操作：
①查看"我的账户"信息，可以看到可提现的人民币金额和美元金额，以及相关冻结金额信息。
②单击人民币账户或是美元账户后相对应的"提现"按钮。
输入所要提现的金额，点击下一步，达到提现信息的确认页面。
③确认提现信息后输入交易密码。单击"确认"后，系统会进行手机验证，输入正确验证码后确认提交，即可提现成功，（注：手机验证码的有效期为30分钟）如图6-7、图6-8所示。

温馨提醒：
由于每一次的美元账户提现，无论提现金额多少，都会扣除银行收取的20美元的手续费，因此花旗银行要求到账金额必须大于1美元，所以美元提现金额必须大于21美元。人民币账户提现不收取手续费。一般确认提现后，人民币到账时间为1~3个工作日；美元账户到账时间约为7个工作日。

三、支付宝国际的相关知识

（一）买家与卖家之间的相互打款

目前支付宝国际账户暂时不支持相互间的打款功能。

图6-7 提现页面

图6-8 提现信息

(二) 人民币收款账户与美元收款账户的区别

速卖通卖家有两种收款方式,一种是人民币收款账户,另一种是美元收款账户。人民币收款账户是一个支付宝账户,收到的是人民币。美元收款账户是一张银行借记卡,收到的是美元,需要卖家到银行结汇成人民币。

(三) 提现后款项显示冻结

在卖家进行提现操作后,银行需要对提现进行处理,在款项到达提现账户时,资金都是显示冻结的状态,请不用担心。

(四) 所支持的产品的交易

目前而言,速卖通平台上支付宝国际支持部分产品的小额批发、样品、小单、试单交易,只要卖家的产品满足以下条件就可以通过支付宝国际进行交易。产品可以通过 EMS、DHL、UPS、FedEx、TNT、顺丰、邮政航空包裹七种运输方式进行发货;每笔订单金额小于 10 000 美元(产品总价加上运费的总额)。满足以上条件的,就可以使用支付宝国际进行交易。

(五) 在线交易的报关

卖家的货物价值在 600 美元以下,快递公司会进行集中报关。如果卖家的货物申报价值超过 600 美元,速卖通卖家可提供全套的报关单据,委托快递公司进行代报关。

(六) 单笔最大的限制额度

速卖通平台为降低支付宝用户在国际交易过程中产生的交易风险,目前支付宝国际支持单笔订单金额在 10 000 美元(产品总价加上运费的总额)以下的交易。

(七) 支持的物流方式

速卖通平台上支付宝国际目前支持 EMS、DHL、UPS、FedEx、TNT、顺丰、邮政航空包裹七种国际运输方式,只要卖家能够通过这七种运输方式发货的产品,都可以使用支付宝国际进行交易。不过暂时不支持海运。

(八) 交易核销退税

交易核销退税分两种情况,当速卖通上买家使用 VISA 和 MasterCard 信用卡支付时,卖家无法进行核销退税。当买家使用 T/T 银行汇款和 PayPal 支付时,卖家报关后可以进行核销退税。

四、支付宝国际对卖家的保护

(一) 支付宝国际卖家保护范围

全球速卖通的卖家在支付宝国际保护下在平台上合法进行交易。支付宝国际对卖家的保护主要包括以下几个方面:

支付宝国际采用先收款、后发货的交易模式对速卖通平台上的卖家进行保护;

当卖家遭遇交易纠纷时,支付宝国际的卖家保护指南帮助卖家有效解决纠纷;

速卖通平台上支付宝国际的风控系统能够有效排除可疑订单,防止卖家受到买家欺诈行为。

根据以上内容,支付宝国际对卖家的保护只针对合法卖家在速卖通平台上使用支付宝进行的交易,若卖家不使用支付宝国际就不能享受支付宝卖家保护;同时,只保护合法卖家在平台上发布的不违反交易平台禁限售规则的交易产品。

(二) 如何通过卖家指南进行权益的维护

1. 当买家投诉没有收到货时

如果卖家能够向速卖通平台提供货物已经送达给买家的证明,那么卖家将得到平台保护。分以下几种情况:

因为物流等原因,国际交易过程中因为货物可能还在途中导致纠纷发生时,卖家需要主动积极地联系买家,向买家解释沟通。若双方达成一致,买家确认收到货后,就可以撤除纠纷,平台还是会将全额放款给卖家。

因为买家投诉没有收到货物,而卖家能提供清楚的可以显示货物已经送达的证据,包括但不仅限于以下几种情况:货物的运单号、货物底单、物流妥投证明、货物的运送状态显示"已送达"、送达日期、收件人地址(确保收货地址和买家地址一致)、收件人确认收货的签字回执,平台将会全额放款给卖家。

因为货物被扣关,导致买家投诉没有收到货,速卖通平台查明货物被扣关,卖家能够提供物流出具的,而买家不愿清关导致货物被扣关的证明,平台也会全额放款给卖家。

2. 当买家投诉收到的货物与描述不一致时

如果卖家能够提供清楚的文件来证明交易当时货物的说明是恰当的,卖家就可以得到速卖通平台的保护。如果卖家提供的文件能说明以下问题时,平台上相关的索赔则可能会按对卖家有利的原则解决。

如果买家投诉收到的货物为二手货,而卖家在平台产品描述中已经清楚地标注该出售物品为二手货的时候。

当卖家在平台上产品描述正确,例如产品描述中已经清楚说明了该物品的实际功能以及可能存在的缺陷,而买家因为购买期望值等问题导致的不想要结果。

当买家投诉收到的货物数量不对时,卖家能够提供证据证明是按照买家需求发出的订单。

因为货物与描述不符投诉,涉及买家相关的期望值问题,如果卖家能够提供相对应的证据来证明该买家购买的产品在平台页面上的描述是清楚的,速卖通平台将会根据货物的实际情况同买家协商,对卖家做出全额放款/退货/部分放款的处理。

(三) 支付宝卖家保护指南

1. 确保在平台交易过程中买家满意度注意事项

在平台上发布详细的产品描述,在产品描述中最好讲清楚货物的状况;比如是否是二手货物、货物是否有瑕疵、不夸大货物功能,提供更加清晰和丰富的产品图片。

在发货后能够尽快向平台提交货物的订单号,确保买家对货物的可跟踪。

积极主动地同买家沟通,让买家在整个交易过程中感觉到您的真诚和耐心。很多纠纷通过沟通都可以得到避免。

如果卖家申诉成功,速卖通平台会针对货物的实际情况,协调双方对您进行全额退款或者部分退款/退货处理。

2. 交易后买家提出"未收到货物"纠纷时，货物仍然在途中的处理方式

在这种情况下，卖家应该积极主动地跟买家进行沟通，告诉买家货物已寄出，仍然在途中，希望他耐心等待并且向平台申请撤销纠纷。速卖通平台上很多纠纷的产生就是因为买卖双方沟通不畅。如果在沟通后买家撤销了投诉，等到物流妥投，买家确认收货后，平台依旧会全额放款给卖家。

3. 货物在运输途中丢失的处理方式

卖家需要尽快积极联系物流公司或者货代公司，确认已寄出货物目前状态，同时主动和买家进行沟通，尽量让买家耐心等待一段时间。若确认货物系物流公司在运输途中遗失，平台会将钱退回给买家，这时候卖家可以向物流公司提出货物丢失的索赔。

4. 在买家提交纠纷后，卖家处理方式

买家向速卖通平台提交纠纷后，平台会尽快联系卖家。卖家需要积极主动地提供相应证据，可能包括但不限于"运单号""货物底单""物流妥投证明""买卖双方交谈记录"截屏。详细的证据有助于平台站在有助于卖家的立场上解决问题。

5. 速卖通平台对卖家提出申诉成功的解决方式

如果卖家申诉成功，速卖通平台会针对货物的实际情况，协调双方对您进行全额退款或者部分退款/退货处理。

第四节　速卖通跨境电子商务支付

一、速卖通跨境电子商务支付风险的分析

跨境电子商务支付作为订单达成的最终环节，交易的完成具有标志性的作用。计算机等信息技术的飞速发展使得支付系统发生了较大的变化。电子支付以及网络服务均对电子商务及跨境电子商务消费产生了巨大的影响。跨境电子商务支付存在着许多方面的风险。由于本身来自不同国家，许多国家间的电子支付监管规则不相同，支付和接收的主体即买家和卖家的多样性，从电子技术的安全性等诸多原因来考量，跨境电子商务支付存在不同方面的风险问题。

这些需要各个国家能够高度给予重视，努力为完善相关的国际法规则、协调有关国家和国际间的交流合作，进而完善电子支付的法律规范，加强技术和法律间的合作和发展。

具体就速卖通而言，除了速卖通企业本身的技术完善和风险管控之外，国家相关部门要密切配合，构建多层的监督管理层级结构，建设高效率的跨境电子商务支付服务。

二、速卖通跨境电子商务支付问题及原因分析

（一）买家账户身份信息可信度导致的支付风险

跨境电子商务支付由于其虚拟性，导致存在许多风险。风险的产生伴随着不法分子寻找机会进行非法往来。如果支付机构没能审核出实际的作假信息，那么商超的非法资金流通渠

道就形成了。所以，对于卖家和买家所在国家的政府和相关工作人员就有着共同的责任和义务，认真核实，实时发现问题并解决问题。除了买家本身的身份信息可信度是一个风险之外，由于卖家操作的问题导致的信用风险也在，使得每一个客户可能存在的外汇风险问题接踵而来。

正因为速卖通和亚马孙都是电子支付的第三方支付平台，同时兼具着商品的展示网站，那么在如此大的数据背景下，可能引发洗钱风险等。这就要求交易的双方要尽可能地享有良好的声誉和透明度高的身份认证，这样将有利于贸易的阳光进行。

（二）物流因素导致的支付问题

我国跨境电子商务包括的 B2B 和 B2C 两种主要模式。在跨境电子商务之中，B2B 和 B2C 两种模式均已达到一定的规模，而跨境电子商务的发展中物流起着重要作用。物流发生在买家支付之后，但实质上是卖家的商品到达买家签收后，支付款才转给卖家，这样就发生了真正意义上的支付在物流之后的情况。在 B2B 中，物流的包裹等纳入海关的统一贸易中。B2C 中多是以小包邮寄的方式，所以多半没有纳入海关登记。

当跨境电子商务支付由于物流等原因使得货没能到达买家手中时，这样就使得支付不能按照既有的规定将货款打给卖家。真正的问责并不一定是卖家的问题，具体的原因取决于实际情况，物流的因素是其中之一，那么这个风险就直接影响了支付的问题。

跨境电子商务的各个环节都是在不断地更改和完善的，当意外事件发生时，如何事前估算损失并进行相应的规定，显得尤为重要。处理支付中由于物流因素导致的未按时支付问题，需要公司提出宝贵意见，按照实际工作中出现的各种问题来进行相应的比较和对照，应首先提出预案，之后按照具体情况来及时有度地调整。

（三）外币账户结汇限制导致的支付问题

目前跨境电子商务支付业务中产生外汇的流动，包含资金的结售汇、收付汇。从目前支付业务发展来看，我国跨境电子支付结算的方式有跨境支付购汇方式（含第三方购汇支付、境外买家接受人民币支付、通过国内银行购汇等）、跨境收入结汇方式（包含第三方结汇、通过国内银行汇款、个人名义拆分结汇、通过地下渠道等实现资金跨境收结汇等）。

除了国家明文规定的以外，都没有准确规定的结汇限制了支付流程的最终完成。因为以速卖通为例的美元账户，作为个人消费者，是有 5 万美元的限制，尽管其他的个人消费者可以最终支出 5 万以上的美元，但是流程上较烦琐，或者时间上有滞后性，限制了支付从买家到卖家的顺利完成。

结售汇市场准入方面，第三方支付机构的外汇业务经营资格和外汇业务的监督等办理结售汇业务按既有银行标准进行，而目前并没有跨境支付业务的准入标准。所以，贸易往来的国家间应该尽快建立和解决第三方支付平台所带来的结汇问题，同时也要求国家特别是出口国家对于外汇限额的问题，勇于承担，共同建立外汇监管体系，打造多方监管、相互监督的共同监管格局，加强跨境电子商务支付的外汇管理。

（四）不同国家规章政策导致的支付限制问题

行业内第三方支付机构建立的国家政策导向，是要提高准入门槛，国家外汇监督管理局要尽快提出关于第三方支付机构对于外汇收支的规定。

对于产生时间较短、发展较迅速的速卖通和支付宝国际而言，相关的规定法规并没有与时俱进地产生。应该及早明确支付宝国际在政府颁布的法规和法令政策下，具有怎样的权利和义务，因为这直接影响消费者的使用。

而目前支付宝国际主要服务于卖家市场，买家市场是间接的服务关系。国家政策在发展关键的今天没有明确相关的支付问题及处理手段，也没有通过对支付运营商实行准入和主体监管的方式来规范支付能力。

目前，国家的政策决定了其既是跨境电子商务交易主体支付清算服务的提供者，也承担了一部分外汇银行的执行功能。这样既非金融机构又有外汇监督和执行的功能，那么在不明确的前提下，国家外汇监督管理局即应立即对经济发展产生的跨境电子商务中的第三方支付平台给予明确定位和规定。

三、速卖通跨境电子商务支付方式的完善

①增加和完善速卖通跨境电子商务支付的卡种类的选择，努力建立合理良性的第三方支付平台。
②进行买家的身份信息的多重认证，增强身份的可信度。
③明确规定物流等因素导致的支付问题的最佳处理对策。
④各国国家政策法规的改进包括外币账户结汇限制等的更改。

支付作为与信息等科学技术密切相关的一环，不断地在发生着变化。这个变化可以是小幅度的调整，也可能是彻底颠覆之前所设计或者搭建的结构。

本 章 小 结

跨境电子商务作为中国新兴经济的代名词之一，受到了政府的高度重视。与此同时，与跨境电子商务息息相关的跨境支付服务，极其重要。在速卖通平台中，支付宝国际作为 AliExpress（速卖通）为国内卖家建立的跨境交易资金的账号管理平台，在国际交易中保护买卖双方的交易安全，提供交易过程中的收款、退款、提现等功能。速卖通作为国际大型在线交易平台，根据各地理区域消费者的支付习惯，不断地与各区域的主流支付进行合作，为消费者不断提供便捷的支付方式，创造更优质的服务体验。

在支付宝国际支持的支付方式中，信用卡和 PayPal 是目前使用最为广泛的国际网购支付方式，另有一些地域特色的支付方式，如俄罗斯的 WebMoney、QIWI Wallet。速卖通上的卖家根据不同的客户群体，开通对应的收款方式。当然，与国内支付宝体系不同，支付宝国际业务面临的市场很多，每一个国家的金融监管制度不一样，导致跨境支付的多样性和复杂性。面临一个多变的国际市场，支付宝国际的拓展策略呈现出市场部门跟着业务走的特点。支付方式契合不同区域的消费者，为他们提供更好的购物服务。

关键术语

国际支付宝　T/T银行汇款　汇率　MoneyBookers支付　限制额度

配套实训

1. 登录速卖通平台，对卖家收款账户进行设置，截图保存提交。
2. 登录速卖通平台，在资金账户管理中对不同收款账户进行模拟提现，截图保存提交。

课后习题

一、选择题

1. 通过QIWI Wallet方式支付，资金审核一般在（　　）内即可到账。

　A. 8小时　　　　　　B. 12小时　　　　　C. 16小时　　　　　D. 24小时

2. 国际贸易的主流大额度的交易方式有（　　）。

　A. MoneyBookers支付　　　　　　　　　　B. Mercadopago支付

　C. Western Union和T/T银行汇款支付　　　D. DOKU支付

3. 美元账户提现金额不能低于（　　）。

　A. 19美元　　　　　B. 20美元　　　　　C. 21美元　　　　　D. 22美元

4. DOKU支付的支付限额是（　　）。

　A. 1～2 000美元　　　　　　　　　　　　B. 1～3 000美元

　C. 1～5 000美元　　　　　　　　　　　　D. 5～65 000比索

5. 巴西买家的支付方式有（　　）。

　A. VISA　　　　　　B. MasterCard　　　C. Boleto　　　　　D. WebMoney

二、填空题

1. 俄罗斯及其周边地区的支付方式主要包括_____、_____、_____。
2. 买家通过T/T银行汇款支付方式，货款则将以_____的形式进入卖家支付宝国际账户。
3. 支付宝国际在交易中保护买卖双方的交易安全，提供交易过程中的_____、_____、_____等功能。
4. 美元账户提现，无论提现金额多少，都会扣除银行收取的_____的手续费。
5. 在平台发生纠纷后，如果卖家申诉成功，速卖通平台会针对货物的实际情况，协调双方对卖家进行_____或者_____。

参考答案

第七章

速卖通客服和售后

学习目标

知识目标:
(1) 了解速卖通客服和售后的沟通理念和沟通原则。
(2) 熟悉信用评价规则。
(3) 熟悉纠纷裁决指引。

技能目标:
(1) 掌握询盘回复技巧。
(2) 掌握中差评解决方法。
(3) 掌握纠纷处理技巧。

第一节 沟通的技巧

一、沟通的理念

(一)西方国家的服务理念

西方文化强调个人行为,重视个性化的需求。在跨境电子商务风靡全球的今天,服务尤为重要,服务是否到位取决于对于西方服务内涵理解的多与少,而服务理念的根基在于对于西方文化的深入洞察和了解。

在英语中,服务一词称为 Service。分析 Service 的字母组成:

S—Smile,微笑。

E—Excel，出色。
R—Resolve，解决。
V—Valuable，价值。
I—I Can，我能。
C—Communication，交流。
E—Efficient，有效。

可以得出结论：在西方，服务不仅是一种有偿行为，也包含了：

Smile，微笑的表情。
Excel，出色的超前服务，是指超出顾客预料之外的服务态度与服务内容。
Resolve Valuable，结果的导向。
I Can，服务的承诺。
Communication，服务的途径。
Efficient，服务的结果。

（二）跨境电子商务客户服务的特点

首先，速卖通中的客户服务是属于电子商务范畴的客户服务，其操作方式主要是通过在线工具进行，更加注重沟通的及时性、完整性和有效性。

其次，注重人性化服务，以人为本。因为速卖通中的客户服务是属于跨境外贸性质的客户服务，其服务对象是来自不同国家的不同消费群体。由于语言、文化、政治、交易习惯等与国内不同，这也决定了服务的思路和方式应有所不同。所以在营销时，要尽可能从客户的角度考虑，以满足客户需求为最高宗旨是跨境电子商务客户服务的核心内容。

再者，速卖通跨境电子商务交易面对的是全球的消费者，订单的碎片化和在线交易的虚拟性呈现出标准不一、层次多样的消费者需求；而且过程中环节多，流程长，复杂性较强，容易出现各种意想不到的问题。因此，服务人员应充分了解交易的各个环节，对所有可能出现的问题都能够了然于胸，对不同的状况都应熟练应对。

综上所述可知，包括速卖通在内的跨境电子商务中客户关系维护的难度要远远大于一般传统交易的客户关系维护。由于面对的是不同国家的客户，因此研究其消费心理，采取相应的服务理念显得至关重要。

二、沟通的原则

在沟通和服务过程中，客服人员一定要坚持某些原则，原则的把控更有利于客服人员的对答如流，凸显专业性与增加客户信任感，赢得客户的尊重和青睐。为了使贸易双方达到预期的沟通目的，增强服务的有效性，应遵循以下5个原则。

（一）简洁明了

沟通服务时，尽可能用精炼准确的语言清楚地回复客户的问题，沟通思路清晰，沟通的内容不会被误解。比如，在撰写信息或邮件时，应长话短说，避免使用难词、陈旧的商业术语,尽量使用常用词、短语、结构简单的短句,不用长句或从句。要避免使用意义上模棱两可的词语和句子。比如对 delivery time 的理解,正常的理解为把货物发到起运港的时间,即装运时间,但是很多人理解为到达目的港的时间。建议装运时间表达为 date of making shipment,这样不易产生歧义。

(二) 具体完整

每一次沟通服务都应有一个具体、明确的主题,要对客户提供其需要的所有商品信息,答复其提出的一切问题并争取满足其提出的一切要求。例如对某一商品的报价进行还盘,必须详细地说明品名、价格、数量、包装方式、支付条件、装运时间、装运港等具体的交易条件和发盘的有效时限。避免含糊、笼统、抽象的表述,必须强调具体的事实、数据和时间,让买家可以采取具体的行动解决具体的问题,例如 within 1-2 working days 比 as soon as possible 更让客人信服,具体的时间范围或区间能给客人更直观的反馈。

(三) 正确专业

由于沟通涉及买卖双方的权利和义务关系,其准确性对沟通至关重要。比如语法、标点符号和拼写要做到准确无误,尤其是日期、数字,在进行邮件回复时,要避免误打、漏打。专业性主要体现在两个方面,一是对自己的行业、对自己的公司和对自己的产品非常熟悉,尤其是在一些细节问题上,在沟通当中要尽可能地讲清楚。在询盘回盘过程中我们可以发现,在很多情况下,客户并不了解产品的性能或者使用方法,卖家一定要尽力帮助客户解决问题,理解体谅用户不懂的想法,商品的琳琅满目,需要学习的更多,我们是如此,客户亦是如此。专业问题时,最好用通俗易懂的表述方法,例如,对于零部件较多的商品,我们可以通过小视频、图解等清晰地展现其使用方法,这样让客户更易接受。

(四) 礼貌体谅

礼貌是指沟通服务时,在措辞和表达方式上通过使用诚恳、委婉、温和的语气及运用一些语言策略,婉转、迂回、和缓地表达观点,提出要求,从而给客户留下有知识、有修养的印象,使对方容易接受我方的请求并表现出合作意向。服务沟通时,一定要设身处地为买家着想,考虑他们的感情、期望、要求和利益等,即要进行换位思考,从而给收件人留下好感和深刻的印象,极大地提高服务的有效性。因此,应尽量以积极的态度和所谓的对方角度(your attitude)来进行措辞和表达。对于客服的疑惑或者纠纷,要用温和的态度和语气进行沟通处理,舌尖嘴利,令客户哑口无言,口舌之能,赢得是短暂的胜利,失去的是客户的再次回头;真正的沟通尺度,不是与客户一争高低,而是让客户接受我们的观点或者想法。客户也需要面子,不能不给客户留下一点周旋的余地,要给客户有台阶下,即回旋有度、留有余地,这在服务客户过程中,显得尤为重要。

(五) 真诚倾听

真诚倾听是指在交流过程中,应充分尊重客户的表达,不要抢着表述,先做一个合格的倾听者。例如和客户谈论价格时,对于价格敏感度高的客户,客服人员应该先倾听其要求,然后解释商品的价值、贵的原因等，真诚地进行解释与洽谈或者推荐更加合适的替代品。进入店的客户时常是徘徊式逛逛，寻求适当的打折和优惠，我们应该理解，当然公司存在的目的就是赢利和创收，没有创收的企业是没有活力和未来的，不能以牺牲公司的利益为代价来获取客户的欢心。

三、客服的工作职能

（一）帮助顾客了解产品信息

由于网上交易的虚拟性，客户往往因为时间空间跨度大等问题，没有办法全面地了解产品，所以我们应尽量把真实的产品数据传送给每一个客户。

（二）解决客户在选择产品、支付过程、物流等方面遇到的问题

顾客在进行线上购物时，面对的是琳琅满目的商品和来自四面八方的信息；另外，交易手续的复杂与不同地区的物流情况等都有可能是交易发生的阻碍。这时客服显得极其重要，客服不仅能提供解决问题的最佳方案，同时能够增强客户的信任，促成交易的产生。

（三）与客户实时交流沟通，了解个性化需求，提高客户满意度

由于顾客来自世界各地，对产品的需求当然也是形形色色，在交易过程中容易出现由于色差、包装等方面让顾客不满意的情况，这时客服就起到了一个与客户协商以谋求双方最低损耗、双方最大限度让步的作用。

四、客服常用的沟通工具

（一）Skype

Skype 是一款即时通信软件，能视频聊天、多人语音会议、多人聊天、传送文件、文字聊天等功能，是最受欢迎的网络电话之一，全球拥有 6.63 亿用户。拨打国际长途（手机、座机）最低 1 分钱/分钟起，可在电脑、手机、电视、PSV 等多种终端上使用，这在请求客户修改中差评时可使用。

（二）站内信

站内信是全球速卖通常用的在线客服工具。

站内信处埋的基本原则：

①批发的站内信消息优先处理。抓住一个老客户，有时候可以顶你一天的销售额，要把更多的精力放在批发订单上，争取拿下批发订单。

②如实回答，切勿忽悠。客户询问产品的相关功能，知道就是知道，不知道就是不知道，不确定就说不知道，一旦你说了可以支持，结果买回去用不了，纠纷退全款，问题就大了。（客服要懂产品+物流+销售等）

(三) 邮件

速卖通一般用邮件给客户推荐新品或者促销，或是在询盘、还盘中也较为常见，能做到精准营销。

(四) 旺旺

这里指的是国际版的旺旺，类似于淘宝卖家旺旺，能够提供在线客服服务，包括产品、物流咨询等，也是全球速卖通常见的一种在线服务工具。

五、询盘回复的沟通模板

国外买家在下单之前以及付款之前遇到一些麻烦或问题时，我们的客服要在短时间内解决买家的问题，加强买家付款的意愿。以下这些模板均是日常工作中所用到的，但是在使用时应该做个性化改动，不要生搬硬套。

(一) 售前模板

1. 当买家光顾你的店铺，并询问产品信息时

Hello, my dear friend. Thank you for your visiting to my store, you can find the products you need from my store. If there is not what you need, you can tell us, and we can help you to find the source, please feel free to buy anything! Thanks!

（重点：与买家初次打招呼要亲切、自然，并表示出你的热情，尽量在初步沟通时把产品元素介绍清楚）

2. 催促下单，库存不多

Dear ×,

Thank you for your inquiry.

Yes, we have this item in stock. How many do you want? Right now, we only have × lots of the × color. Since they are very popular, the product has a high risk of selling out soon. Please place your order as soon as possible. Thank you!

Best regards!

3. 回应买家砍价

Dear ×,

Thank you for your interests in my item.

I am sorry but we can't offer you at low price you asked for. We feel that the price listed is reasonable and has been carefully calculated and leaves me limited profit already.

However, we'd like to offer you some discounts on bulk purchases. If your order is more than × pieces, we will give you a discount of ×% off. Please let me know for any further questions. Thanks.

4. 断货

Dear ×,

We are sorry to inform you that this item is out of stock at the moment. We will contact the factory to see when they will be available again. Also, we would like to recommend to you some other items which are of the same style. We hope you like them as well. You can click on the following link to check them out. Please let me know for any further questions. Thanks.

Best Regards.

5. 推广新产品时，根据自己的经验，给买家推荐自己热销的产品

Hi friend,

Right now Christmas is coming, and Christmas gift has a large potential market. Many buyers bought them for resale in their own store, it's high profit margin product, here is our Christmas gift link. Please click to check them, if you want to buy more than 10 pieces, we also can help you get a wholesale price. Thanks.

Regards.

（二）售中模板

1. 选择第三方支付方式，提醒折扣快结束

Hello ×,

Thank you for the message. Please note that there are only 3 days to get 10% off by making payments with Escrow (credit card, Visa, MasterCard, MoneyBookers or Western Union). Please make the payment as soon as possible. I will also send you an additional gift to show our appreciation.

Please let me know for any further questions. Thanks.

Best regards.

2. 提醒买家尽快付款模板

Dear ×,

We appreciated your purchase from us. However, we noticed you that haven't made the payment yet. This is a friendly reminder to you to complete the payment transaction as soon as possible. Instant payments are very important; the earlier you pay, the sooner you will get the item.

3. 合并支付及修改价格的操作

Dear ×,

If you would like to place one order for many items, please first click "add to cart", then "buy now", and check your address and order details carefully before clicking "submit". After that, please inform me, and I will cut down the price to US $××. You can Refresh the page to continue your payment. Thank you. If you have any further questions, please feel free to contact me.

Best Regards.

4. 订单超重导致无法使用小包免邮的回复

Dear ×,

Unfortunately, free shipping for this item is unavailable. I am sorry for the confusion. Free Shipping is only for packages weighting less than 2 kg, which can be Shipped via China Post Air Mail. However, the item you would like to purchase weights more than 2 kg. You can either choose another express carrier, such as UPS or DHL(which will include shipping fees, but which are also much faster). You can place the orders separately, making sure each order weights less than 2 kg, to take advantage of free shipping.

If you have any further questions, please feel free to contact me. Best Regards.

5. 海关税

Dear ×,

Thank you for your inquiry and I am happy to contact you. I understand that you are worried about any possible extra cost for this item. Based on past experience, import taxes falls into two situations. First, in most countries, it did not involve any extra expense on the buyer side for similar small or low-cost items. Second, in some individual cases, buyers might need to pay some import taxes or customs charges even when their purchase is small. As to specific rates, please consult your local customs office.

I appreciate for your understanding!

Sincerely.

6. 因物流风险,卖家无法向买家所在国发货时给出的回复

Dear ×,

Thank you for your inquiry.

I am sorry to inform you that our store is not able to provide shipping service to your country. However, if you plan to ship your orders to other countries, please let me know; Hopefully we can accommodate future orders. I appreciate for your understanding!

Sincerely.

7. 已发货并告知买家

Dear ×,

Thank you for shopping with us.

Have shipped out your order(order ID: ×××) on Feb. 10 th by EMS. The tracking number is ×××. It will take 5-10 workdays to reach your destination, but please check the tracking information for updated information. Thank you for your patience! If you have any further questions, please feel free to contact me.

Best Regards.

(三) 售后模板

1. 物流遇到问题

Dear ×,

Thank you for your inquiry; I am happy to contact you.

We would like to confirm that we sent the package on 16 Jan,2012. However,we were informed package did not arrive due to shipping problems with the delivery company. We have resent your order by EMS; the new tracking number is:×××. It usually takes 7 days to arrive to your destination. We are very sorry for the inconvenience. Thank you for your patience.

If you have any further questions,please feel free to contact me.

2. 客户投诉产品质量有问题

Dear ×,

I am very sorry to hear about that. Since I did carefully check the order and the package to make sure everything was in good condition before shipping it out,I suppose that the damage might have happened during the transportation. But I'm still very sorry for the inconvenience this has brought you. I guarantee that I will give you more discounts to make this up next time you buy from us. Thanks for your understanding.

Best Regards.

3. 提醒买家给自己留评价

Dear buyer,

Thanks for your continuous support to our store,and we are striving to improve ourselves in terms of service,quality,sourcing,etc. It would be highly appreciated if you could leave us a positive feedback,which will be a great encouragement for us. If there's anything I can help with,don't hesitate to tell me.

Best Regards.

4. 收到好评后

Dear buyer,

Thank you for your positive comment. Your encouragement will keep us moving forward.

第二节 信用评价

一、速卖通信用评价规则

全球速卖通平台的评价分为信用评价及卖家分项评分两类，如图7-1所示。

信用评价，是指交易的买卖双方在订单交易结束后对对方信用状况的评价。信用评价包括五分制评分和评论两部分。卖家分项评分，是指买家在订单交易结束后以匿名的方式对卖家在交易中提供的商品描述的准确性（Item as Described）、沟通质量及回应速度（Communication）、物品运送时间合理性（Shipping Speed）三方面服务作出的评价，是买家对卖家的单向评分。信用评价买卖双方均可以进行互评，但卖家分项评分只能由买家对卖家作出。

信用评价遵循以下规则：

①所有卖家全部发货的订单，在交易结束30天内买卖双方均可评价。

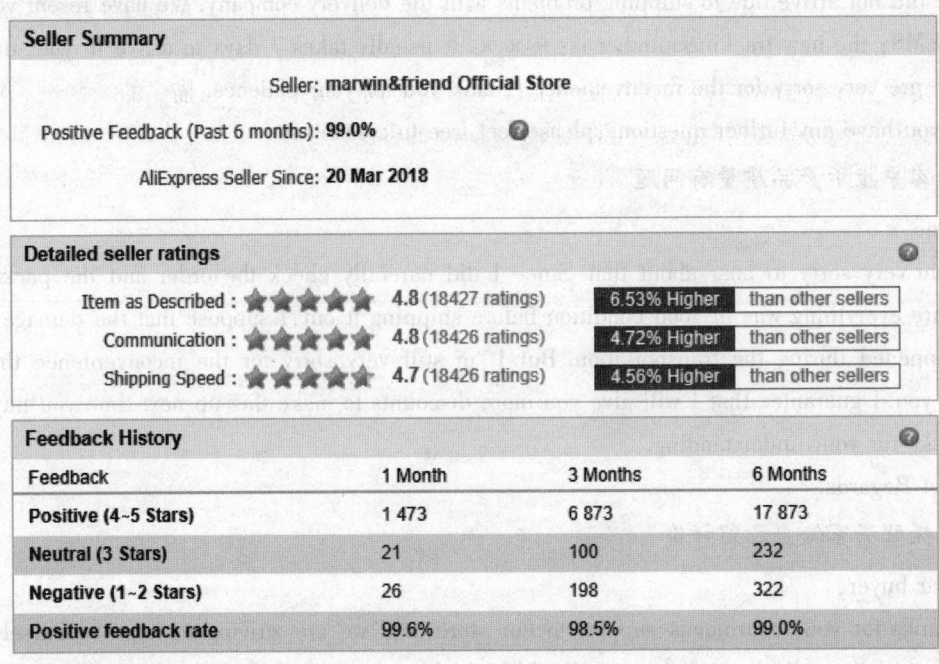

图 7-1 评价页面

②对于信用评价,如果双方都未给出评价,则该订单不会有任何评价记录;如一方在评价期间作出评价,另一方在评价期间未评价的,则系统不会给评价方默认评价(卖家分项评分也无默认评价)。

③商品/商家好评率(Positive Feedback Ratings)和商家信用积分(Feedback Score)的计算:

相同买家在同一个自然旬(自然旬即为每月 1—10 号、11—20 号、21—31 号)内对同一个卖家只做出一个评价的,该买家订单的评价星级则为当笔评价的星级(自然旬统计的是美国时间)。

相同买家在同一个自然旬内对同一个卖家做出多个评价，按照评价类型（好评、中评、差评）分别汇总计算，即好、中、差评数都只各计一次（包括1个订单里有多个产品的情况）。

在卖家分项评分中，同一买家在一个自然旬内对同一卖家的商品描述的准确性、沟通质量及回应速度、物品运送时间合理性三项中某一项的多次评分只算一个，该买家在该自然旬对某一项的评分计算方法如下：平均评分＝买家对该分项评分总和/评价次数（四舍五入）。

以下3种情况不论买家留差评或好评，仅展示留评内容，都不计算好评率及评价积分。

第一，成交金额低于5美元的订单（成交金额明确为买家支付金额减去售中的退款金额，不包括售后退款情况）。

第二，买家提起未收到货纠纷，或纠纷中包含退货情况，且买家在纠纷上升到仲裁前未主动取消。

第三，运费补差价、赠品、定金、结账专用链、预售品等特殊商品（简称"黑五类"）的评价。

除以上情况之外的评价，都会正常计算商品/商家好评率和商家信用积分。不论订单金额，都统一为：好评加1分，中评不加分，差评扣1分。

卖家所得到的信用评价积分决定了卖家店铺的信用等级标志，具体标志及对应的积分如表7-1所示。

④评价档案包括近期评价摘要（会员公司名、近6个月好评率、近6个月评价数量、信用度和会员起始日期），评价历史（过去1个月、3个月、6个月、12个月及历史累计的时间跨度内的好评率、中评率、差评率、评价数量和平均星级等指标）和评价记录（会员得到的所有评价记录、给出的所有评价记录以及在指定时间段内的指定评价记录）。

好评率＝6个月内好评数量/（6个月内好评数量＋6个月内差评数量）

差评率＝6个月内差评数量/（6个月内好评数量＋6个月内差评数量）

平均星级＝所有评价的星级总分/评价数量

卖家分项评分中各单项平均评分＝买家对该分项评分总和/评价次数（四舍五入）

⑤对于信用评价，买卖双方可以针对自己收到的差评进行回复解释。

⑥速卖通有权删除评价内容中包括人身攻击或者其他不适当的言论的评价。若买家信用评价被删除，则对应的卖家分项评分也随之被删除。

⑦速卖通保留变更信用评价体系包括评价方法、评价率计算方法、各种评价率等的权利。

二、出现中差评的原因

（一）商品图片与实物的差异

有时候为了使自己的产品看起来比较吸引眼球，卖家会在图片处理上或多或少添加一些产品本身没有的效果。这样就会给客户一个美好的心理预期，让他们满怀期待地等待。然而，一旦收到实物后感觉与图片的差别过大，买家就会非常失望，他们通常会在第一时间询问，为什么在颜色或者形状上有差别。

表 7-1 卖家店铺的信用等级标志及等级积分

等级	卖家	买家	分
L1.1			3~9
L1.2			10~29
L1.3			30~99
L1.4			100~199
L1.5			200~499
L2.1			500~999
L2.2			1 000~1 999
L2.3			2 000~4 999
L2.4			5 000~9 999
L2.5			10 000~19 999
L3.1			20 000~49 999
L3.2			50 000~99 999
L3.3			100 000~199 999
L3.4			200 000~399 999
L3.5			>400 000

此时必须警惕，因为收到货物的 30 天内，买家可以进行评价，并且在未确认收货之前，买家还可以对自己不满意的订单提起纠纷退款。对于这类投诉，卖家要更加主动地去解释。

提供原有的图片，如果只有因小部分的修图处理造成的色差，合理的解释还可以赢得客户的信任，而且在这个过程中要多表现自己对买家的重视，适当给予下次订单的优惠和折扣。真诚的道歉可以将小事化了，向买家争取好评。

卖家在上传产品图的时候可以上传一些多角度的细节图，或者可以放上一张没有修图处理过的照片上去，尽量让买家有全面的视觉印象，避免不必要的投诉和差评。

如图7-2所示是截取的一家毛衣店的一条中差评情况。

图7-2 买家评价页面

（二）标题写了 Free shipping，为什么收到货物之后还要收费

众所周知，大部分卖家为了吸引买家下单，都会写上"Free shipping"，实际上大部分卖家也做到了免邮。但是有时会忽略一些国家的进口政策。比如，美国高于500美元申报价值的货物，就要按照重量收取进口关税了；加拿大和澳大利亚则是高于20美元的货物要收取关税；英国、德国等欧洲国家货物的申报价值必须是20~25美元，一旦超出将会有更多的关税产生。这样一来，提出的问题就有答案了，一旦有关税产生，买家必须支付关税后才能拿到货物。

因此你会遇到这样的问题：

Why I should pay 25 pounds for the package, you told me that was free to ship, how could you lie to me? I am very disappointed.

还有一些比较极端的客户会因为需要支付额外的费用拒绝签收。这些都是潜在的差评和纠纷，因此我们在发商业快递的时候，要注意填写的申报价值，对于货值很高的快件，提前和客户沟通好。

（三）信用卡账户有额外的扣款显示 AliExpress Charge

速卖通平台针对买家的支付不收取费用，但建议买家联系他的银行，问清是否需要支付手续费。如果买家通过T/T转账，银行端一般需要收取一定的手续费。

三、解决中差评

让许多卖家头痛的事一定就是和买家之间的纠纷。和买家之间的纠纷不仅影响卖家订单的顺利进行，还会影响店里的服务等，以致直接影响店铺的健康成长。全球速卖通关于卖家责任的纠纷主要有两个方面：买家货物未到而产生的纠纷以及买家收到货物但货物与约定不符导致的纠纷。

更细化一些，常见的原因如下：
①期望过高，产品没有达到他们的望值。
②物流速度慢或出错。
③沟通不及时或不充分。
④产品质量不过关，包装破损、货物损坏等。

对应地，我们可以采取以下措施：

首先，不要一味地美化产品和图片，如果有瑕疵和不足的，要在照片中体现，产品描述清楚详细。电子类产品需将产品功能及使用方法全面说明，防止买家收到货后因无法使用而提出异议。又如服饰、鞋类产品建议提供号码表，以便买家选择。如果买家收到货后认为不合适，我们可以用短信和邮件与之沟通，请求修改评价，没有任何回应的买家要持续沟通，给予一定的优惠，比如返还部分货款。同时我们也要保持好心态，可以做三件事情。第一是产品描述中建议注明你的货运人和承担方等内容。第二是发货后要及时告知客户跟踪信息、告知预计到达时间。第三是积极跟进买方，如果包裹发生延误，及时通知买家，解释包裹未能在预期时间内到达的原因，获得买家谅解。如果包裹因关税未付被扣关，也应及时告知买家，声明你已在产品描述中注明买家缴税义务，与此同时可提出为买家分担一些关税，不仅能避免物品退回，更能让买家为你的十足诚意而给予好评。如果包裹因无人签收而暂存邮局，应及时提醒买家找到邮局留下的字条，并在有效期内领取。

当然，有些情况下也可以运用一些技巧。比如在承诺送货期内没能及时送达货物，在遇到这样纠纷时，先不要直接拒绝纠纷，要主动和买家联系。询问买家，了解一些具体情况，与买家沟通和说明，拖延点时间，可能在你与买家沟通时，货物就到了。要保持及时的、充分有效的沟通。首先是主动沟通，比如发货后向客户发送提醒通知，在各个阶段都及时更新物流状态等（在货物发出后一段时间内和客户的信件沟通很重要，可以识别出哪种沟通方式能够找到自己的目标客户，在未来遇到各种问题时，还可以更快捷地找到客户）。其次是被动沟通，例如站内信和留言的回复要及时，回复内容要清晰、完整，能够向买家传递明确的信息。

产品质量是提高顾客满意度最重要的因素，所以产品质量一定要保证。在发货前，需要对产品进行充分的检测：外观是否完好，功能是否正常，是否存在短装，包装是否抗压抗摔、适合长途运输等。若发现产品质量问题应及时联系厂家或上游供应商进行更换，避免因产品质量问题而造成退换货（外贸交易中退换货物的运输成本是极高的）。如果质量确实有问题，应主动承认是商家的过失，并且主动换货或退款。在包装上可以使用包装辅助材料，如塑料袋、泡泡袋、泡泡膜、质量好一点的封箱胶、硬度好的纸箱等。如果货物破损，赔款与重新发货都是可行的方法，重要的原则就是减少损失，也就是看赔款和重发哪个损失小、利润大。值得一提的是，重新发货时可以敦促客户创建新订单，但同时还要记得通知客户关闭纠纷。

在实际情况中有些买家情绪化、极端化、态度强硬、毫不妥协，可能理由不充分也要全额索赔，沟通过程中卖家可能还会受到言语攻击，我们应该尽最大的努力让客户满意，若实在挽回不了客户，只能放弃。

提出不合理要求的客户最后往往会带来 ODR（Order Defect Rate，订单缺陷率）升高，对于要求不合理索赔的买家，切忌在言语中与其对战。首先要尽量在站内信沟通，留存对方对话的证据；其次要尽量地澄清和解释；最后，要提供解决方案，安抚客户情绪。

总之，在面对纠纷时，要妥善地沟通，与买家交流的过程中要选择适合的语气，找寻卖家与买家的情感共鸣，提供给买家明确的解决方案，包括赔付款条件等，最后记得要得到对方的明确答复。

第四节　纠纷处理

一、纠纷处理技巧

（一）将心比心

站在买家的角度考虑，出现问题想办法一起解决，而不只是考虑自己的利益。

作为卖家，我们在一定的承受范围内能够尽量让买家减少损失，提高客户满意度，通过协商，最大限度地降低双方的损耗，为自己赢得更多的机会。

（二）有效沟通

当买家提起纠纷时我们需要及时响应，用良好的态度来帮买家解决问题，争取让对方早日关闭纠纷。当然不同情况应不同对待，如果是我们的问题，如无跟踪号，或者货品质量问题（损坏、不能正常使用），可根据买家不同态度进行不同处理。如果是开了纠纷就没再露面，没回复信息，可借助 Skype、Whats App 等软件联系客户进行协商，应提前考虑好解决方案，在承受范围内可以给买家重新发送货物或其他替代方案。如果在协商过程中想尽一切办法无果，且买家态度很坚决，我们如果拒绝纠纷，买家可以主动上升平台要求裁决。这种情况建议接受纠纷，息事宁人，避免增加纠纷提起率或仲裁卖家有责率。

沟通技巧：和买家沟通时注意买家心理的变化，当出现买家不满意时，尽量引导买家朝着能保留订单的方向走，同时也满足买家一些其他的需求；当出现退款时，尽量引导买家达成部分退款，避免全额退款退货，努力做到"尽管货物不能让买家满意，态度也要让买家无可挑剔"。

（三）保留证据

对于交易过程中的有效信息都应保留下来，如果出现了纠纷，能够作为证据来帮助解决问题。

交易过程中能够及时充分地举证，将相关信息提供给买家进行协商，或者提供给速卖通平台帮助裁决。

二、纠纷裁决指引

买家提起纠纷，我们有5天的时间响应，如果在5天时间内未达成共识，我们可以通过拒绝纠纷让其上升至平台等待平台仲裁；在这期间再有3天时间等待卖家和买家双方响应，如果还未达成共识，就会由平台纠纷小组进行裁决。若5天之内卖家没有任何行动与操作都会算卖家响应纠纷超时，这是非常不利于商家账号表现的。

全球速卖通卖家责任的纠纷主要有两大类：买家未收到货物而产生的纠纷以及买家收到货物但货物与约定不符导致的纠纷。本篇对于各种纠纷裁决中卖家所需要做的以及需要承担的风险进行说明，希望在纠纷的处理上给卖家一些引导，与卖家一起配合完成纠纷裁决。参照如下：

（一）买家未收到货物类纠纷（此提供证据阶段侧重卖家提供证据，在纠纷升级后的5天内提交证据，买家可补充证据）

此类纠纷有以下几种情形：

1. 海关扣关

定义：交易订单的货物由于海关要求所涉及的原因而被进口国海关扣留，买家未收到货物，海关要求所涉及的原因包括但不限于以下原因：

①进口国限制订单货物的进口。
②关税过高，买家不愿清关。
③订单货物属假货、仿货、违禁品，直接被进口国海关销毁。
④货物申报价值与实际价值不符导致买家须在进口国支付处罚金。
⑤卖家无法出具进口国需要的卖家应提供的相关文件。
⑥买家无法出具进口国需要的买家应提供的相关文件。

货物被进口国海关扣留时，常见物流状态为：

handed over to customs（EMS）；

clearance delay（DHL）；

Dougne（法国，会显示妥投，但是签收人是Dougne）。

卖家在纠纷裁决中需要做的：

速卖通在接到纠纷裁决之日起2个工作日内会提醒买家和/或卖家7天内提供海关扣关原因信息和证据，根据信息和证据确定责任进行裁决。卖家在货物发出之后及时关注物流情况，出现异常时卖家与货运公司联系，查询扣关原因，并与买家保持沟通，提供帮助买家清关的文件或者授权。及时了解扣关原因并尽可能提供相关信息及证据。

卖家需要承担的风险：

若因卖家原因导致货物被海关扣关且买家无法取回货物，则货物可能会被海关销毁或者没收，如买卖双方进行过前期的沟通，可以提供沟通截屏，便于纠纷专员判定责任方，否则货款会全额退给买家。

注：建议卖家在选择货品及发货之前充分了解海关相关政策，发货之后及时关注货物物

流状态。

2. 物流显示货物在运输途中

定义：交易订单的纠纷提交到速卖通进行裁决时，包裹在物流公司官方网站的物流追踪信息介于"收寄"和货物"妥投"之间的情形，包括但不限于以下几种情形：离开中国、发往某地、到达××邮局、未妥投。

卖家在纠纷裁决中需要做的：

卖家需要联系货代公司了解包裹的现状，并将详细信息和有效的物流官网信息反馈给纠纷专员，从速卖通通知卖家举证开始的5天内，提供物流底单、物流信息截图、妥投证明等能够证明物流状态的证据。

卖家需要承担的风险：

①卖家选择使用航空大/小包时，当买家以未收到货提交纠纷时，卖家会因航空包裹的货运跟踪信息不全而承担全部风险。

②若因为妥投问题产生的纠纷，卖家无法提供妥投证明，可能会导致相应的损失。

注：

①此类投诉比较多发生于使用中国香港或中国邮政航空大/小包物流方式。建议卖家使用商业物流和EMS，选择大/小包服务时应选择挂号服务，以降低货运跟踪信息不全的风险。

②货物的妥投将根据物流公司官网上显示的追踪信息，根据国家、城市、邮编、时间、签收人等情形进行综合判断。

③当物流出现问题所致的纠纷，卖家应该向物流公司索赔。

3. 包裹原件退回

定义：交易订单的货物因为买家收货地址有误/不完整无法妥投或因买家原因无法清关，导致包裹被直接退回给卖家。

卖家在纠纷裁决中需要做的：

从速卖通通知卖家举证开始的7天内，卖家须提供因买家原因导致包裹不能正常妥投的证明，证明的形式可以是物流公司的查单、物流公司内部发出的邮件证明、与买家的聊天记录等。

卖家需要承担的风险：

①若卖家限期内不能证明是买家原因导致的包裹退回，则操作全额退款给买家。

②若经核实，卖家填写错了买家收货地址，不补偿运费，待有退回信息后，全额退款。

③物流信息显示货物已退回中国境内，无论卖家是否拿回货物，均视为货物已退回卖家。

④包裹未显示出境即被退回，无须等待卖家收到货，即可操作全额退款，建议卖家与物流联系。

4. 包裹被寄往或妥投在非买家地址

定义：由于卖家填写错了买家的收货地址，或邮局误将包裹寄往了非买家地址，导致买家无法正常的签收包裹。

卖家在纠纷裁决中需要做的：

从速卖通通知卖家举证开始，7天内提供发货底单及买家要求修改收货地址的沟通记录。若底单上的地址与买家收货地址不一致，且卖家无法提供证据证明买家要求修改收货地址，即可判定卖家发错地址。

若最终判定为卖家发错地址，建议卖家先尝试与物流联系，更改买家收货地址，若更改后买家收到货物，则全额放款；若无法更改或更改后买家还是未收到货物，建议卖家联系物流取回包裹，客服做全额退款处理。

卖家需要承担的风险：

若因卖家或者物流原因导致买家未收到货物，或者卖家逾期无法提供有效证明且买家也未收到货物，订单金额会全额退给买家。

注：建议卖家货物发出前核查收货地址，确保地址正确；货物发出后及时关注物流状态，遇异常情况及时主动与买家和物流公司沟通并尽快解决。

5. 物流显示货物已经妥投

定义：物流信息显示货物已经妥投，但是买家以未收到货提起了退款申请，并且未与卖家达成一致意见，提交到速卖通进行裁决。

卖家在纠纷裁决中需要做的：

从速卖通通知卖家举证开始7天内卖家须提供货物妥投的证明（物流公司的发货底单、物流信息截图、妥投证明等）。

卖家需要承担的风险：

若卖家逾期无法提供有效证明且买家确认未收到货物，或者因为物流公司导致买家未收到货物，订单金额会全额退给买家。

注：建议卖家货物发出前核查收货信息，确保信息正确；货物发出后及时关注物流状态，遇异常情况及时主动与买家和物流公司沟通并尽快解决。

6. 物流信息查不到或者异常

定义：卖家在速卖通针对交易订单填写的运单号在物流公司的网站查不到物流信息，或者物流信息与买家收货地址不符，如买家收货地址在美国，但运单号的对应物流信息显示货物被寄往俄罗斯。

卖家在纠纷裁决中需要做的：

若买家投诉虚假单号，卖家需要查询并核实货运单号是否真实有效，并在纠纷升级后尽快（速卖通通知卖家举证开始的3天内）提供发货单号、发货证明、查询网址给调解中心以供核查。（若经纠纷专员判定单号为虚假单号，卖家会因此受到处罚。）

卖家需要承担的风险：

若卖家提供证明无效/逾期未提供且买家未收到货物，或者因为物流公司原因导致买家未收到货物，则订单金额全额退给买家。

注：建议卖家货物发出前核查收货信息，确保信息正确；货物发出后及时关注物流状态，遇异常情况及时主动与买家和物流公司沟通并尽快解决。

7. 买家收到货物后退货

定义：买家收到货物后，买卖双方达成退款退货协议，买家把货物退回给卖家，或者买家未与卖家协商即主动退货。

卖家在纠纷裁决中需要做的：

卖家需及时与速卖通确认是否收到退货。

卖家需要承担的风险：

若因卖家原因致使买家退货无法正常妥投，订单金额会全额退给买家。

注：建议卖家在速卖通账号中及发货单上留下有效退货地址和信息，确保在退货的时候能够收到货物，避免损失。

8. 买家拒签

定义：买家拒签包括有理由拒签和无理由拒签。有理由拒签，即当货物递送至买家（包括买家代表）时，买家发现货物存在肉眼可见的货物损坏或与订单不符的情况，如货物破损、短装、严重货不对板（严重货不对板情况的描述见第三章）等情况，买家当场拒绝签收；无理由拒签，即货物递送到买家（包括买家代表）时，买家无任何理由拒绝签收。

卖家需要承担的风险：

若买家或者物流公司提供了有效证据证明是卖家责任导致买家拒签，或者速卖通查询到卖家在速卖通存在不诚信的交易行为，则订单金额全额退款给买家。

注：建议卖家发货之前充分检查货物状态及包装，交易过程中及时与买家沟通并且解决问题。

（二）买家收到货物与约定不符类纠纷（提交证据阶段侧重买家提供证据，卖家可以补充对我们有利的证据）

此类纠纷有以下几种情形：

1. 货物与描述不符类

定义：买家收到的货物与卖家在网站相应的产品 detail 页面的描述，存在颜色、尺寸、产品包装、品牌、款式/型号等方面的差距。

颜色不符是指所收到货物的颜色与产品描述（图片、描述）有不符。

尺寸不符是指所收到货物的尺寸与产品描述不符。

产品包装不符是指所收到货物的内包装与描述有不符（无包装，包装不符，包装破损和污渍），产品包装是指产品本身所有的包装（邮局、卖家使用的外包装除外）。

品牌不符是指所收到货物的品牌与描述不符。

款式/型号不符是指所收到货物的型号/款式与产品描述（图片、描述）有不符。型号/款式是指产品的性能、规格和大小。

卖家面对纠纷裁决需要做的：

卖家需要将买家反馈的问题、实际收到的产品图片与我们的产品描述进行比对，查看是否有误差或者没有明确的地方，沟通并提供解决方案的同时及时调整产品歧义内容。另外，如果我们发货前有拍下产品状态图片或有该货物的库存，在规定时间内上传到指定位置，方便纠纷专员参考并做出裁决；产品描述以卖家在全球速卖通平台上展示的产品描述为准。如果在买家下订单之前卖家已经明确提示买家产品可能存在颜色的偏差，或产品可能存在一定误差，并明确了误差大小，自速卖通发出通知起7天内卖家需提供有关提示的沟通记录作为证明。

卖家需要承担的风险：

①如果卖家产品标题、图片、描述中明确写明产品型号，默认为该产品具有该型号的所有功能，如果买家投诉缺少某功能，卖家将承担全部责任。

②根据买卖双方的证明，如果有货物与描述不符的情况，则属于卖家责任，买家对于处理方式有最终选择权利，买家可选择部分退款或者退款退货。

2. 质量问题

定义：买家所收到的货物出现品质、使用方面的问题，如电子设备无法工作、产品的质地差等。

卖家面对纠纷裁决需要做的：

卖家可以根据产品以往集中的投诉点，积极反馈一些有效的解决方案，如果是货物质量问题，应该及时与上游产品供应商反馈。如果是手机、电脑类产品由于操作失误导致的产品问题，可以提供适用于此类投诉的操作指南图片或视频或链接等。

卖家需要承担的风险：

根据买卖双方的证明，若货物有质量问题，则属于卖家责任，买家对于处理方式有最终选择权利，买家可选择部分退款或者退款退货。

注：建议卖家保证货物质量，并与买家保持沟通及时解决问题。

3. 销售假货

定义：买家收到货物后因货物为侵权假冒产品或涉嫌侵权假冒产品而提起退款，卖家所销售的产品侵权或涉嫌侵权知名品牌。

卖家面对纠纷裁决需要做的：

自速卖通通知卖家举证开始7天内卖家需提供授权许可证明和销售许可证明等。

卖家需要承担的风险：

①根据买卖双方的证明，卖家产品为侵权产品的，卖家将承担全部风险，平台会先将订单金额全额退款给买家，卖家需自行联系买家取回货物。

②同时阿里巴巴有权根据全球速卖通平台发布侵权产品管理规则及处罚规则及其他适用平台规则对卖家进行处罚。

注：切勿在平台销售假冒侵权产品，若买家投诉产品为假冒侵权产品，卖家将承担全部风险，即使买家在知情的情况下购买也将由卖家承担所有责任。

4. 虚拟产品

定义：无实物交易的产品，如 software key。

卖家需要承担的风险：

①一旦买家投诉卖家销售的产品为虚拟产品，订单将被取消，并将全额退款给买家。

②同时阿里巴巴有权根据全球速卖通平台发布不适宜本平台的产品管理规则及其他适用平台规则对卖家进行处罚。

注：切勿在平台销售虚拟产品，若买家投诉产品为虚拟产品，卖家将承担全部风险，即使买家在知情的情况下购买也将由卖家承担所有责任。

5. 货物短装

定义：买家所收到的货物数量少于订单上约定的数量。

卖家面对纠纷裁决需要做的：

从速卖通通知卖家提交相关证明材料时开始计算，7天内提供发货底单以及重量说明，若缺少配件，则需要清点发货数量和对比发货单据等信息，以核实是否误操作或判断其他可能的原因，并提供相应的底单信息给调解中心。

卖家需要承担的风险：

根据买卖双方提供的证明，货物短装的，或者卖家逾期不提供无短装的证明，按未发货的产品数量所占该订单总金额的份额，订单金额将部分退款给买家，即退还该订单短装件数所对应的金额。

注：
①卖家应保留发货时的重量证明，如称重拍照或视频记录等。
②发布产品时注意销售方式，切勿混淆 piece 和 lot 的区别。

6. 货物破损

定义：买家所收到的货物存在不同程度的外包装［限产品自身包装（如手机产品的外包装），且邮局、卖家使用的外包装除外］或产品本身有损坏的情况。

卖家需要承担的风险：

若买家或者物流公司提供了有效证据证明是卖家责任导致货物破损，则订单金额全额退款给买家。

本 章 小 结

速卖通客服在销售过程中扮演重要角色。沟通的过程需要掌握沟通的技巧。速卖通客服沟通主要通过在线工具进行，注重沟通的及时性、完整性和有效性。服务对象是来自不同国家的不同消费群体，营销时要尽可能从国外客户的角度考虑。在沟通和服务过程中，客服人员要坚持简洁明了、具体完整、正确专业、礼貌体谅的原则。国外买家在下单之前以及付款之前遇到一些麻烦或问题时，客服要在短时间内解决买家的问题，加强买家付款的意愿。掌握好常用的售前、售中、售后模板，以高效地应对常见情景。速卖通的信用评价包括五分制评分和评论两部分，出现中差评的原因有商品图片与实物的差异、免邮与关税的误会、信用卡扣款问题等。解决中差评的措施有产品描述清楚详尽、产品质量一定要保证、对于要求不合理索赔的买家，保留证据并及时提供解决方案。要按照纠纷裁决指引有技巧地解决纠纷。

关键术语

客服　售后　询盘回复　信用评价　中差评　交易纠纷

配套实训

1. 登录全球速卖通卖家后台，对信用评价进行详细了解。
2. 模拟客户进行中差评和纠纷处理。

课后习题

一、选择题

1. 货物被进口国海关扣留时，常见物流状态为（　　）。
   A. handed over to customs（EMS）　　B. clearance delay（DHL）
   C. Dougne　　D. None

2. 速卖通信用评价中，所有卖家全部发货的订单，在交易结束（　　）天内买卖双方均可评价。
   A. 7　　B. 15　　C. 30　　D. 60

3. 全球速卖通客服常用的沟通工具有（　　）。
   A. Skype　　B. 邮件
   C. 阿里旺旺　　D. 站内信

4. 出现中差评的原因可能是（　　）。
   A. 商品图片与实物的差异
   B. 标题显示免邮收货后仍然被收了邮费
   C. 信用卡被额外扣款
   D. 消费者心情不好

5. 下列说法中错误的是（　　）。
   A. 好评率＝6个月内好评数量／（6个月内好评数量＋6个月内差评数量）
   B. 好评率＝12个月内差评数量／（12个月内好评数量＋12个月内差评数量）
   C. 差评率＝6个月内差评数量／（6个月内好评数量＋6个月内差评数量）
   D. 平均星级＝所有评价的星级总分／评价数量

6. 客服的工作职能主要包括（　　）。
   A. 帮助顾客了解产品信息
   B. 解决客户在选择产品、支付过程、物流方面等遇到的问题
   C. 与客户实时交流沟通，了解个性化需求，提高客户满意度
   D. 陪客户聊天解闷

二、填空题

1. 速卖通中的客户服务是属于电子商务范畴的客户服务，其操作方式主要是通过在线工具进行，更加注重沟通的_____、_____和_____。

2. 信用评价，是指交易的买卖双方在订单交易结束后对对方信用状况的评价；信用评价包括_____和_____两部分。

3. 海关扣关是指_____。

4. 在卖家分项评分中，同一买家在一个自然旬内对_____、_____、_____和_____三项进行评分。

5. 纠纷处理技巧包括_____。

第八章

速卖通无线业务

学习目标

知识目标：
(1) 了解速卖通无线端的概念。
(2) 买家无线端和卖家无线端的介绍。
(3) 无线端营销工具的介绍。

技能目标：
(1) 掌握登录全球速卖通卖家后台无线端，查看数据。
(2) 掌握速卖通买家手机客户端，了解买家 App 界面布局。
(3) 掌握安装速卖通卖家手机客户端，学会管理订单和查看店铺数据。

第一节 无线端概述

速卖通无线端也称移动端，主要指买家用智能手机、平板电脑等移动终端，通过无线局域网或者移动数据网络进行在线浏览、生成订单并付款的过程。

互联网时代任何国家和地区都重视互联网络的建设，移动运营商不断升级通信网络，提高传输速度，传统有线网络铺设缓慢的国家甚至直接跨越进入无线网络时代，加上时间的碎片化和智能手机的不断普及，这些条件的成熟都促使手机购物成为主流的生活方式之一。

速卖通无线端成交额增长显著，统计数据显示，2017 年双 11 中无线端的交易额占比达到了 62%，比 2015 年的无线端交易额占比的 40% 提高了五成以上。目前，无线端成交金额占平台总体大盘成交金额占比每月均在逐渐上升，无线端的增长速度高于 PC 端。速卖通也不断迎合客户需求，不遗余力推进无线端业务。

一、无线端介绍

速卖通的无线端，与买家关联的有 M 站和客户端两类，如图 8-1 所示。客户端又分 iPhone 客户端、iPad 客户端和 Android 客户端三种。与卖家关联的有卖家后台数据与卖家客户端。

（一）M 站介绍

M 站，即 M site，网址是 m.AliExpress.com，可以通过手机浏览器直接访问的手机网站，主界面如图 8-2 所示。

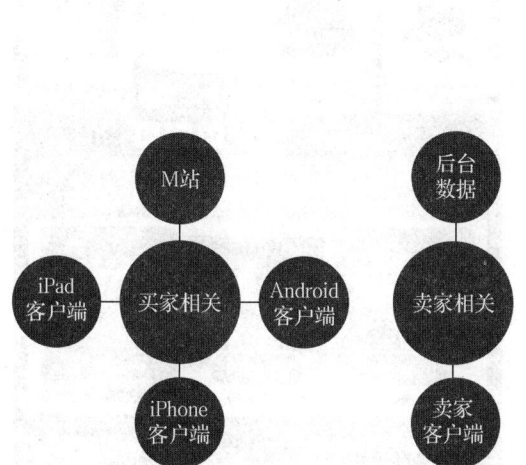

图 8-1　速卖通无线端分类

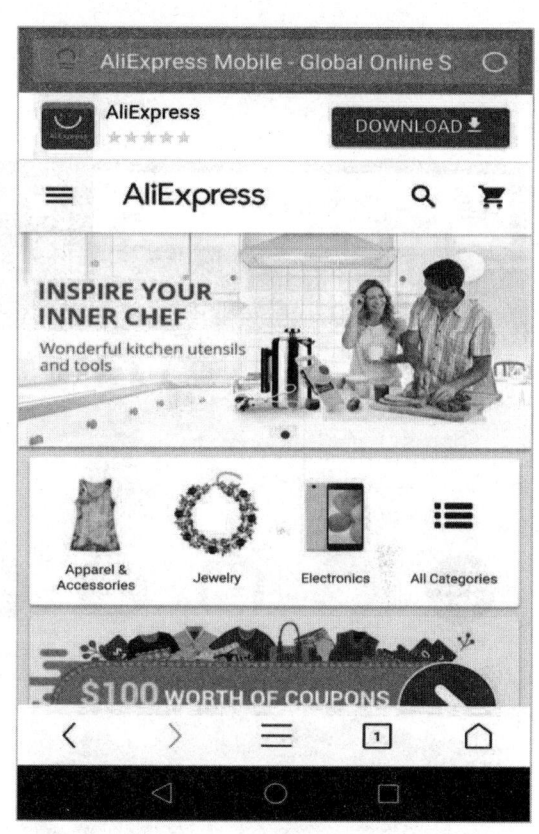

图 8-2　M 站主界面

访问 M 站的途径有两个：一是用手机浏览器直接访问 m.AliExpress.com；二是手机浏览器访问主站 www.AliExpress.com，系统会自动识别手机浏览器并跳转到 m.AliExpress.com。

M 站的作用有两个：一是满足手机没有安装 App 的买家使用；二是卖家可以用 M 站调试页面，从手机浏览器直接访问，或者访问主站自动跳转到 M 站。

（二）手机客户端（App）介绍

速卖通手机客户端分三种：iPhone 客户端、iPad 客户端和 Android 客户端。其中，覆盖面最广的当属 Android 客户端和 iPhone 客户端。

1. Android App 介绍

Android 是智能手机操作系统的一种，占据市场份额超过一半。Android 系统属于开放源码系统，Android 应用程序几乎在所有 Android 手机上都是通用的。Android App 运行后的第一屏如图 8-3 所示。

2. iPhone App 介绍

iPhone 手机是美国苹果公司研发的具有划时代意义的产品，是全球消费者最为喜爱的手机，占据手机市场近一半份额。iPhone 手机的 iOS 操作系统和 Android 操作系统几乎并驾齐驱。iPhone App 运行后的第一屏如图 8-4 所示。

图 8-3 Android App 运行后的第一屏

图 8-4 iPhone App 运行后的第一屏

二、买家无线端展示

以消费者使用最为广泛的 Android 客户端为例,分别截取第一、第二、第三屏进行展示并对功能按钮进行注释,如图 8-5、图 8-6、图 8-7 所示。

图 8-5 第一屏

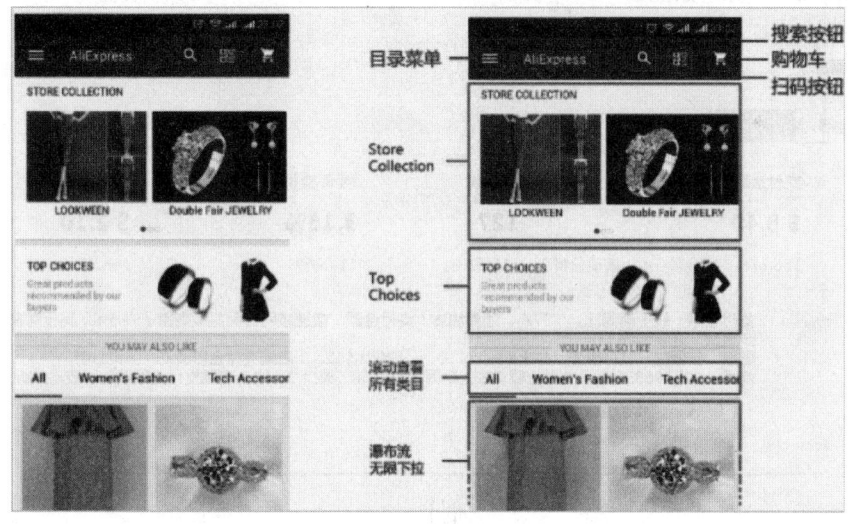

图 8-6 第二屏

三、卖家无线数据后台和无线客户端

(一) 卖家无线数据后台介绍

卖家后台数据纵横升级以后,用户可以通过后台——数据纵横——实时经营来查看店铺及无线端相关数据,主要包括成交概况、成交分布、成交核心指标分析三个方面。

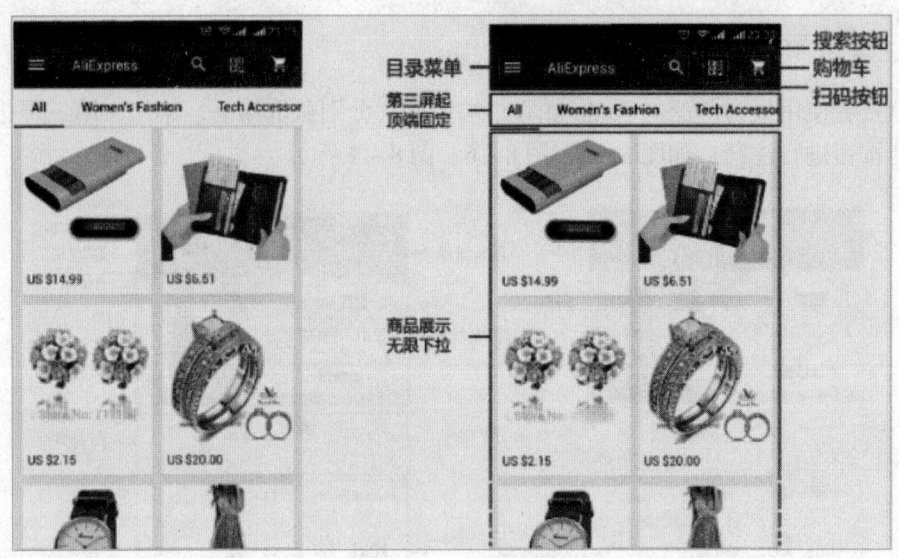

图 8-7 第三屏

1. 成交概况

通过成交概况可以非常直观地看到全店铺和无线端的成交情况，具体包括支付金额、访客数、浏览-支付转化率、客单价等，同时对支付金额、商品、国家等进行横向和纵向的比较分析。App 成交概况如图 8-8 所示。

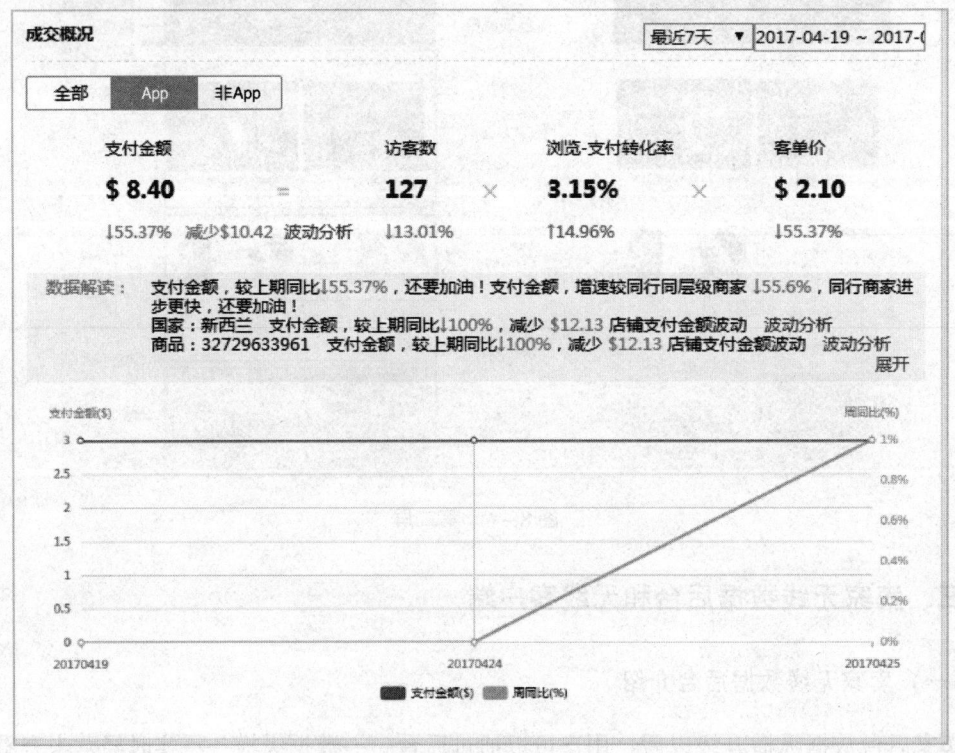

图 8-8 App 成交概况

2. 成交分布

通过成交分布可以很直观地看出 PC 端和无线端在国家、平台、行业、商品、价格带、新老买家、90 天购买次数等不同分类的比例分布。其中，平台成交分布对 App 和非 App 成交占比一目了然，定期记录这个比例可以为优化产品描述以及选品提供很好的参考，如图 8-9 所示。

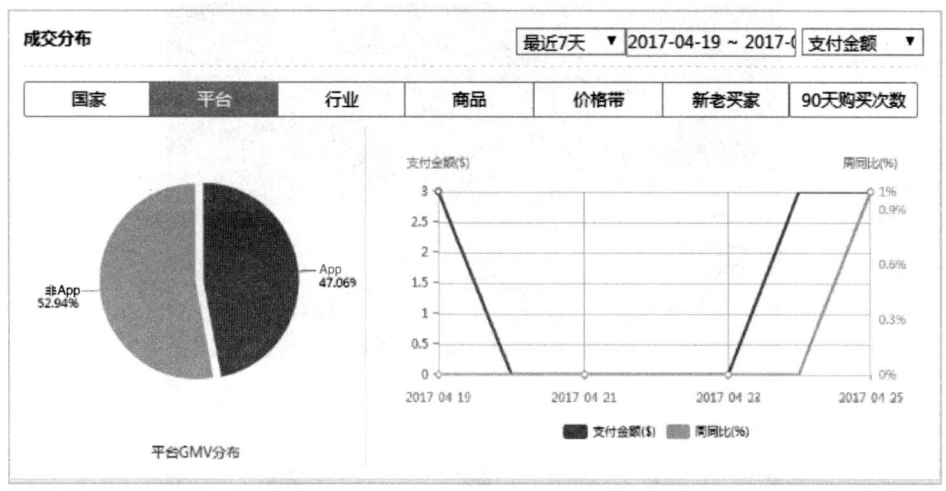

图 8-9 平台成交分布

3. 成交核心指标分析

成交核心指标分析清晰地统计出了各项核心指标，可以在全部、App 和非 App 三者间切换，如图 8-10 所示。

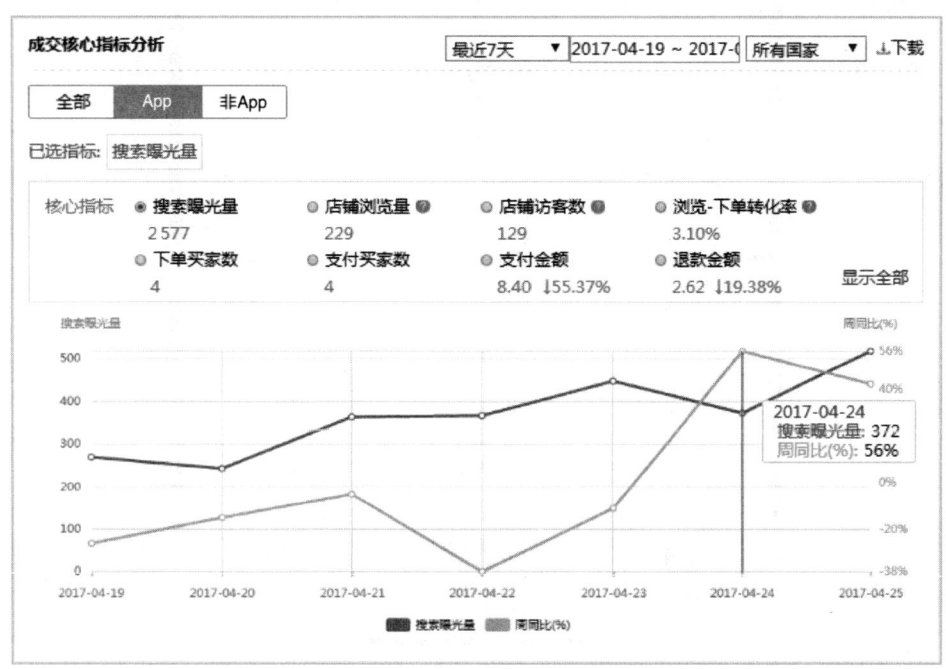

图 8-10 App 成交核心指标分析

（二）卖家无线客户端介绍

卖家无线客户端与买家无线客户端不同，卖家无线客户端主要是用来管理订单和查看店铺数据的。卖家客户端运行界面如图8-11所示。

图8-11 卖家手机客户端运行界面

第二节 无线端营销工具

一、手机专享价

设置速卖通手机端折扣可以吸引更多用户,设置速卖通手机端折扣有两种方式:限时限量折扣和全店铺打折活动。

(一)手机端限时限量折扣

仅对手机端的限时限量折扣设置如图 8-12 所示,针对分组"women clothing"中的产品,设置无线折扣率为八五折(15% off)。无线端限时限量折扣设置完成后,只在买家手机端显示折扣,折扣率为设置的手机专享折扣率,PC 端为原价,此种设置下的商品在无线的搜索结果页支持手机专享价的筛选。

图 8-12 手机专享价设置页面

(二)全店铺打折活动

为了同时最大程度获取 PC 和无线端的流量,卖家通常会选择同时设置全站折扣率和速卖通手机端折扣率,如图 8-13 所示。针对分组"Women Clothing"中的产品,在 PC 端展示全站折扣率(14% off),在无线端显示速卖通手机端折扣率(15% off),设置完成后,商品在无线端会出现手机专享价的标志,在无线的搜索结果页支持筛选功能。特别要注意的是,同时设置时,速卖通手机端折扣率必须大于全站折扣率;针对全店铺营销,卖家在设置全店铺打折时，可以参见以下的设置规则：

第一步：登录卖家后台——营销活动——全店铺打折——创建活动。

第二步：填写活动基本信息，针对对应的营销分组，设置具体的分组折扣。

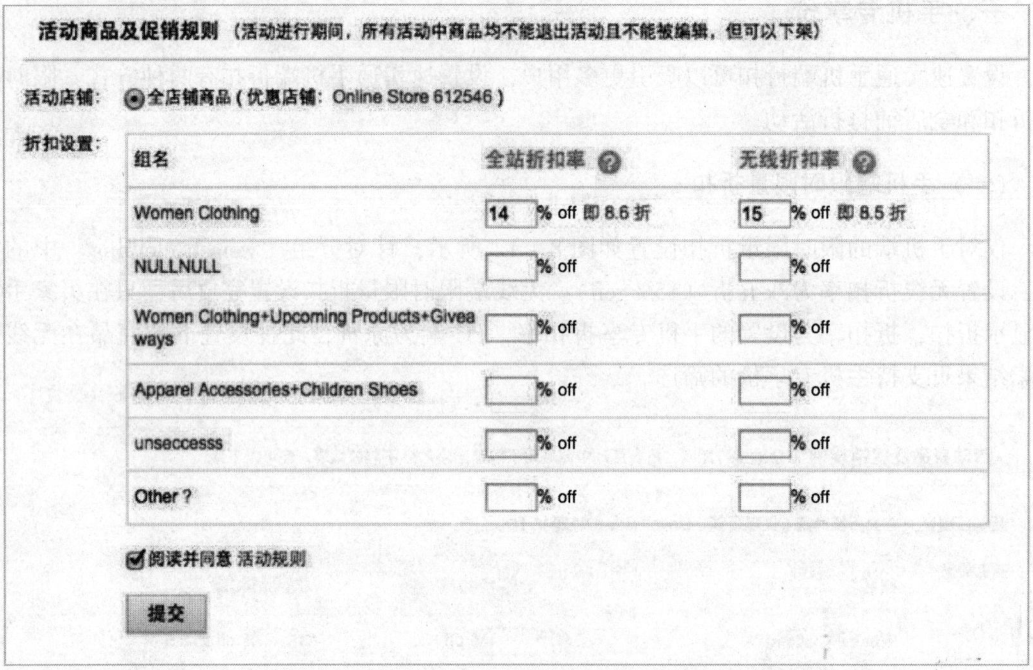

图 8-13　全站折扣率和速卖通手机端折扣率

二、二维码

设置让买家通过扫二维码的方式领取店铺优惠券，可以增加店铺流量，提升客户的二次购买率，主要有两种方式：一是在包裹中放置优惠券的二维码图片，在买家收到包裹后，可通过扫描二维码的方式领取该类型的店铺优惠券，且领取优惠券之后，买家可以直接看到您的无线店铺的首页，帮助您进行无线端引流；二是将优惠券的二维码投放在买家营销邮件、旺旺或者SNS等渠道进行二次营销。通过以上两种类型的营销方式，具体设置步骤如下：

第一步：我的速卖通→营销活动→店铺活动→店铺优惠券→定向发放型优惠券活动→添加优惠券，如图8-14所示。

第二步：活动基本信息设置，选择"二维码发放优惠券"的发放方式→填写优惠券活动的相关信息→创建活动，填写面额、数量、使用条件等，如图8-15所示。

第三步：保存并下载店铺优惠券所属二维码→把二维码打印到包裹、发货订单等处或者投放到各个营销渠道中并引导买家进行扫码，如图8-16所示。

图8-14 设置优惠券

图8-15 活动基本信息设置

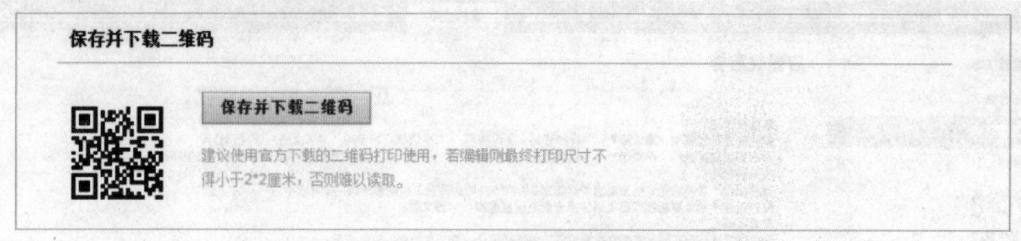

图8-16 保存并下载二维码

第三节 无线端运营

一、无线端流量获取技巧

通常获取流量的渠道：站内部分，包括无线类目、无线搜索、个性化资源推荐、PC端等；站外部分，包括SNS、物料等，如图8-17所示。

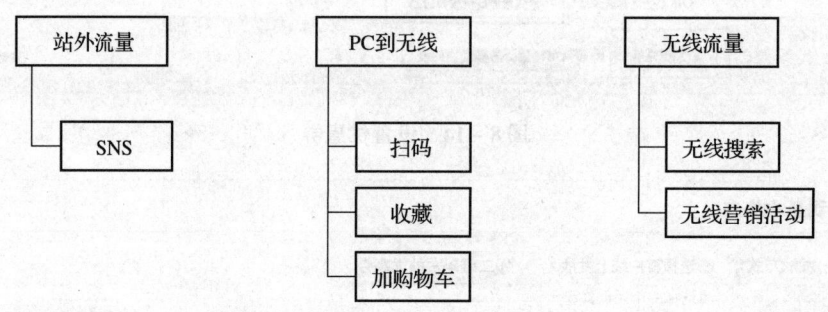

图8-17 无线端流量获取途径

（一）SNS

SNS用户6成以上通过移动端访问，因此卖家做SNS对无线端流量有很大的帮助。无线端，特别是手机端，因为拍照的便捷性，天然具有分享的优势，而速卖通客户端内有很多让买家能够方便分享的功能，可以利用这些功能，有效地引导买家分享。客户端内分享的功能主要在商品详情页标题的旁边，店铺首页和评价完成的页面。买家的手机如果是IOS系统，点击分享之后，出现邮件、Facebook、Twitter三个分享的功能供买家选择（俄语用户还会有一个VK可供选择）；买家的手机如果是Android系统，点击分享之后，会判断用户手机里安装的带分享功能的客户端，供买家选择，如图8-18所示。

（二）PC端到无线端

通过扫码，收藏店铺和商品，加购物车是PC端到无线的三个方式。将买家从PC引导到无线购买，不仅仅是左手到右手。同一批买家从PC引流到无线之后，下单笔数、下单频次、成交金额都有明显的提升。

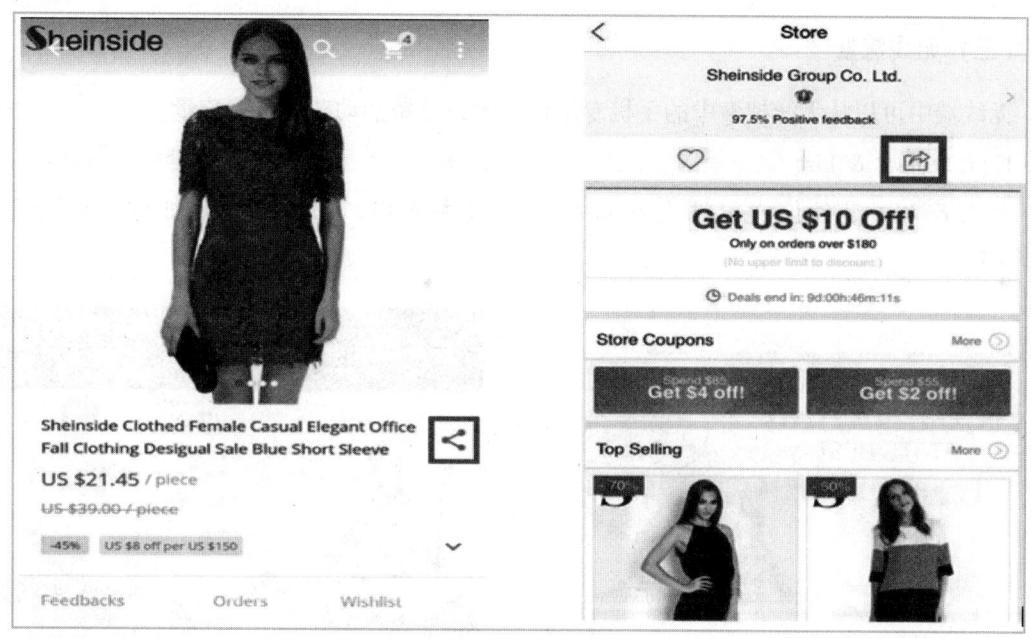

图 8-18　分享功能

引导买家从 PC 到无线购买，可以通过引导买家收藏店铺、商品，或者将商品加入购物车，并且下载速卖通客户端，在客户端登录的方式。当然也可以通过设置手机专享价的方式，设置了手机专享价的商品在 PC 端会自动加上引导买家到无线的文案，如图 8-19 所示。

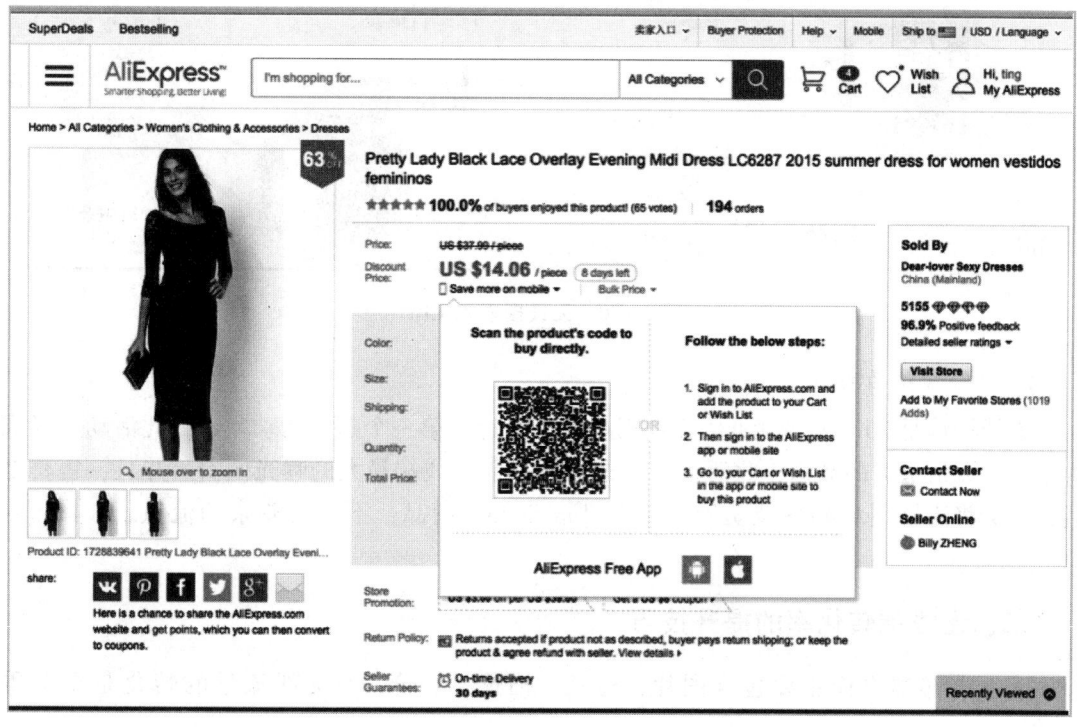

图 8-19　无线专享功能

(三) 无线流量

无线端中可以从无线搜索中的手机专享价和无线营销活动获得更多流量。

1. 无线搜索 & List

搜索 & List 是各位卖家朋友获得流量的最大入口，无线端也是如此，如图 8 - 20 所示。

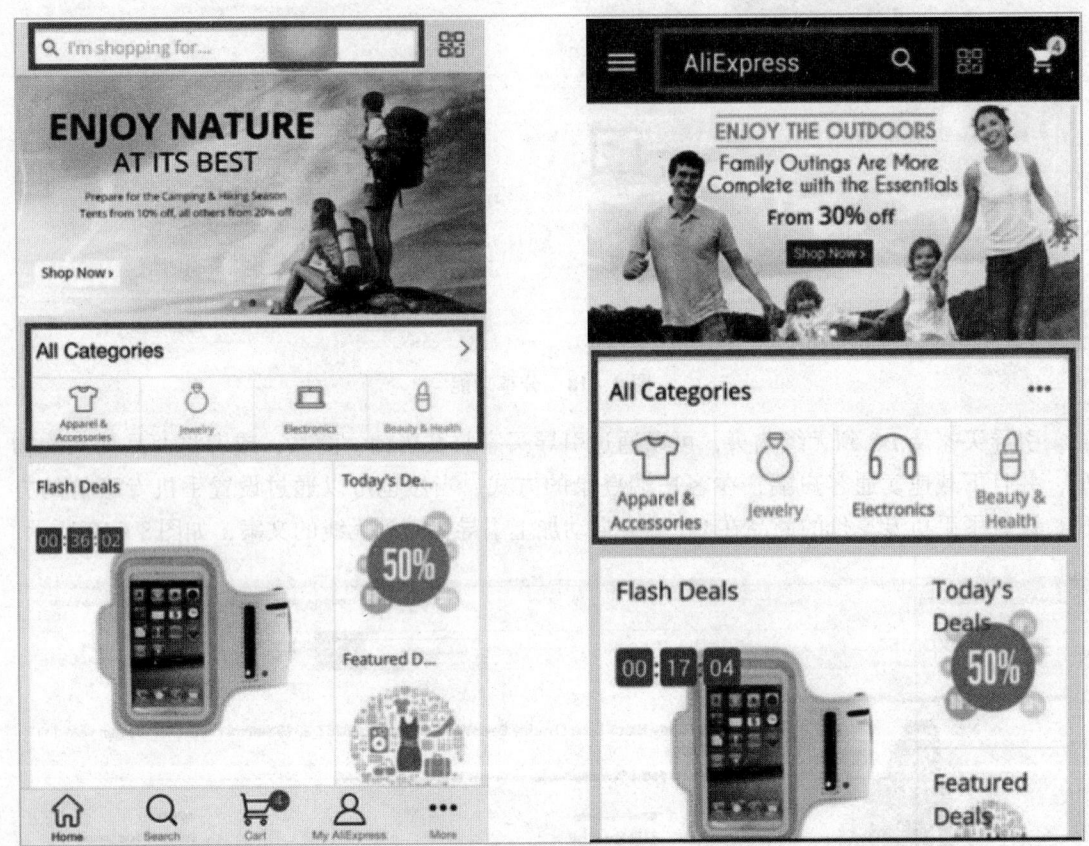

图 8 - 20　无线搜索 & List

2. 无线营销活动

无线抢购是 2015 年速卖通为无线用户量身打造的第一个超级活动频道，此活动已经成为速卖通流量最大的频道。此活动的入选商品享受无线端最大的曝光倾斜。并且，售罄之后，还会将流量引导到各位卖家店铺的 Top Selling 商品，不浪费剩余的流量，如图 8 - 21 所示。

二、无线端转化率的提升技巧

无线端详情页面主要包含图片、标题、描述、评价，对无线流量的转化是至关重要的。

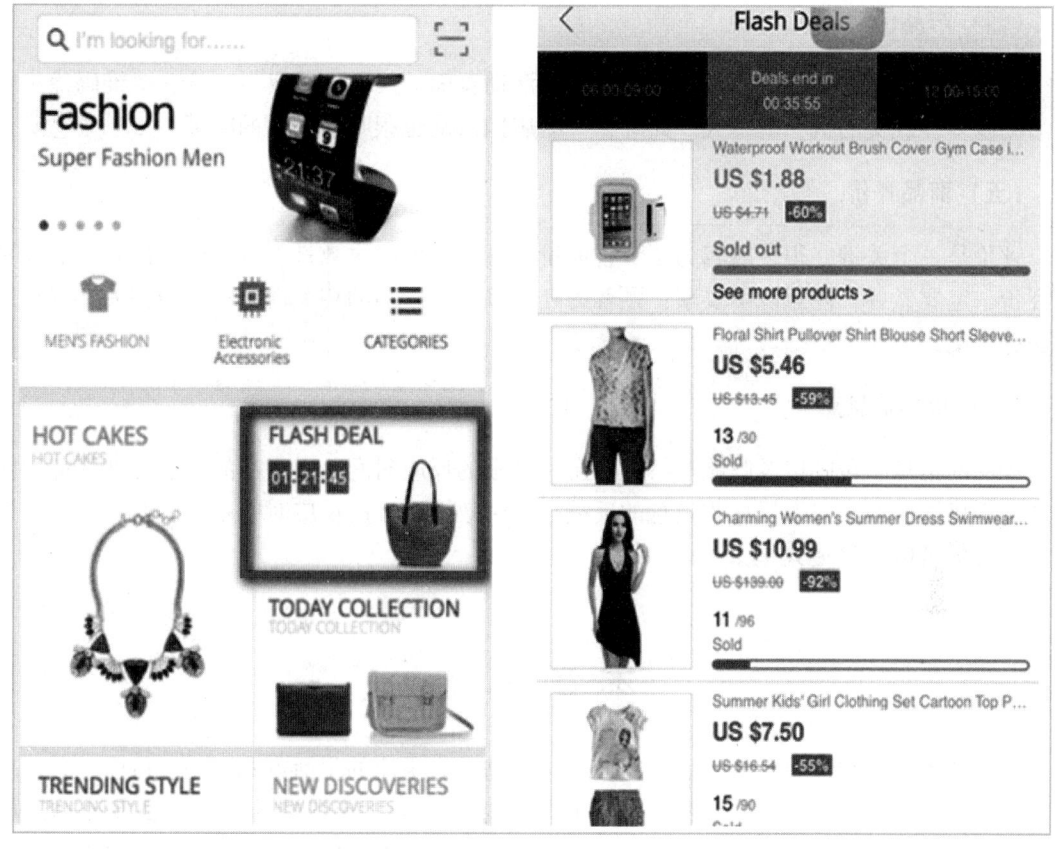

图 8-21 曝光位

(一) 标题关键词

相对 PC 端,手机端由于受到屏幕尺寸限制,能看到的产品信息不多,所以在有限的屏幕里体现产品特性和卖点的标题就显得格外重要。在设置标题时,可以加入一些主要的词,也可以加入产品的特点词,与 PC 端为了搜索而抢更多的搜索热词不同,手机端是为了转化而加入产品的卖点元素。

(二) 橱窗图片

手机端的橱窗,要把图片做得更加细致,主图适当放上一些产品的促销信息,主图要体现产品特点。有限的手机屏幕所展示的图片信息,是顾客购买的关键因素之一。故图片应清晰度高,尺寸符合要求;主图居中、控制拼图;增加适当的细节图等。

(三) 产品描述

做好产品详情页描述,能增加产品的权重。可以通过把 PC 端的手机描述缩小,直接导入手机端描述中。从客户阅读角度和阅读习惯分析,手机详情页描述 4~6 屏比较合适。

（四）产品活动

提升无线端转化率的一个重要手段，就是活动页面的展示。手机专享价、二维码优惠券等活动越多，成交的机会就越大。此外，一些店铺活动也很吸引顾客的购买。

（五）商品评价

评价是一个关键，很多顾客为了节省流量，翻看评价的页数是很有限的。排名在前几页的评价一定要做好，注意以下要素：顾客的旺旺级别、产品的相关性、物流的相关性、客服的服务态度。

（六）特惠信息点

产品的销量、包邮以及收藏等特惠信息和客服的反应时间，对产品的了解程度等都很重要。在手机端，客户咨询后接收信息的反馈存在时效性，客服反应时间越短，客户进一步咨询和成交的可能性就更大。

本 章 小 结

网络技术以及智能手机的发展，促使手机购物成为主流的生活方式之一。目前，无线端成交金额占平台总体大盘成交金额占比每月均在逐渐上升，无线端的增长速度高于 PC 端。速卖通大力推进无线端业务。速卖通的无线端，与买家关联的有 M 站和客户端两类。客户端又分 iPhone 客户端、iPad 客户端和 Android 客户端三种。与卖家关联的有卖家后台数据与卖家客户端。卖家无线数据后台主要包括成交概况、成交分布、成交核心指标分析三个方面。卖家无线客户端主要是用来管理订单和查看店铺数据。无线端营销工具有手机专享价、二维码优惠券等。无线端流量获取途径有 SNS、PC 端到无线端、无线流量等方式。无线端转化率主要通过标题关键词、橱窗图片、产品描述、产品活动、商品评价、特惠信息点等来获取。

关键术语

无线业务　速卖通手机 App　数据后台　无线营销　无线流量获取　转化率

配套实训

1. 登录全球速卖通卖家后台，查看无线数据。
2. 安装速卖通买家手机客户端，了解买家 App 界面布局。
3. 安装速卖通卖家手机客户端，学会管理订单和查看店铺数据。
4. 通过实验完成设置手机专享价和发布店铺优惠二维码。

课后习题

一、选择题

1. 全球速卖通手机浏览器的网址是（　　）。
   - A. http://AliExpress.com
   - B. m.alibaba.com
   - C. www.m.AliExpress.com
   - D. m.AliExpress.com

2. 速卖通手机客户端有以下版本（　　）。
   - A. Android App
   - B. iPhone App
   - C. iPad App
   - D. Win App

3. 无线端流量获取方式有（　　）。
   - A. SNS
   - B. PC端到无线端
   - C. 无线流量
   - D. 手机专享价

4. 以下哪些是无线端流量转化的重要因素（　　）。
   - A. 图片
   - B. 标题
   - C. 描述
   - D. 评价

5. AliExpress无线端是从（　　）正式运营的。
   - A. 2010年3月
   - B. 2012年7月
   - C. 2012年11月
   - D. 2013年10月

二、填空题

1. 通过_____、_____和_____是PC端到无线的三个方式。
2. 速卖通手机端折扣设置有两种方式：_____和_____。
3. 卖家可以通过速卖通后台_____栏目查看店铺及无线端相关数据。
4. 无线端详情页面主要包含_____、_____、_____、_____。
5. 访问M站的途径有两个_____和_____。

参考答案

参 考 文 献

[1] 赵亚南，杨鹤，李爽，等. 跨境电子商务操作实务 [M]. 北京：清华大学出版社，2020.

[2] 朱桥艳，赵静. 跨境电子商务操作实务 [M]. 北京：人民邮电出版社，2018.

[3] 吕宏晶，孙明凯. 跨境电子商务实务 [M]. 北京：中国人民大学出版社，2016.

[4] 陈江生. 跨境电子商务理论与实务 [M]. 北京：中国商业出版社，2016.

[5] 井然哲. 跨境电子商务运营与案例 [M]. 北京：电子工业出版社，2016.

[6] 陈战胜，卢伟，邹益民. 跨境电子商务多平台操作实务 [M]. 北京：人民邮电出版社，2018.

[7] 白东蕊，岳云康. 电子商务概论 [M]. 北京：人民邮电出版社，2016.

[8] 中国国际贸易学会商务专业考试培训办公室. 跨境电子商务操作实务 [M]. 北京：中国商务出版社，2015.

[9] 王艳丽，都继萌，刘志祥. 跨境电子商务的现状、问题与升级途径 [J]. 商业经济研究，2016（2）：65－67.

[10] 万舟. 中国跨境电子商务发展现状及应对措施分析 [J]. 现代营销（经营版），2020（12）：112－113.

[11] 中国电子商务研究中心. 盘点：跨境电子商务三大战略意义和六大趋势｛EB/OL］,http：//www.100ec.cn/,2016－2－18.

[12] 速卖通大学. 跨境电子商务：速卖通阿里巴巴宝典 [M]. 2 版. 北京：电子工业出版社，2015.

[13] 杨文. 我国跨境电子商务发展现状与策略分析 [J]. 营销界，2020（25）：55－56.

[14] 速卖通大学. 跨境电子商务物流 [M]. 北京：电子工业出版社，2016.

[15] 叶晗埑. 跨境电子商务运营与管理 [M]. 南京：南京大学出版社，2016.

[16] 冯晓宁，梁永创，齐建伟. 跨境电子商务：阿里巴巴速卖通实操全攻略 [M]. 北京：人民邮电出版社，2015.

[17] 全球速卖通. 全球速卖通平台规则（卖家规则）[EB/OL]. (2017－4－13). https：//sell.aliexpress.com/rule_detail.htm? spm＝5261.8113035.107.1.hUTxKq#logistics.

[18] 出口易. 带你认识真实的出口易德国海外仓[EB/OL]. (2017－1－23). http：//www.chukou1.com/News/NewsDetails.aspx? id＝1178.